UN TIEMPO DE APOSTASÍA

UN TIEMPO DE APOSTASÍA

Como antiguas prácticas místicas están uniendo a Cristianos con las religiones del mundo

Ray Yungen

2ª Edición

Lighthouse Trails Publishing, Inc
Eureka, Montana, EE.UU.

Un tiempo de apostasía
© 2002, 2006 por Ray Yungen
Primera Edición 2002
Segunda Edición, Segunda Impresión 2006
Primera edición Española 2014

Lighthouse Trails Publishing
P.O. Box 908
Eureka, Montana, 59917, EE.UU. por
www.lighthousetrails.com

Todos los derechos reservados. Ninguna parte de este libro puede ser reproducida, guardada en un sistema de recuperación o transmitida de ninguna manera, sea en forma electrónica, mecánica, fotocopia, grabación, o de otra manera sin previo permiso por escrito de la editorial.

A menos que sea indicado de otra manera, las citas bíblicas corresponden a la Santa Biblia versión Reina-Valera 1960.

Fotografía de portada por Shannon Morgan

Nota: La mayoría de los libros de Lighthouse Trails son disponibles a descuentos para pedidos en cantidad. Información de editorial al dorso del libro.

Impreso en Estados Unidos de América

*Dedicado a mi padre y mi madre
que hicieron tanto por mí*

RECONOCIMIENTOS

Muchas gracias a todos ustedes, hermanos y hermanas en nuestro Señor, que estuvieron a mi lado, que me ayudaron y me animaron para que se hiciera este libro. Ustedes saben quienes son, y estaré por siempre agradecido con ustedes. Que Dios les bendiga por defender con perseverancia y valor su fe, que es tan preciosa para los creyentes en todo el mundo.

CONTENIDO

1. La denominación invisible 13

2. El yoga del occidente 32

3. Promotores y visionarios 60

4. Híbridos Evangélicos 79

5. El discernimiento 99

6. ¿Podría esta realmente ser *la era final*? 119

7. Espíritus Engañadores. .138

8. "El pastor de los Estados Unidos" 151

9. ¿El Cristiano del futuro? 181

Una nota especial de Ray Yungen 212

Glosario de términos. 214

Notas al pie de las páginas. 219

Pero el Espíritu dice claramente que en los postreros tiempos, algunos apostatarán de la fe, escuchando a espíritus engañadores y doctrinas de demonios. (1 Timoteo 4:1)

Uno

LA DENOMINACIÓN INVISIBLE

El "yoga Cristiano", disciplinas espirituales, formación espiritual, el silencio, el espacio sagrado, y oración contemplativa—¿algunos términos suenan algo conocidos? Si no los ha escuchado todavía, probablemente es solo cuestión de tiempo antes de encontrarlos en su propia iglesia. Y posiblemente no se imagina las implicaciones que podrán tener.

La espiritualidad Nueva Era ha infiltrado una gran parte de la iglesia Cristiana, y el intento de reorientar el pensamiento evangélico no es percibido por la mayoría de los creyentes. Reconocidos líderes Cristianos están haciendo declaraciones antes desconocidas, animando a su gente a practicar técnicas de meditación. Pastores de renombre asisten a conferencias donde talleres sobre el yoga y laberintos son parte del programa. El término *Nueva Era* raras veces se explica desde la mayoría de los púlpitos y solo se refieren a sistemas de creencia extraños practicados por gurús y estrellas de Hollywood.

Mientras muchos líderes Cristianos dan la impresión de que todo es normal, una espiritualidad mística de Nueva Era se ha infiltrado sutilmente en incontables iglesias, organizaciones juveniles, e instituciones educativas Cristianas. Observe las citas siguientes, por ejemplo:

> El budismo zen debe enseñarse en cada clase de quinto en América.[1] —M. Scott Peck, autor de *The Road Less Traveled (El camino menos transitado)*

Practico el yoga, tai chi que es arte marcial chino y tres clases de meditación—vipasana, transcendental y meditación mantra (audible).² —Jack Canfield, autor de *Chicken Soup for the Soul (Sopa de pollo para el alma)*

Comencé otra vez a practicar la meditación, específicamente la oración respirada. Integré el uso de Tai Chi y yoga.³ —John M. Talbot, monje católico y músico

Busco mensajes de inspiración de una variedad de fuentes además de Jesús. Nuestra gente puede oír palabras de sabiduría de grandes profetas y líderes espirituales como Buda, Mahoma . . . Yogananda y el Dalai Lama.⁴ —Ken Blanchard, autor de *The One-Minute Manager (Empresario en un minuto)*

Tengo que añadir, sin embargo, que no creo que el hacer discípulos iguala el hacer seguidores a la religión Cristiana. Puede ser preferible en muchas (¡no en todas!) circunstancias ayudar a la gente a llegar a ser seguidores de Jesús y mantenerse dentro de sus contextos budistas, hindúes o judíos".⁵ —Brian McLaren, líder del movimiento de la iglesia emergente

Necesitamos darnos cuenta del Cristo Cósmico, que quiere decir reconocer que cada ser tiene dentro de sí la luz de Cristo".⁶ —Matthew Fox, el autor de *The Coming of the Cosmic Christ (La venida del Cristo cósmico)*

¿Una espiritualidad mística realmente está infiltrando la iglesia? Y si es así, ¿qué hay que nos debe preocupar? ¿Y qué pruebas existen de ello? Este libro es mi respuesta a estas preguntas de manera bien documentada, razonable, y convincente.

Para entender cómo esta espiritualidad mística ha entrado en la iglesia, tenemos que primero entender los pensamientos de la Nueva Era y como ha penetrado en nuestra sociedad. Ha afectado cada faceta de la vida—los negocios, la medicina, la educación, la política, y finalmente, la iglesia. Al terminar este libro, creo que estará convencido de que la iglesia se encuentra en peligro.

El alcance de la Nueva Era

En la década de los ochenta, la expresión *movimiento de la Nueva Era* causaba un sentir de inminente peligro para muchos Evangélicos. Este temor venía de la convicción de que había algo maligno en este movimiento, y que se asomaban nubes negras en el horizonte espiritual. En la década de los noventa, mayormente este recelo desapareció, y los Cristianos en gran parte se olvidaron de lo que antes parecía amenazante.

Pero este movimiento no ha desaparecido. De hecho, está con nosotros de tal manera que sorprendería a muchos creyentes. Cuando llegó el nuevo milenio, la Nueva Era había penetrado tan silenciosamente en la cultura occidental, que hoy en día muchos Cristianos se sienten cómodos con la espiritualidad Nueva Era y la religión oriental. *Un tiempo de apostasía* desenmascarará este nuevo paradigma espiritual y sus muchas manifestaciones.

Para los que creen que estamos a la puerta de los "postreros tiempos", 1 Timoteo 4:1 debe tener un nuevo significado. Si estamos en los últimos días, debe haber pruebas de esta clase de apostasía. Además, ¿qué tipo de Cristiano sería tan vulnerable como para aceptar a "espíritus engañadores"? La respuesta le puede sorprender.

> Pero el Espíritu dice claramente que en los postreros tiempos algunos apostatarán de la fe, escuchando a espíritus engañadores y a doctrinas de demonios.
> (1 Timoteo 4:1)

Mi esperanza y oración es que *Un tiempo de apostasía* ayude a los seguidores de Jesús (a Su iglesia) a reconocer las enseñanzas sutiles de los espíritus engañadores—los espíritus que *re-inventan* el Cristianismo, metiendo prácticas místicas orientales. Mostraremos que estas prácticas pueden hacer que participantes ingenuos abandonen la fe Cristiana, aceptando una mezcla de todos los sistemas de creencias. Esta nueva inter-espiritualidad ahora se está manifestando dentro de algunas de nuestras iglesias evangélicas más reconocidas.

Este libro no solo es otro intento para explicar la Nueva Era; realmente es una advertencia a la iglesia de cómo este sistema de creencias se mete silenciosamente en nuestros púlpitos, clases de escuela dominical, grupos de oración, y estudios bíblicos. Es un momento crítico para hacer caso a la advertencia del apóstol Juan:

> Amados, no creáis a todo espíritu, sino probad los espíritus si son de Dios; porque muchos falsos profetas han salido por el mundo. (1 Juan 4:1)

Examinemos la magnitud e influencia de la Nueva Era en la sociedad actual. El defensor de la Nueva Era, David Spangler, escribió en el 1965: "No había muchos lugares donde tal visión se tomaba en serio o se tenía en cuenta". En el 1992, dos décadas y media más tarde, el periodista secular Michael D. Antonio, hablando del mismo movimiento, notó un tremendo cambio:

> Los psicólogos en la Universidad de California en Santa Barbara calculan que hasta 12 millones de Americanos pueden considerarse participantes activos y otros 30 millones tiene un ávido interés... los de la Nueva Era pueden constituir la tercera denominación religiosa en importancia en los Estados Unidos.[8]

Para el año 2003, el profesor Robert C. Fuller, de Estudios Religiosos de la Bradley University, no solo verificó estas cifras, sino que calculó que un asombroso veinte por ciento de los Americanos (más de cuarenta millones) abraza el movimiento Nueva Era.[9] Ahora ya no estamos hablando de un pequeño grupo de aventureros espirituales al cual se refirió Spangler en 1965. ¡Realmente algo muy significativo, hasta transcendental, ha ocurrido!

Algunas personas pueden dudar de la validez de estas estadísticas, y con razón: si la Nueva Era es así de extendida, ¿por qué no vemos evidencias de ella en cada calle? Es una buena pregunta. Una manera confiable para evaluar el tamaño de un movimiento es por la ley de oferta y demanda. Usualmente, la una corresponde a la otra. En el mundo de los negocios, la gente vive o muere financieramente según esta ley. Una cantidad grande de algo indica una buena demanda; y una cantidad pequeña, poca demanda, según esta ley.

La demanda para estas enseñanzas claramente demuestra la ley del mercado. Por ejemplo, el número de estantes dedicado a la espiritualidad de la Nueva Era en cualquier cadena nacional de librerías fácilmente puede llegar hasta setenta u ochenta. En muchos casos, el número alcanza o supera el de estantes de libros cristianos. En algunos almacenes, las diferentes secciones de libros Nueva Era corresponden en tamaño a las que son dedicadas a los deportes.

También hay mucha evidencia de que tienen en abundancia varias prácticas de sanidad al estilo Nueva Era. Por ejemplo, el método llamado Reiki llegó a los Estados Unidos (de Japón) a mitad de la década de los setenta. En veinte años, esta práctica llegó a numerar 500.000 seguidores, que se comparaba al número de personas del ejército de Estados Unidos de ese entonces. ¡Por el año 2005, el número ya se disparó a un sorprendente *millón* de practicantes en solo los Estados Unidos!

¿Exactamente cómo creció el movimiento de la Nueva Era desde casi nada a lo que es hoy en día durante unas pocas décadas? Otra vez nos preguntamos, ¿por qué parece tan invisible su estructura externa? ¿Por qué mucha gente aun piensa en este movimiento como solo una moda que ya pasó a la historia? Las respuestas a estas preguntas proveen un vistazo preocupante a uno de los esfuerzos más astutos y extendidos de la historia humana para cambiar su religión.

¿Por qué lo llaman la Nueva Era?

La *Era de Acuario*, o Nueva Era, supuestamente significa que la raza humana ahora entra en una *edad dorada*. Muchos ocultistas de tiempos atrás habían proclamado que la Era de Acuario iba a ser una época sin paralelo en toda la historia humana. Por eso, un escritor declaró, "Un conocimiento básico de las edades astrológicas es de enorme importancia en el trabajo del ocultismo".[11]

Es en la Era de Acuario cuando todos debemos reconocer que *el hombre es Dios*, o en las palabras de un seguidor, "Un tema mayor de Acuario es que *Dios está dentro*. La meta de la Era de Acuario es convertir esta idea en una realidad" (énfasis Yungen).[12]

Antes de poder entender como buscan alcanzar esta meta, tenemos que definir qué es la espiritualidad Nueva Era. Esta definición no es tan sencilla como se podría pensar, así como señaló cierto escritor:

> No es tanto las creencias de seguidores de la Nueva Era que los distinguen de otros movimientos... sino como ellos llegaron a sus creencias.[13]

Muchos autores cristianos usan términos como *panteísmo* o *monismo* para explicar lo que creen los seguidores de la Nueva Era; sin embargo, estas palabras solas no dan todo el cuadro. La mejor explicación que he encontrado es de un libro titulado *The Mission of Mysticism, (La misión del misticismo)*, que dice:

> El ocultismo [de Nueva Era] se define como la ciencia de la evolución mística; es el empleo de las habilidades místicas escondidas (i.e. ocultistas) del hombre para discernir la realidad de la naturaleza; i.e. ver a Dios como *el todo en todo*. (Énfasis Yungen)[14]

Son estas habilidades místicas que distinguen este movimiento— una percepción mística en vez de una sencilla fe o creencia. Cierto escritor cristiano describió este movimiento como *un sistema de pensamiento*, cuando en realidad se puede describir mejor como un sistema de *no-pensamiento*. La maestra de meditación Ann Wise explicó esto cuando dijo:

> Un hombre vino a verme una vez diciendo que había meditado por una hora cada día durante doce años. Aunque disfrutó del tiempo que pasó sentado, sintió que le hacía falta algo. Al hablar con otros meditadores,

él sintió que había algo equivocado porque no había tenido ninguna de las experiencias que oyó describir a otras personas. ¡Medí sus ondas cerebrales mientras que estaba "meditando" y descubrí que él había pasado esos doce años solamente pensando![15]

Por eso, esta clase de meditación mayormente se describe como *el silencio*. Este no es el silencio de un lugar quieto, sino un silencio interno cuando una mente vacía se abre a las habilidades místicas. "El enemigo de la meditación es la mente", escribió un maestro Nueva Era.[16]

¿Exactamente qué es la meditación?

La meditación que nosotros conocemos mayormente es la idea de pensar profunda y continuamente en algún tema.

Pero la meditación Nueva Era es el opuesto: es el librarse de todo pensamiento para *aquietar* la mente, al ponerla en lo que equivale a una pausa o en neutro. Es semejante a cambiar el fluir del agua de una quebrada por las aguas de un estanque. Cuando se emplea la meditación, y se detiene el libre curso de pensamiento, hay un cambio en la conciencia. Esta condición no puede confundirse con el soñar despierto, donde la mente se centra en algo. La meditación Nueva Era es como un recipiente que guarda los pensamientos hasta que la mente no tenga pensamiento: es un vacío, está en blanco.

Los métodos más comunes para inducir este estado sin pensamiento son ejercicios de *respiración*, donde la atención se centra en la respiración, y *mantras*, que son palabras o frases repetidas. El proceso básico es centrar la mente sin pensar en el objeto del enfoque. La repetición del objeto enfocado es lo que pone a una mente en blanco.

Como el uso de mantras es clave para este tipo de meditación, es importante entender el significado verdadero del mantra. Su traducción del Sanskrit es *man*, que quiere decir "pensar", y *tra*, que quiere decir "liberado de".[17] Entonces, la palabra literalmente significa *escapar de pensamiento*. Al repetir el mantra, en voz alta o en silencio, la palabra o la frase empieza a perder el significado que antes tenía. El proceso consciente de pensar gradualmente se quita hasta que se logre un estado alterado de conciencia.

Es muy difícil para los no-místicos entender la realidad de estas prácticas. La historia siguiente es una ilustración precisa de que la meditación que describo no es un ejercicio sencillo inocente, sino una experiencia poderosa que cruza todas las fronteras religiosas, culturales y socio-económicas.

En un artículo de *Life Times*, una señora se describió como "escéptica" cuando tuvo contacto con prácticas místicas en el 1984. Su escepticismo desapareció cuando descubrió que la meditación era "una fuerza poderosa".

> La experiencia comenzó en el 1984 cuando primero aprendí a meditar. Había leído que la oración es hablar con Dios y que la meditación es escuchar, de modo que abrí mi mente y escuché, sin darme cuenta que la meditación es una fuerza poderosa.
>
> Pronto noté sensaciones extrañas en mi cuerpo mientras meditaba. Era como si la energía estuviera fluyendo a través de mí. En la mañana me desperté feliz y con energía, y llena de un calor radiante como si hubiera estado durmiendo bajo el sol en la arena de una playa. Paulatinamente las sensaciones aumentaron y después de un rato, era como si corrientes de electricidad fluyeran por mi cuerpo. Sentí hormigueo en los dedos y una pulsación en las palmas de las manos. No sospechaba el significado de esta energía hasta que una noche, teniendo un sueño muy lúcido, [una voz] me dijo que podría sanar [a otros].[18]

Experiencias dinámicas como éstas tipifican lo que es el misticismo Nueva Era—no es solo creer en alguna doctrina o fe sostenida por algún credo, sino el contacto personal cercano con una

Presencia poderosa. El famoso ocultista Dion Fortune reconoció que, "el mover la conciencia es clave para toda capacitación ocultista".[19]

El objetivo principal de la meditación es el conocer lo que llaman el *yo superior*. Se piensa que ésta es la parte del individuo ligada a la esencia divina del Universo, la parte de Dios (Divina) del hombre. La meta es estar unido con el yo superior, para así facilitar la entrada del yo superior en el reino físico, poniendo al practicante bajo la guía y dirección de *Dios*. Esta unión se conoce en círculos de la Nueva Era como: *despertamiento, transformación, iluminación, auto-realización, conciencia cósmica, y super-conciencia*. Por esta razón, un término intercambiable con la Nueva Era es la *metafísica*. La metafísica significa algo fuera del reino físico (el reino invisible) y estar unido íntimamente con los poderes no percibidos por los cinco sentidos normales.

El impacto de los místicos prácticos vs. las sectas

El erudito evangélico David L. Smith acertadamente evaluó el impacto poderoso pero sutil de la espiritualidad Nueva Era en la sociedad cuando observó:

> Después del gnosticismo al principio de la era Cristiana, no había surgido una filosofía tan penetrante y amenazante al Cristianismo ortodoxo como el movimiento de la Nueva Era . . . Sería difícil encontrar un área de la vida que no haya sido tocada o desvirtuada en algún grado por los conceptos de este movimiento.[20]

Smith reconoce que, en vez de impactar solo un pequeño segmento, toda la tela social de la sociedad está afectada. Este movimiento claramente se ha cambiado desde una subcultura a algo mucho más dinámico y sofisticado. Este cambio dramático llegó por el surgimiento de una nueva clase de místico—una que presenta el misticismo como el complemento a las metas seculares, y que hábilmente aquieta el impulso natural del público de rechazar lo extraño y desconocido. Algunos ejemplos son:

Un prominente conferencista y líder influyente de seminarios, Brian Tracy, promueve el uso del "superconciente de la mente" (i.e., el yo superior), para "mejorar la productividad, el funcionamiento, y rendimiento" en el mundo corporativo.[21]

Un artículo en un periódico popular del noroccidente pacífico presenta una foto grande a colores de un profesor universitario local meditando en una clásica pose zen-budista. No se ha incorporado a la religión budista pero busca cambiar su condición de corazón a través de la meditación oriental.[22]

Un programa popular en la mañana anima a los televidentes con la promesa de "Cómo llevarse bien con su conyuge". El programa incluye el autor popular de Nueva Era Wayne Dyer que exhorta a la gente a "entrar en el silencio para recibir guía" cuando se enfada con su pareja."[23]

Estos son solo unos pocos ejemplos de lo que se puede llamar el *misticismo secular* o genérico, una meditación que se practica no con fines religiosos sino como herramienta para mejorar la vida. Muchos Cristianos tienen dificultad en entender este concepto. Ellos han sido condicionados para pensar que "secta" significa grupos como los Mormones (Iglesia de los Santos de los Ultimos Días) o Watchtower Society (Testigos de Jehová). Pero estos son bastante limitados en su impacto porque, aún si llegaran a ser numerosos, todavía se mantendrían como aisladas islas en la sociedad. La ventaja que tienen los místicos prácticos es que solo necesitan añadir un método de meditación aparentemente benévolo a cualquier programa que se promueve; en otras palabras, no tienen que convertir a la gente a un dogma, sino a una práctica.

El editor Nueva Era Jeremy Tarcher habló de este desafío en una entrevista. Refiriéndose a místicos prácticos, él explicó: "Ellos tienen que aprender a presentar sus percepciones en un lenguaje apropiado y en acciones que no despiertan temores o resistencia".[24] A causa de su éxito en este esfuerzo, un escritor declaró que ahora el interés en la meditación *se ha disparado*. Este fenómeno en la cultura occidental es sin precedente y muy real.

El misticismo en el occidente siempre se había limitado a un pequeño sector de la población (i.e. chamanes, fraternidades esotéricas, y selectos grupos espirituales). Nunca antes había existido una amplia enseñanza de estos métodos a toda la gente. Ahora, el misticismo se ha extendido por todo el mundo occidental. ¿Cómo ocurrió esto?

El primer libro del tema que llegó a tener una amplia audiencia fue *Creative Visualization (La visualización creativa)* por Shakti Gawain. Este libro bien podría llamarse una biblia de lo místico práctico. Mucha gente empezó su primer involucramiento en la metafísica con este libro. Desde su publicación en el 1978, se han vendido millones de copias y ha influido en los campos de la psicología, la salud, los negocios, y el atletismo.

Este libro debe su popularidad a su enfoque de temas como la creatividad, carreras, relaciones humanas, mejor salud, la relajación sencilla, y la paz. ¿Quién no querría tener todo eso, especialmente si solo requiere la participación en una práctica sencilla?

Gawain explica claramente los elementos de la práctica. Ella enseña a sus lectores:

> Casi toda forma de meditación eventualmente le llevará a experimentarse a sí mismo como fuente, o su yo superior . . . eventualmente empezará a experimentar ciertos momentos durante su meditación cuando hay una clase de "chasquido" en su conciencia y se sentirá que las cosas, sí, están funcionando; puede ser que aún experimentará bastante energía fluyendo dentro o un calor radiante en su cuerpo. Estas son señales que ya empieza a canalizar la energía de su yo superior.[26]

Libros como este existían antes, pero apelaban a la gente ya dentro de la subcultura Nueva Era. Algo diferente ocurrió con

Creative Visualization. Este libro tenía el toque secular preciso para un tema netamente espiritual. Gawain creía que la persona podría seguir siendo judío, católico, o protestante y todavía practicar las enseñanzas del libro. No estaba cambiando su religión, solo estaba mejorándose.

El libro de Gawain era solo el primero en lo que ha llegado a ser un diluvio de tales libros. Un libro más reciente, *The Artist's Way (El camino del artista)*, por Julia Cameron, trata del "camino espiritual a una creatividad más alta";[27] su venta sobrepasa los *dos millones* de copias.

Un buen ejemplo de este enfoque era un negocio en una ciudad grande de la costa occidental que vendía libros, grabaciones, y videos sobre *como reducir el estrés*. Los dueños eran muy activos en su comunidad, y doctores, terapistas y profesores buscaban su ayuda. Presentaban seminarios a facultades de escuelas, corporaciones mayores, y a los principales hospitales de su ciudad. Su clientela mayormente eran profesionales prósperos bien preparados y comerciantes interesados en el desarrollo personal.

Pero juntamente con la reducción del estrés y mejoramiento personal, otro elemento existía sutilmente: *el lado espiritual*. Uno de los dueños escribió que asistió a un poderoso seminario con "Lázaro", y descubrió que sus técnicas eran "útiles y prácticas".[28] A primera vista eso no parece malo, ¡pero resulta que Lázaro no es una persona, sino un *espíritu guía!*

A causa de estereotipos de personas que buscan experiencias místicas (tipos contra-cultura), tendemos a pensar que gente asociada con estas prácticas puede ser excéntrica o fuera de lo común. Pero al contrario, estos son individuos profesionales, hablan claro, se visten en forma conservadora, y por encima de todo, son muy amables, positivos y amigables. Un periodista que había escrito un artículo sobre una de ellos me dijo, "Ella era una de las personas mas calmadas y serenas que he conocido". Después añadió, "¡La gente quiere tener lo que ella tiene!"

Las secciones de las librerías seculares sobre la salud, auto-mejoramiento, y recapacitación ahora están saturadas con libros de la metafísica Nueva Era. El columnista Cristiano Terry Mattingly resumió la situación en forma perspicaz cuando observó: "La Nueva Era no vino como ola, sino que penetró lentamente . . . ahora es el tema dominante de las librerías comerciales".[29] Si uno examinara las secciones del mejoramiento personal y auto-ayuda en la mayoría de las librerías seculares, la obvia conclusión sería que la Nueva Era es el punto de vista espiritual principal de este país.

Por ejemplo, un día cuando caminaba por un centro comercial, observé una librería Nueva Era en una esquina y una librería secular a la vuelta. Investigué y noté que la librería secular tenía muchísimos más libros sobre la Nueva Era que la misma librería Nueva Era. Además, la mayoría de estos libros no se encontraban en la sección Nueva Era sino en las secciones sobre auto-ayuda y salud. Entonces, las librerías Nueva Era ya son casi obsoletas a causa de la avalancha de libros de la mística práctica ofrecida en las librerías tradicionales.

Esta no es una conclusión liviana o conjetura asustadora. Solo hay que observar las ventas de libros de algunos autores populares actuales de la Nueva Era. Dos de los principales, Wayne Dyer y Deepak Chopra, han vendido un total de cincuenta millones de libros. James Redfield, el autor de *The Celestine Prophecy (La profecía celestina)*, se jacta de *veinte* millones de libros vendidos, y Neal Donald Walsch, el médium escritor de *Conversations with God (Conversaciones con Dios)*, meramente siete millones.[30]

El mensaje básico de estos libros y centenares de otros afines podría reducirse a una sencilla palabra, un tema uniforme consistente: ¡medite! Significa que *usted no llegará a nada en esta vida a menos que consiga este "chasquido" del cual Gawain habló; y para hacerlo, hay que meditar."*

Entonces, el que pensaba en el movimiento Nueva Era como una mezcla de sectas extrañas entre "hippies" y personajes extraños engañados por charlatanes avaros y fraudes egocéntricos, se equivocó. Ya no estamos tratando un grupo religioso aislado, o muchachos de libre espíritu, sino un esfuerzo amplio y concertado para impactar y reorganizar toda nuestra sociedad.

Magos modernos

Esta ola de misticismo práctico también ha abierto nuestra cultura para que florezcan formas de espiritualidad aún más exóticas. Seguidores de la hechicería (o Wicca en EE.UU.), ya casi pueden compararse en cuanto a números con algunas denominaciones principales. Antes algo escondido y secreto, Wicca ya prospera. El libro de Scott Cunningham, *Wicca For the Solitary Practitioner (Wicca para el practicante solitario)*, ha vendido más de 400.000 copias desde el 1988, y ahora está en su edición número [37]. La serie *The Complete Idiot's Guide To (La guía completa del idiota)* ha publicado un libro de más de 350 páginas, *Wicca and Witchcraft (Wicca y la hechicería)*. Se piensa que este tomo solo bastaría para satisfacer el mercado, pero no es así. La serie anteriormente nombrado ya publica otros libros como *Wicca Craft, Spells and Spellcraft, Paganism, Celtic Wisdom, y Shamanism (El arte de Wicca, Hechizos y Encantos, Paganismo, Sabiduría Celta, Chamanismo)*, cada uno con más de 300 páginas. Se puede añadir a esta lista todavía otros títulos: *Voodoo, Toltec Wisdom, Psychic Awareness, y Tarot (Vudú, Sabiduría Tolteca, Conocimiento psíquico, Tarot)*, para un total de 3.500 páginas dedicadas a este tema por solo la serie *The Complete Idiot's Guide To*.

Desde una perspectiva Cristiana, es obvio que este cambio gigantesco en el pensamiento público y la aceptación mayor de las enseñanzas de la Nueva Era es un desafío muy peligroso para el mensaje principal del Cristianismo. Un defensor místico hizo claro esto cuando observó que la meditación "trae consigo un entendimiento curioso que hay alguien más con usted; usted no está solo".[31] Otra señora compartió las instrucciones que había recibido durante la meditación. Su guía le dijo: "Te amo . . . Mantente en mi luz, mi amor . . . Confía en mi, tu Señor".[32]

Esto, creo yo, es un ejemplo clásico de la advertencia de Levítico 19:31:

> No os volváis a los encantadores ni a los adivinos; no los consultéis, contaminándoos con ellos. Yo Jehová vuestro Dios.

Es importante notar que la palabra *adivino* en hebreo quiere decir "uno que sabe". La mística Nueva Era Jacquelyn Small proclamó, "Las personas que buscan la espiritualidad por un camino interior [la meditación] llegan a ser los que saben".[33] ¡En esencia, los de la Nueva Era son adivinos!

El misticismo Nueva Era refleja las enseñanzas de lo que antes se llamaban las *escuelas de misterios* de la antigüedad. Las religiones misteriosas tenían este nombre porque sus enseñanzas se escondían de la gente común.

De hecho, el término *oculto* empezó con las religiones misteriosas, porque la mayoría de las personas ignoraba sus verdaderos significados. La palabra "oculto" literalmente quiere decir "escondido". Los sacerdotes e interesados (que recibieron capacitación de varios grados o niveles) fueron los que ganaron entendimientos en estas verdades escondidas del universo. A pesar de las grandes distancias geográficas y culturas diferentes, todos los misterios enseñaban el mismo mensaje: "Persona feliz y bendecida, tú has llegado a ser divino en vez de mortal".[34]

Cuando el Cristiano oye que alguien proclama ser Dios, inmediatamente reconoce las declaraciones de Satanás: "Seréis como Dios" (Génesis 3:5) y "Seré semejante al Altísimo" (Isaías 14:14). Lo triste es que las experiencias meditativas son muy reales y convincentes, y como testifica la gente a menudo, muy hermosas. Experimentan una luz intensa que los ilumina, junto con un sentir de sabiduría infinita. En este estado, también experimentan lo que muchos llaman *un éxtasis* y un sentir de *unidad con todo*.

El finado líder Nueva Era, Peter Caddy, relató un incidente cuando un grupo de Cristianos le confrontó, buscando, como él dijo, "convertir mi alma".[35] Les dijo que regresaran y hablaran con él cuando tuvieran las mismas experiencias místicas maravillosas como él. Su punto era que esos Cristianos ingenuos no tenían idea qué era la vida mística; y si la hubieran entendido, la hubieran preferido.

Sentimientos así son comunes en los círculos de la Nueva Era y han engañado a muchos, haciéndoles pensar que algo tan positivo *tendría* que ser de Dios. Al contrario, los que dicen haberse conectado con su divinidad y que ellos mismos son Dios, tristemente ya forman parte de los que:

> Profesando ser sabios [saber la verdad], se hicieron necios, y cambiaron la gloria del Dios incorruptible en semejanza de imagen de hombre corruptible . . . (Romanos 1:22–23)

Una escritora espiritual de la Nueva Era aconsejó a sus lectores:

> Cuando Cristianos preguntan si "usted cree que es pecador", respondan con "No hemos realizado perfectamente nuestro potencial divino, pero todavía estamos en el proceso de desarrollarlo por la meditación y estados más altos de conciencia".[36]

Swami Muktananda, uno de los gurús Nueva Era más admirado y respetado durante la década de los setenta y principios de los ochenta afirma haber alcanzado su yo superior. Muchos pensaban que era la encarnación del *Dios-realizado* maestro. Les dijo a sus discípulos:

> Arrodíllese ante sí mismo. Honre y adore su propio Ser. Cante la mantra que siempre está dentro de sí. Medite en su propio ser. Dios vive en usted como usted.[37]

Pero cuando Muktananda murió en el 1983, uno de sus seguidores más cercanos reveló que su maestro "terminó como un tirano sádico imbécil atrayendo a niñas devotas a su cama cada noche con promesas de recibir gracia y ser auto-realizadas".[38] Sin saberlo, demostró una verdad de la Biblia, porque el seguidor dijo:

> No hay seguridad absoluta que la iluminación garantize la virtud moral de una persona. No hay garantía contra la debilidad de la ira, la lujuria, y la avaricia en el alma humana. Los iluminados están en pie de igualdad con los ignorantes en la lucha contra su propia maldad.[39]

La "iluminación" de Swami Muktananda no significaba una justicia personal. El era solamente un pecador que en forma mística se creía Dios.

La Cruz vs. el Yo Superior

La Nueva Era y el Cristianismo definitivamente tienen posiciones contrarias frente al problema de la imperfección humana. El primero abraza la doctrina de la auto-realización y la unión con el universo, que ellos ven como Dios; pero que en realidad es el área de los espíritus familiares. Por el otro lado, el Evangelio que los Cristianos abrazan ofrece la salvación a la humanidad por medio de la gracia, (el favor inmerecido). Romanos 3:24 claramente proclama " . . . siendo justificados gratuitamente por su gracia, mediante la redención que es en Cristo Jesús". En Romanos 6:23 leemos: "Porque la paga del pecado es muerte, mas la dádiva de Dios es vida eterna en Cristo Jesús Señor nuestro".

Un regalo no es regalo, si se da como recompensa por sinceridad o buenas intenciones; las Escrituras claramente dicen:

> Porque por gracia sois salvos por medio de la fe; y eso no de vosotros, pues es don de Dios; no por obras, para que nadie se gloríe. (Efesios 2:8–9)

Las Escrituras que enfrentan el orgullo demuestran la diferencia entre las religiones humanas y el Cristianismo. La religión nos dice que el hombre es básicamente bueno, y así puede ganar su entrada al cielo por medio de la perfección humana, o mejor, a través de alcanzar su propia divinidad. El Cristianismo enfáticamente declara el punto de visto opuesto: que el hombre necesita reconocer humildemente su propia pecaminosidad y debilidad, y así por consiguiente, necesita la salvación que es por gracia.

El Espíritu Santo, a través de las Escrituras, convence al inconverso de su condición como pecador perdido, y después presenta la respuesta de Dios a la persona desesperada y arrepentida— la salvación por medio de la muerte sacrificial de Jesucristo en la cruz, y Su resurrección: "En quien tenemos redención por su sangre, el perdón de pecados según las riquezas de su gracia" (Efesios 1:7) y después:

> Si confesares con tu boca que Jesús es el Señor, y creyeres en tu corazón que Dios le levantó de los muertos, serás salvo. (Romanos 10:9–10)

La salvación es por entero un regalo de gracia, recibido por el que cree en la muerte sacrificial de Jesús en la cruz. Por consiguiente, tenemos que recibirle como Señor y Salvador; entendemos que es por gracia y solamente por gracia que somos hechos aceptos delante de un Dios santo por medio de Cristo. La justificación es regalo de Dios al creyente. Esta fe salvadora, (también esta es por la gracia de Dios), es más que una creencia intelectual en la muerte de Jesús en la cruz. Significa que la persona ha entregado su vida a Jesús como Señor y Salvador. Cuando Cristo fue a la cruz, se terminó la obra, y nosotros como creyentes ya somos completos en El--nada se puede añadir a ello. ¡El plan de Dios de salvación es totalmente contrario al pensamiento Nueva Era!

En resumen, tenemos la predicación del yo superior versus *la predicación de la Cruz*. Los de la Nueva Era dicen que Dios es sinónimo con el yo superior de la persona, y Dios solamente puede ser experimentado por medio de la meditación. Al contrario, el Cristiano reconoce su pecaminosidad delante de un Dios Santo, y recuerda que él es salvo solo por la gracia y la misericordia de Dios; Cristo derramó Su sangre en la cruz como sacrificio por sus pecados.

El mensaje de Jesucristo alcanza la raza humana perdida con el amor de Dios, quien sacrificó a Su hijo unigénito por los Swami Muktanandas del mundo. La Biblia enseña que el hombre hereda una naturaleza rebelde e impía, y sus caminos son egocéntricos y malos ante los ojos de Dios. La Biblia enseña que Dios no es indiferente hacia nosotros; Su amor por el hombre se demostró por el sacrificio de Cristo por los pecadores.

Esto explica porque el Cristianismo tiene que estar firme en estas áreas. Si un sistema de creencia no incluye la predicación de la cruz, entonces no es "el poder de Dios" (1 Corintios 1:18). Si existieran otros caminos correctos, "entonces Cristo murió en vano," haciendo que el derramamiento de Su sangre fuera algo innecesario e irrelevante (Gálatas 2:21).

A causa de este conflicto, el Cristianismo debe ser un fuerte obstáculo contra la Nueva Era, un baluarte contra este oleaje de maestros de meditación y místicos practicantes. Pero como señalé al principio de este capítulo, muchos de los místicos más exitosos ahora surgen dentro del mismo Cristianismo. En lugar de frenar el ímpetu de la espiritualidad Nueva Era, algunas de nuestras propias iglesias empujan este movimiento a la popularidad. Pero las prácticas místicas son como banquisas; parecen hermosas e impresionantes a primera vista, pero en realidad causan daños severos y comprometen la verdad.

Dos

EL YOGA DEL OCCIDENTE

Un día, entré en una librería secular para investigar la sección religiosa. Estaba dividida en dos partes iguales. A la izquierda el título anunciaba *Espiritualidad Nueva Era,* y los libros reflejaban este punto de vista. A la derecha el título era *Espiritualidad judío-cristiana.* En esta sección se pensaba encontrar títulos reflejando conceptos tradicionales Judío-Cristianos. ¡Pero no fue así! Los principios básicos del movimiento Nueva Era estaban presentados en ambas secciones. ¿Qué pasó allí?

El escritor Católico Romano William Johnston lo explica en la siguiente cita:

> Algo muy poderoso emerge . . . estamos observando una revolución espiritual de gran magnitud en todo el mundo . . . el surgimiento de una nueva escuela de misticismo dentro del Cristianismo . . . que crece año tras año.[1]

Esa librería presentó un ejemplo típico de esta nueva escuela de misticismo. Antes, había existido siempre una clara diferencia entre la espiritualidad oriental y el Cristianismo; pero ahora esta línea está borrosa.

Muchos de los que profesan ser Cristianos tienen poco entendimiento de esta revolución en aumento. Parece que ignoran este gran cambio espiritual. Esto es entendible, dado que mucha gente no sabe mucho de lo que ocurre fuera de su propio medio ambiente. Histórica, y tal vez irónicamente, el pueblo de Dios ha sido lento en responder a los cambios en la cultura. Esta misma ingenuidad se ve en la iglesia evangélica, especialmente entre los que desean obtener un caminar más cercano a Dios. Muchos Cristianos sinceramente anhelan para sí mismos y sus seres queridos una vida espiritual más plena y completa. Así, es sumamente importante que lleguen a un entendimiento claro de qué es realmente la naturaleza de este pensamiento místico, y de qué manera está de acuerdo con el pensamiento Nueva Era.

¿Dios en todo?

Alice Bailey es la profetiza ocultista que inventó el término Nueva Era, e hizo la siguiente declaración sorprendente:

> Por supuesto es fácil encontrar muchos pasajes que unen la senda del Conocedor Cristiano con la de su hermano en el Oriente. Ellos dan testimonio de la misma eficacia del método.[2]

¿Qué quiso decir con el término "Conocedor Cristiano"? ¡La respuesta es contundente! En el primer capítulo, vimos como el ocultismo es el despertar *facultades místicas* para ver a Dios en todo. En el Hinduismo, esto se llama el alcanzar *samadhi* o la iluminación. Esto es el objetivo principal de la meditación yoga: Dios en todo— una fuerza o poder que fluye a través de *todo* lo que existe.

William Johnston cree que tal experiencia existe dentro del contexto del Cristianismo. Explica:

> Lo que yo puedo decir con seguridad, sin embargo, es que hay un samadhi Cristiano que siempre ha ocupado un lugar de honor en la espiritualidad del Occidente. Esto, yo creo, es la cosa más cercana al Zen. Esto es lo que he llamado Zen Cristiano.[3]

El famoso psicólogo Carl Jung pronosticó que este sistema iba a ser el *yoga del occidente.*[4]

¿Zen Cristiano? ¿Yoga Cristiano? Estos parecen ser términos contrarios; y los Cristianos, por lo menos los evangélicos, siempre han considerado el yoga y el zen cosas falsas y anti-bíblicas. La palabra que más se usa en estos círculos es el *panteísmo—todo es Dios*. Pero cuando uno estudia el movimiento Zen *Cristiano*, encuentra otro término diferente pero que en realidad significa lo mismo. Este término es el *panenteísmo—Dios en* todo.

Una fuente muy respetada, *The Evangelical Dictionary of Theology (El diccionario evangélico de teología)*, define el panenteísmo como una cosmovisión que combina "lo fuerte del teísmo clásico con lo fuerte del panteísmo clásico".[5] Con el panenteísmo, todavía hay un Dios personal (teísmo) unido con la presencia de Dios en toda la creación (panteísmo). En otras palabras, con el panenteísmo, Dios es ambos: una personalidad y la sustancia que hay en todo, a diferencia de idea la de Dios como una sustancia impersonal que incluye toda la creación como dice el panteísmo.

La razón de existir de un libro como *Un tiempo de apostasía* descansa sobre si el panenteísmo tiene o no un lugar legítimo en el Cristianismo ortodoxo. Es una cuestión vital, porque el panenteísmo es la cosmovisión fundamental de los que practican la oración mística. Ken Kaisch, un sacerdote episcopal y maestro de la oración mística aclaró esto en su libro, *Finding God (Encontrando a Dios)*:

> La meditación es un proceso por el cual aquietamos la mente y las emociones y entramos directamente a la experiencia de lo Divino . . . hay una conexión profunda entre nosotros . . . Dios está en cada uno de nosotros.[6]

Esto es el corazón del panenteísmo: Dios está en todo y todo está en Dios. La única diferencia entre el panteísmo y el panenteísmo es *como* Dios está en todo.

La posición del panenteísta es difícil de entender. Su personalidad exterior no es Dios, pero Dios todavía está en él como su verdadera identidad. Eso explica porque los místicos dicen que *todo es uno*. Al nivel místico, ellos experimentan esta fuerza-*Dios* que fluye en toda cosa y en toda persona. Toda la creación tiene a Dios dentro de ella como una presencia vital viviente. Pero El está escondido.

Las implicaciones teológicas de esta cosmovisión lo ponen en una posición totalmente opuesta al Cristianismo bíblico por razones obvias. Un solo Dios verdadero existe, y Su identidad no está dentro de toda persona. ¡La llenura de la identidad de Dios en forma corporal está en Jesucristo y solo en El!

Las Escrituras claramente enseñan que la única deidad en el hombre es Jesucristo, quien vive en el corazón del creyente. Además, Jesús dejó bien claro que no todos nacerán de nuevo—esto ocurre solo por el Espíritu de Dios (Juan 3).

> Porque en él habita corporalmente toda la plenitud de la Deidad, y vosotros estáis completos en él, que es la cabeza de todo principado y potestad. (Colosenses 2:9–10)

Pero el panenteísta piensa que toda persona y todo lo que hay tiene la identidad de Dios por dentro.

William Johnston otra vez enfatiza "Pues Dios es el centro de mi ser y el centro de todas las cosas". Esta posición realmente elimina la fe en el Evangelio como el medio para la reconciliación con Dios, porque Dios ya está allí. Deja así por fuera la obra terminada de Cristo como intermediario, y contradice los siguientes versículos:

> Porque la palabra de la cruz es locura a los que se pierden; pero a los que se salvan, esto es, a nosotros, es poder de Dios. (1 Corintios 1:18)

> Cualquiera que se extravía, y no persevera en la doctrina de Cristo, no tiene a Dios; el que persevera en la doctrina de Cristo, ése sí tiene al Padre y al Hijo. (2 Juan 9)

La Biblia revela que Dios sostiene todas las cosas por Su palabra poderosa, pero no lo hace por medio de ser *la sustancia* de todas las cosas. La Palabra de Dios dice "Porque en él vivimos, y nos movemos, y somos . . . (Hechos 17:28). Pero esto habla *de El* como separado de nosotros, aunque está con nosotros. La creencia que Dios vive dentro de todo es herejía. Dios no compartirá Su esencia personal con nadie ni nada fuera de la Trinidad. Aun los Cristianos son solo participantes de la naturaleza divina y no poseen la Naturaleza Divina. 2 Pedro 1:3–4 dice:

> Como todas las cosas que pertenecen a la vida y a la piedad nos han sido dadas por su divino poder, mediante el conocimiento de aquel que nos llamó por su gloria y excelencia, por medio de las cuales nos ha dado preciosas y grandísimas promesas, para que por ellas llegaseis a ser *participantes* de la naturaleza divina, habiendo huido de la corrupción que hay en el mundo a causa de la concupiscencia. (Énfasis Yungen)

Aquí el apóstol Pedro escribe a Cristianos, no al mundo. El reconoce que el creyente *participa* juntamente con la obra del Espíritu Santo. La palabra "participar" viene de la palabra "koinonos" en griego que quiere decir el que comparte, un compañero, o colaborador. En otras palabras, el Cristiano participa de las promesas de la obra purificadora del Espíritu Santo, que le llama y le separa de la corrupción de un mundo malo. Además, el que participa es el que ha nacido de nuevo, por medio de la fe. Al contrario, un poseedor es alguien que ya posee algo. Referente al panenteísta y al panteísta, lo que ellos pretenden poseer *es Dios*. Ellos no creen que se necesita un cambio fundamental, sino solo un entendimiento de lo que ya existe dentro.

Se ve claramente que esta conclusión es erronea cuando examinamos citas como Isaías 42:8: "Yo Jehová; este es mi nombre; y a otro no daré mi gloria". La creación puede *reflejar* la gloria de Dios (Isaías 6:3), pero nunca puede *poseer* la gloria de Dios. Si eso fuera a pasar, quería decir que Dios daba Su gloria a otro.

El concepto contrario se ve claramente en el libro de William Shannon, *Silence on Fire (El silencio encendido)*. Shannon, sacerdote Católico Romano, comenta sobre una conversación teológica que tuvo con un contrayente ateo, cuando él ofició su matrimonio. Le dijo al hombre escéptico:

> Usted nunca encontrará a Dios mirando fuera de sí mismo. Usted sólo encontrará a Dios por dentro. Solo cuando usted haya experimentado a Dios en su propio corazón y a dejado a Dios entrar en los rincones de su corazón (más bien cuando haya encontrado a Dios allí), podrá usted 'saber' que de veras hay un Dios y que usted no es separado de Dios.[8]

Este consejo no es diferente de lo que daría cualquier maestro de la Nueva Era a alguien con un punto de vista *ateo*. *¿Usted busca a Dios? Dios solo está esperando a que usted se abra.* Basado sobre las creencias místicas de Shannon, él sabía que esto era el camino. Se refirió a eso cuando explicó al hombre que podría tener entendimiento si buscara en el lugar correcto o usara el método correcto.

Los que apoyan esta herejía concurren con el panenteísmo místico del autor Willigis Jager, que explicó:

> El mundo físico, los seres humanos, y todo lo que hay son formas de la Última realidad, toda expresión de Dios, todo "uno con el Padre".[9]

El no se refiere a todo Cristiano sino a *toda persona*. Esto es sencillamente el samadhi hindú con etiqueta de Cristiano. Los de este movimiento que son honestos no tienen pena en reconocer esto, como admitió un simpatizante cuando dijo, "La meditación de ocultistas avanzados es idéntica a la oración de místicos avanzados".[10]

El silencio—¿lenguaje de Dios?

Durante los largos años de mis investigaciones, encontraba muchas veces el término *oración contemplativa*. Inmediatamente descartaba que eso tuviera algo que ver con la Nueva Era, porque pensaba que solo significaba el pensamiento durante la oración; eso sería la asociación lógica del término. Pero en las disciplinas de la Nueva Era, las cosas no son siempre lo que parecen a los indoctos.

Lo que está involucrado en la oración contemplativa está explicado muy claramente por este autor:

> Cuando uno entra en los niveles de oración contemplativa, tarde o temprano se experimenta el vacio, la vaciedad, la nada . . . el silencio profundo místico . . . la ausencia de pensamiento.[11]

Para mi consternación, encontré que este "silencio místico" se consigue por los mismos métodos usados por los de la Nueva Era para conseguir su silencio—¡con el mantra y el aliento! La oración contemplativa es la repetición de una *palabra oración* o *palabra sagrada* hasta llegar a un estado cuando el alma, en vez de la mente, contemple a Dios. El maestro de oración y de zen, Willigis Jager, aclaró esto cuando dijo:

> No piense sobre el significado de la palabra; todo pensamiento y reflexión tienen que cesar, como insisten todos los escritores místicos. Sencillamente "suene" la palabra en silencio, soltando todo sentimiento y pensamiento.[12]

Los que tienen alguna preparación teológica pueden recordar que esta enseñanza viene desde siglos atrás, de personas como Meister Eckhart, Teresa de Ávila, Juan de la Cruz, y Julián de Norwich.

Entre escritos reconocidos sobre el tema es un tratado del siglo 14, titulado *The Cloud of Unknowing (La nube del no saber)*, por un autor desconocido. Es esencialmente un manual de oración contemplativa que instruye al novato:

> Tome una palabra pequeña, de una sola sílaba en vez de dos . . . con esta palabra, usted puede someter toda clase de pensamiento bajo la nube del olvido.[13]

La idea aquí es: para realmente conocer a Dios, hay que practicar el misticismo. La mente tiene que apagarse para que *la nube de no saber* pueda experimentarse, donde espera la presencia de Dios. Los practicantes de este método creen que si las palabras sagradas son *Cristianas*, van a conseguir a Cristo—solo es asunto de *deseo*, aunque el método sea idéntico a las prácticas ocultistas y [religiones] orientales.

Entonces, la pregunta que nosotros como Cristianos debemos hacer es "¿Por qué no debemos hacer esto? ¿Por qué no debemos usar esta práctica de oración mística en nuestras vidas?" Las respuestas a todo esto se encuentran en las Escrituras.

Aunque la Biblia describe algunas experiencias místicas, no veo ninguna evidencia de que Dios anime al hombre a practicar el misticismo por iniciativa propia. Experiencias místicas legítimas siempre fueron iniciadas *por* Dios, para dar revelaciones específicas a ciertos individuos, y nunca como método para alterar la conciencia. En Hechos 11:5, Pedro entró en trance (éxtasis) durante la oración, pero fue Dios, no Pedro, que inició el trance y lo desarrolló.

Según la definición, el místico es alguien que usa métodos específicos para buscar su divinidad interior. Los que utilizan estos métodos se meten en un trance fuera de la aprobación y protección de Dios, y así participan en algo sumamente peligroso. Además, ninguna parte de la Biblia defiende prácticas místicas. Por ejemplo, el Señor, para enseñar el respeto hacia Su santidad y Sus planes, instituyó ciertas ceremonias para Su pueblo (especialmente en el Antiguo Testamento). Sin embargo, las Escrituras no tienen ninguna referencia a prácticas místicas. Los dones del Espíritu enumerados en el Nuevo Testamento eran sobrenaturales pero no tenían nada que ver con el misticismo. Dios da dones espirituales sin que el Cristiano haga algo para conseguir Su favor.

Los defensores de la oración contemplativa tal vez dirían: *¿Qué del Salmo 46:10* "Estad quietos, y conoced que yo soy Dios"? Este versículo se usa frecuentemente por los que promueven la oración contemplativa. A primera vista, este argumento parece tener validez, pero al examinar el significado de "estad quietos" se descarta la idea de un significado contemplativo. En hebreo el significado es mermar actividad, dejar de actuar. En otras palabras, por el contexto se entiende que uno debe mermar actividad y confiar en Dios en vez de afanarse: relájese y vea la obra de Dios. Al leer los dos versículos anteriores a Salmo 46:10 da una perspectiva totalmente diferente a la de los místicos:

> Venid, ved las obras de Jehová, que ha puesto asolamientos en la tierra. Que hace cesar las guerras hasta los fines de la tierra. Que quiebra el arco, corta la lanza, y quema los carros en el fuego. Estad quietos, y conoced que yo soy Dios; seré exaltado entre las naciones; enaltecido seré en la tierra.

¡Esto no habla de un estado alterado de conciencia!

La experiencia de nacer de nuevo es en sí algo místico, pero es un acto directo de Dios, iniciado por *El*—el Espíritu Santo regenera el espíritu del hombre que antes estaba muerto, y lo hace vivir por Cristo. Además, vemos que aún en esta experiencia tan significativa, cuando uno pasa "de muerte a vida"(Juan 5:24), Dios la cumple sin poner al individuo en un estado alterado de conciencia.

Miremos más a fondo el tema del día de Pentecostés descrito en el capítulo 2 de Hechos, cuando los creyentes "fueron todos llenos del Espíritu Santo" (vs. 4). Vemos que ellos "estaban todos unánimes juntos" (vs. 1) cuando el Espíritu Santo descendió sobre ellos. Del contexto del capítulo, podemos suponer que era una animada reunión de creyentes conversando en forma inteligente. Entonces, cuando la gente empezó a hablar en otras lenguas, no era una sesión de barboteo o repetición vana de palabras como un mantra. Al contrario, era un evento de lenguajes coherentes con significado que atrajo una muchedumbre. La gente exclamó, "les oímos hablar en nuestras lenguas las maravillas de Dios", (vs. 11). Los testigos que sospechaban que los discípulos estuvieran en un estado alterado de conciencia dijeron "Están llenos de mosto" (vs. 13). Notemos que Pedro rápidamente corrigió este concepto, explicando que los discípulos estaban en su sano juicio. Podemos así deducir que sus mentes no estaban en ninguna clase de conciencia alterada. Después, Pedro dio uno de los mensajes más lógicos y claros encontrados en las Escrituras. Ciertamente este pasaje no trata de un grupo de hombres en un trance.

Así, analizando dos de las experiencias *místicas* más significativas del Nuevo Testamento (i.e. el nacer de nuevo y el derramamiento del Espíritu Santo en el día de Pentecostés), ningún estado alterado de conciencia fue buscado ni experimentado. En realidad, un estudio detallado del Antiguo Testamento y del Nuevo Testamento revela que Dios solo utiliza dos clases de experiencia cuando la persona no está completamente despierta—sueños y visiones—y en cada caso, la experiencia es iniciada por Dios. Además, en las Escrituras, cada caso de un trance iniciado por la persona se condena por Dios, como vemos en el siguiente pasaje:

> Cuando entres a la tierra que Jehová tu Dios te da, no aprenderás a hacer según las abominaciones de aquellas naciones. No sea hallado en ti quien haga pasar a su hijo o a su hija por el fuego, ni quien practique adivinación, ni agorero, ni sortílego, ni hechicero, ni encantador, ni adivino, ni mago, ni quien consulte a los muertos. (Deuteronomio 18:9–11)

Al examinar el significado en hebreo de los términos utilizados en estos versículos, vemos que mayormente trata de la hechicería o del encantamiento. El encantar en este contexto se refiere a un trance. En otras palabras, cuando Dios inicia un trance, es en forma de sueño o visión. Cuando el hombre inicia un trance, es por medio de encantar o hipnotizar.

Recordemos, en ninguna parte de la Biblia encontramos que el silencio equivale al "poder de Dios", ¡pero "el mensaje de la cruz" ciertamente lo es! (1 Corintios 1:18)

El alcance de la espiritualidad contemplativa

Aunque muchos Cristianos todavía ni se dan cuenta de la existencia del movimiento práctico del misticismo Cristiano, el movimiento crece rápidamente; y la *espiritualidad contemplativa* es cada vez más visible. La evidencia del movimiento de oración mística ya puede verse por el hombre común. En 1992, el periódico *Newsweek* hizo una crónica especial titulada "Hablando con Dios", con clara referencia a ello. El artículo reveló:

> El silencio, una posición apropiada del cuerpo, y por encima de todo, *una mente vaciada* mediante una oración *repetida*—han sido las prácticas de místicos de todas las grandes religiones del mundo. Y estas forman las bases sobre las cuales *los directores espirituales más modernos* guían a los que quieren acercarse más a Dios. (Énfasis Yungen)[14]

Me sorprende que *Newsweek* observara claramente este cambio en el paradigma espiritual hace casi quince años, a la vez que muchos Cristianos (aún algunos de los líderes más destacados) todavía ignoraran por completo este cambio. ¿Sería que las enseñanzas del místico Cristiano práctico se asimilan tan fácilmente que ni aún nuestros pastores disciernen el cambio?

En septiembre de 2005, *Newsweek* presentó un reportaje especial llamado "La espiritualidad en América". Este tema titular, "En búsqueda de lo espiritual", cubre diecisiete páginas; y para el que pensaba que el movimiento de misticismo cristiano no existía, este artículo es prueba suficiente para mostrar que no solo existe sino que vive y florece en forma increíble.

El artículo principia con una descripción del origen del movimiento contemporáneo de la oración contemplativa, que mayormente empezó con un monje llamado Tomás Keating:

> Para él [Keating], monje trapista, la meditación era algo nato. Invitó al gran maestro de Zen, Roshi Sasaki, a dirigir retiros en la abadía. Seguramente, pensó él: tiene que haber un precedente dentro de la iglesia para poner técnicas espirituales sencillas pero poderosas al alcance de la gente común. Su hermano trapista Padre William Meninger lo encontró un día en 1974, en la copia polvorienta de una guía a la meditación contemplativa del siglo [14], titulada *The Cloud of Unknowing (La nube del no saber)*.[15]

La integración más obvia de este movimiento puede encontrarse en el Catolicismo Romano. Michael Leach, antiguo presidente de la *Asociación Católica de Editoriales de Libros*, hizo esta aseveración increíblemente franca:

> Pero mucha gente también cree que los principios espirituales del movimiento Nueva Era pronto se incluirán—o se re-incluirán—en los principios básicos de la fe católica. De hecho, ocurre ahora en los Estados Unidos.[16]

¡Esto es cierto! Y se asimilia mayormente por el movimiento de la oración contemplativa.

El líder contemplativo Basil Pennington reconoce abiertamente su crecimiento, diciendo, "Somos parte de una comunidad sumamente grande . . . 'Somos Legión'".[17] Una compañía importante de recursos católica dijo, "Otra vez la oración contemplativa ha llegado a ser común en la comunidad Cristiana".[18]

Según William Shannon, la espiritualidad contemplativa ahora en gran parte reemplaza el antiguo catolicismo. Esto no quiere decir que la misa o los sacramentos ya no se usan, sino que la cosmovisión principal de muchos en la iglesia Católica ahora es contemplativa.

Tuve una experiencia personal que comprueba el énfasis del misticismo en la iglesia Católica durante una conversación por teléfono con la monja directora de un centro de retiros. Ella hizo eco del mensaje de Shannon. Dijo que *The Cloud of Unknowing* ahora es la base de casi toda espiritualidad católica; y la oración contemplativa ahora se ha extendido por todo el mundo.

Yo había tenido siempre cierta confusión sobre la verdadera naturaleza de este avance en la iglesia Católica. ¿Era esto el resultado del trabajo de algunos inconformistas, o una práctica aprobada por la jerarquía de la iglesia? Mis preguntas recibieron respuesta al leer una entrevista que aclaró que el movimiento de oración mística tenía la aprobación de los escalones más altos del Catolicismo; de hecho, ellos eran la *fuente* de su expansión. Tomás Keating dijo lo siguiente en una reunión del finado Papa Pablo VI y miembros del Orden Trapista de monjes católicos en la década de los '70:

> El Pontífice declaró que a menos que la Iglesia volviera a descubrir la tradición contemplativa, la renovación no ocurriría. El apeló específicamente a los monásticos, porque ellos vivían la vida contemplativa, [y dijo que podrían] ayudar a los laicos y a los de otras religiones llevar esta dimensión a sus vidas también.[20]

Una mirada al último catecismo oficial de la iglesia Católica demuestra como la oración contemplativa es defendida y fomentada para los fieles de parte de la jerarquía. El nuevo catecismo claramente afirma: "La oración contemplativa es oír la palabra de Dios . . . la oración contemplativa es el silencio".[21]

Me di cuenta del tremendo éxito de las amonestaciones del Papa Pablo cuando descubrí algo en una librería popular católica. Muchos estantes estaban marcados como *Lo espiritual*, y representaban el punto focal de la librería entera. Entre ochenta a noventa por ciento de los libros allí enfatizaban la oración contemplativa; era su tema principal.

En reacción a este movimiento, los Católicos no místicos están alarmados al cambio en su iglesia. Lo que Shannon y sus semejantes ven como una renovación gloriosa se juzga un deslizamiento a la apostasía por otros Católicos.

Un laico católico que habla francamente sobre eso es el autor Randy England. En su libro *Unicorn In the Sanctuary (El unicornio en el santuario)*, England aclara como estas prácticas han invadido su iglesia. El advierte:

> La lucha es difícil. Es muy probable que su pastor esté abierto a las ideas de la Nueva Era . . . Aún los Católicos sin ningún interés en las prácticas de la Nueva Era se acostumbran a sus conceptos; estarán bien receptivos cuando la Espiritualidad Centrada en la Creación llegue a ser la norma en nuestras iglesias.[22]

No es una equivocación concluir que fue un papa el responsable por lo que Randy England y otros como él observan en sus iglesias. No es una aberración—una salida aislada—sino algo programado desde arriba hacia abajo, en la iglesia.

La espiritualidad contemplativa se extiende ahora muy lejos de las paredes de la iglesia Católica. Denominaciones principales evangélicas (como Episcopales, Metodistas Unidas, Presbiterianos, Luteranos, Iglesia Unida de Cristo, etc.) han aceptado lo contemplativo también. Su profunda tradición liberal y su activismo socio-político las han dejado espiritualmente secas, y así sedientas de experiencias sobrenaturales. Esta escuela de misticismo práctico les da un sentido de espiritualidad, a la vez que les permite una aprobación política liberal. Marcus Borg, profesor de Religión y Cultura en la Universidad Estatal de Oregon, y miembro del grupo Nueva Era llamado Proyecto de Profesores Espirituales Viviente, entendió la popularidad de la oración mística. El dijo:

> En algunas denominaciones principales, Cristianos (contemplativos) del paradigma emergente representan una mayoría. Otros son divididos en partes iguales sobre estas dos maneras de ser Cristiano.[23]

Una dependiente de una librería que sirve a estas denominaciones me dijo que la oración contemplativa tiene bastantes simpatizantes entre los evangélicos, y muchos pastores están abiertos a estas prácticas. Añadió que algunos del clero muestran resistencia; pero que de todos modos, un mover fuerte hacia lo contemplativo ocurre. Su observación fue confirmada por un artículo de la revista *Publisher's Weekly* sobre el movimiento de la oración contemplativa en círculos religiosos principales. Citaron a una señora que trabaja con editoriales, quien dijo: "Muchos evangélicos están buscando la manera de satisfacer el deseo de volver a la tradición contemplativa occidental".[24] Un profesor universitario señaló:

> Típicamente mis estudiantes han sido de mediana edad y de la clase media, entre Metodistas, Presbiterianos,

Congregacionalistas, y Bautistas; y todos son activos como laicos en sus iglesias. Aparentemente son personas muy comunes. Pero he observado que virtualmente cada una ha encontrado la nueva era en alguna de sus muchas formas, y han sido atraídos por su misterio.[25]

La espiritualidad contemplativa provee lo que se piensa es una experiencia profunda de Dios, sin tener que seguir un punto de vista social conservador. También les da a sus practicantes seguridad porque piensan que siguen una supuesta fuente de tradición Cristiana. Esto ayuda a mermar cualquier reserva que algunos podrían tener sobre la legitimidad de estas prácticas.

Para entender el alcance del movimiento de oración contemplativa, miremos los números que publica una organización llamada Spiritual Directors International (SDI, Directores Espirituales Internacional). En su website, este grupo da amplia evidencia de lo que son sus prácticas. En una conferencia nacional, se presentó lo siguiente:

> Este taller ofrece la oportunidad de estudiar y experimentar el papel del director en ayudar a las personas para principiar las primeras etapas de la oración contemplativa, el silencio, y abrirse a nuevos tipos de oración.[26]

Una de los objetivos de SDI es "Extender lo santo alrededor del mundo y a través de las tradiciones". Una lista de miembros de 2005 citó: 531 Episcopales, 223 Presbiterianos, 201 Metodistas Unidos, 154 Luteranos, y un número abrumador de 2.355 Católicos Romanos. Al añadir otras cuarenta "tradiciones", el total llegó a casi 5000. Para mostrar la naturaleza de lo que quieren decir con el "atravesar las tradiciones", la lista incluyó a budistas, cristianos gnósticos, hindúes, judíos, Siddha yoga, y aún pagano/wicca.*

---

*Información tomada del website de Spiritual Directors International (Directores Espirituales Internacional)—"Demographics of our Learning Community."

Los padres del desierto—con ideas tomadas del oriente

El sacerdote Católico William Shannon, en su libro *Seeds of Peace (Semillas de paz)*, explicó el dilema humano de esta manera:

> Este olvido, de nuestra unidad con Dios, no es solo una experiencia personal, sino que es la experiencia corporativa de la humanidad. En realidad, es una manera de entender el pecado original. *Estamos en Dios, pero parece que no lo sabemos. Estamos en el paraíso, pero no nos damos cuenta.*[27] (Énfasis Yungen)

El punto de vista de Shannon define lo que es la cosmovisión fundamental del movimiento de la oración contemplativa. Citas similares pueden encontrarse en casi cada libro escrito por autores contemplativos. Un gurú hindú o un maestro budista zen podrían ofrecer la misma explicación. Esta conclusión es lógica al investigar las raíces de la oración contemplativa. Veamos los principios de esta práctica:

A principios de la Edad Media vivía un grupo de eremitas en áreas de yermo en el Medio Oriente. Son conocidos en la historia como los *Padres del Desierto*. Vivían en comunidades aisladas con el propósito de consagrar sus vidas, lejos de distracciones, totalmente a Dios. El movimiento contemplativo empezó con estos monjes, que utilizaban el mantra como *herramienta de oración*. Un erudito del tema aclaró esta conexión cuando dijo:

> Las prácticas de meditación y reglas de vida de estos primeros monjes Cristianos demuestran mucha similitud con las de sus hermanos ermitaños hindúes y budistas en ciertos reinos del oriente . . . las técnicas de meditación que utilizaban para encontrar a su Dios sugieren que las prestaron del oriente o que las redescubrieron espontáneamente.[28]

Muchos de los Padres del Desierto, por su celo, sencillamente buscaban a Dios por métodos de tanteos. Un maestro líder de oración contemplativa reconoció llanamente la manera desordenada con que ellos formulaban sus prácticas.

> Era una época de muchos experimentos con métodos espirituales. Se ensayaron muchas clases de disciplina, algunas demasiado fuertes o extremas para la gente actual. Muchos métodos diferentes de oración fueron creados y explorados por ellos.[29]

El intentar alcanzar a Dios por prácticas místicas ocultistas es un desastre garantizado. Los Padres del Desierto de Egipto vivían en un lugar especialmente peligroso en ese entonces, para buscar formas nuevas de encontrar a Dios, como dijo cierto teólogo [católico]:

> El desarrollo de disciplinas meditativas Cristianas debe haberse iniciado en Egipto, porque muchas de las bases intelectuales, filosóficas, y teológicas de la práctica de la meditación en el Cristianismo salen de la teología griega y romana de Egipto. Esto es significativo, porque fue en Alejandría donde la teología Cristiana tenía más contacto con las especulaciones gnósticas que según muchos eruditos, tenían sus raíces en el Oriente, posiblemente de India.[30]

Por consiguiente, los Padres del Desierto creían que mientras el deseo para Dios era sincero, se podría utilizar lo que fuera para alcanzar a Dios. Si un método funcionaba para que los hindúes alcanzaran a sus dioses, entonces mantras Cristianos podrían utilizarse para alcanzar a Jesús. Una persona que actualmente practica y fomenta la oración mística de los Padres del Desierto hace eco de las formulaciones de sus ancestros místicos:

> En el ecumenismo amplificado del Espíritu que se nos abre hoy en día, necesitamos aceptar humildemente los conocimientos de ciertas religiones orientales . . . Lo que hace que una práctica específica sea Cristiana, no es su fuente, sino su propósito . . . esto es importante recordar frente a los Cristianos que intentan empobrecer

a nuestros recursos espirituales al definirlos en forma angosta. Si vemos la familia humana como una sola, en el espíritu de Dios, entonces esta clase histórica de fecundación cruzada no es sorprendente . . . la atención selectiva a las prácticas espirituales orientales puede ser de mucha ayuda para una vida Cristiana bien robusta.*31*

¿Es entendible este razonamiento—que las fuentes no Cristianas, como avenidas al crecimiento espiritual, son perfectamente legítimas para la vida Cristiana; y si los Cristianos solo practican su fe basada en la Biblia, realmente empobrecerán su espiritualidad? Así pensaban los Padres del Desierto. Como resultado, lo que tenemos ahora es la oración contemplativa. Jesús advirtió sobre esto cuando les dijo a Sus discípulos:

> Y orando, no uséis vanas repeticiones, como los gentiles. (Mateo 6:7)

Debe ser obvio que la meditación con mantra u oración *palabra sagrada* son ejemplos de "vanas repeticiones" y así ilustran el punto de Jesús. Sin embargo, conocidos evangélicos muchas veces dicen que el misticismo Cristiano es diferente a otras clases de misticismo (como religiones orientales u ocultismo) porque enfoca a Jesucristo.

Esta lógica puede parecer creíble a primera vista; pero los Cristianos tienen que preguntarse algo sencillo y fundamental: ¿Qué es lo que hace que una práctica sea Cristiana? La respuesta es clara: ¿Qué dice el Nuevo Testamento sobre ella? ¿No nos ha enseñado Cristo en Su Palabra que debemos orar por fe en Su nombre y según Su voluntad? ¿Dejó algo por fuera? ¿Jesús engañaría a Sus verdaderos seguidores? ¡Nunca!

A la luz de estas verdades, Dios ha declarado en Su Palabra que no permite que personas sinceras pero pecaminosas re-inventen su propio Cristianismo. Cuando Cristianos hacen caso omiso a las instrucciones de Dios, terminan aprendiendo *el camino del pagano*. Israel hizo esto incontables veces. Es la naturaleza humana.

La historia de Caín y Abel es un ejemplo clásico en la Biblia de la infidelidad espiritual. Ambos hijos de Adán querían agradar a Dios, pero Caín decidió experimentar con su propio plan de devoción. Caín puede haber razonado así: "A lo mejor, Dios prefiere las frutas o los granos en lugar de un animal muerto. No es tan repugnante. Huele menos. ¡Ya sé como voy a hacer!"

Como sabemos, Dios no se impresionó con este intento de Caín de crear su propio método de agradarle. El Señor aclaró a Caín que Su favor estaría con él, si él *hiciera lo correcto*, no solamente algo a favor de Dios o centrado en El.

Los Padres del Desierto, de muchas maneras, eran como Caín—querían agradarle pero no querían escuchar las instrucciones del Señor y hacer lo correcto. Tal vez no se puede criticar su devoción, pero ciertamente, sí, su falta de discernimiento.

¿Nueva Era o Cristiano?

Antes de escribir este libro, quería estar seguro de poder probar eficazmente que la oración contemplativa ha infiltrado la fe Cristiana y que a la vez es parte integral del movimiento de la Nueva Era. De hecho, los de la Nueva Era ven la oración contemplativa como práctica suya. ¿Cómo es posible que los de la Nueva Era y también los Cristianos, ambos, proclamen que la oración contemplativa sea algo suyo propio? Ciertamente el movimiento Nueva Era nunca promovería a personas como Francis Schaeffer u Oswald Chambers; pero muchas veces la oración contemplativa es defendida por personas como la terapista Nueva Era Jacquelyn Small, que la ve como entrada a la clase de espiritualidad que ella abraza. Ella la explica como:

> Una forma de meditación Cristiana, donde sus practicantes son enseñados a enfocar un símbolo interno que aquieta la mente . . . Cuando los practicantes son hábiles en este método de meditación, entran en un trance similar a la auto-hipnosis.[32]

Los editores de la revista *New Age Journal (Revista de la Nueva Era)* han compilado un libro titulado *As Above, So Below (Como arriba, así abajo)*—que ellos promueven, según su cosmovisión, como un manual sobre "El camino a la renovación espiritual". Contiene capítulos sobre el chamanismo, la adoración de la diosa, y la salud holística, juntamente con un capítulo dedicado a la oración contemplativa. Allí ellos declaran abiertamente:

> Los que han practicado la Meditación Transcendental pueden sorprenderse al aprender que el Cristianismo tiene su propia meditación tipo mantra desde tiempos atrás . . . el depender de un método de mantra para centrar tiene una larga historia en el canon místico del Cristianismo.[33]

El autor Nueva Era Tav Sparks presenta una variedad de puertas en un capítulo de su libro, *The Wide Open Door (La puerta bien abierta)*. Otra vez, junto con una cantidad de prácticas ocultistas y orientales, encontramos lo que Sparks llama *El Cristianismo espiritual*. El dice, "La buena noticia es que hay algunas formas del Cristianismo que vibran con poder espiritual."[34] Prosigue con algunos ejemplos de promotores de la oración contemplativa.

Posiblemente el ejemplo más contundente es dado por una figura muy prominente en el mismo movimiento de la oración contemplativa, Tilden Edwards. El es el fundador del prestigioso instituto Shalem Institute en Washington, D.C. Este centro produce líderes espirituales a través de sus programas de capacitación. En su libro, *Spiritual Friend (Amigo espiritual)*, Edwards sugiere que los que practican la oración contemplativa y han empezado a experimentar el "desdoblamiento espiritual" y otras "experiencias inusuales" deben buscar un libro titulado *Psychosynthesis (Psicosíntesis)* para poder entender las "dinámicas" de "ciertas etapas".[35] Para el Cristiano, hay un problema mayor con este consejo. El libro que Edwards recomienda fue escrito por un ocultista mundialmente famoso llamado Roberto Assagioli.

Las dinámicas para ciertas etapas de "desdoblamiento espiritual" pueden buscarse por ocultistas, pero tenemos que recordar que Edwards busca atraer a Cristianos a esta clase de oración. El mismo Edwards no pretende que esto sea *algo realmente* Cristiano, cuando claramente concede que "Este asunto místico [la oración contemplativa] es el puente occidental a la espiritualidad oriental.[36]

Para refutar los argumentos bien intencionados pero equivocados de los Padres del Desierto y sus descendientes espirituales, cito las observaciones profundas de Carlos Spurgeon, quien escribió:

> La sabiduría humana se deleita cortando y acomodando la doctrina de la cruz a un sistema más artificial y más agradable para los gustos depravados de la naturaleza caída; sin embargo, en vez de mejorar el evangelio, la sabiduría carnal lo contamina, hasta que llegue a ser otro evangelio, y para nada ya la verdad de Dios. Todas las alteraciones y enmiendas a la misma Palabra del Señor son contaminaciones y corrupciones.[37]

El kundalini "Cristiano"

Muchos creyentes, con dificultad, aceptarían que el llamado "misticismo Cristiano" en realidad no es nada Cristiano. Podrían pensar que este concepto viene de una mentalidad negativa, que ignora el amor hacia Dios y la devoción que acompañan la vida mística. Para los que piensan así, deben observar un libro por Philip St Romain, *Kundalini Energy and Christian Spirituality (Energía kundalini y la espiritualidad Cristiana)*, que documenta su experiencia con la oración contemplativa. El mismo título revela mucho, porque kundalini es el término hindú para el poder místico, la fuerza que sustenta la espiritualidad hindú. En el hinduismo, esto se refiere a lo que llaman *el poder de la serpiente*.

St. Romain, consejero para rehabilitación de adictos y ministro laico católico, empezó su experiencia mientras practicaba la oración contemplativa, lo que él llamaba *el descansar en el punto quieto*. Lo que le pasó en estas prácticas merece cuidadoso estudio de la comunidad evangélica, especialmente de parte de sus líderes. El curso del Cristianismo evangélico en el futuro depende de si la experiencia de St. Romain es una excepción, o si es la regla, para la espiritualidad contemplativa.

Después de rechazar la oración mental como "contraproducente", él abrazó la clase de oración que apaga la mente, creando lo que él llamaba la pasividad mental. Lo que encontró enfatiza, con asombrosa claridad, lo que me preocupa:

> ¡Después vinieron las luces! Los remolinos dorados que antes había notado ocasionalmente, empezaron a intensificarse, formándose en patrones que me intrigaron y cautivaron . . . siempre había cuatro o cinco de estos; tan pronto que uno desaparecía, otro aparecía, más brillante y más intenso . . . Llegaron a través de la pasividad completa y sólo después de que yo había estado *en el silencio* por un tiempo.[39] (Énfasis Yungen)

Después, St. Romain empezaba a sentir "expresiones sabias" llegando a su mente y sentía que "recibía mensajes de otro".[40] El también experimentaba manifestaciones físicas durante sus períodos de silencio. Sentía "hormigueos" en la parte superior de su cabeza que a veces "¡siseaban de energía!"[41] Estas sensaciones seguían por días. La culminación de la excursión mística de St. Romain se podría predecir—cuando se hace yoga *Cristiano* o zen *Cristiano*, el final es samadhi *Cristiano*, como ocurrió con él. Proclamó:

> Ya no hay un sentir de división, porque el Terreno que fluye por todo mi ser es idéntico con la Realidad de toda la creación. Parece que los místicos de todas las religiones del mundo saben algo de eso.[42]

St. Romain, lógicamente, siguió a la siguiente etapa con:

> El significado de esta obra, tal vez, descansa en su potencial para contribuir al dialogo entre el Cristianismo

y las formas orientales de misticismo tales como las que se promueven en la llamada espiritualidad Nueva Era.[43]

Mucha gente cree que St. Romain es Cristiano consagrado. Él proclama que ama a Jesús, cree en la salvación, y que es miembro respetado dentro de su iglesia. Sin embargo, lo que ha cambiado son sus sentimientos. Él dice:

> Yo no puedo hacer ninguna decisión por mí mismo sin la aprobación del consejero interior, cuya voz habla muy claramente en tiempos de necesidad... hay un sentido claro de una clase de ojo interior que está "viendo" con mis dos ojos físicos.[44]

Seguramente St. Romain estaría asombrado que alguien pudiera dudar de su declaración de haber encontrado la verdad, porque ve su misticismo como algo positivo. ¡Pero realmente, es Dios, ese "consejero interior" que St. Romain ha contactado? Es una pregunta legítima, especialmente ahora que este método de oración se extiende por una amplia gama del Cristianismo.

Como hemos visto en este capítulo, esta práctica ya se encuentra ampliamente extendida en la iglesia Católica Romana e iglesias evangélicas de las denominaciones principales. Ahora también se manifiesta entre las denominaciones más conservadoras, que antes habían resistido las influencias de la Nueva Era. Tal como un fuerte oleaje de místicos prácticos ha llenado la sociedad secular, ahora lo mismo también pasa en el mundo de la religión. St. Romain hace un comentario en su libro que yo tomo muy en serio. Igual a sus semejantes místicos seculares, él tiene un fuerte sentido de misión y destino. El predice:

> ¿Podría ser que los que hacen el viaje al Verdadero Yo demuestran, en cierto sentido, lo que viene para toda la raza entera? Qué mundo magnífico sería—para la mayoría de la gente viviendo fuera del estado del Verdadero Yo. Tal mundo no puede venir, sin embargo, a menos que centenares de miles de

personas experimenten el regreso del Ego al servicio de transcendencia [meditación], y después reestructuren la cultura para acomodar el crecimiento similar de millones de otros. Yo creo que solamente ahora empezamos a reconocer esta tarea.⁴⁵

Un libro titulado *Metaphysical Primer: A Guide to Understanding Metaphysics (Texto Metafísico: Una guía para entender la metafísica)* presenta un bosquejo de las leyes básicas y principios del movimiento de la Nueva Era. El primer principio y el más importante, es el siguiente:

> Usted es uno con la Deidad, como lo es toda la humanidad . . . Todo es uno con todo lo que hay. Todo lo que hay en la Tierra es una expresión de la Única Deidad y está llena de Sus energías.⁴⁶

La declaración de St. Romain era que "La Tierra [Dios] que fluye en todo mi ser es idéntica a la Realidad de toda la creación".⁴⁷ ¡Los dos puntos de vista son *idénticos*!

St. Romain llegó a este punto de vista a través de la oración contemplativa; no por zen, no por yoga sino una forma *Cristiana* de estas prácticas. Las luces también eran un fenómeno recurrente, como sugirió un autor contemplativo:

> La literatura Cristiana hace referencia a muchos episodios que son paralelos a las experiencias de los seguidores del yoga. San Antonio, uno de los primeros místicos del desierto, con frecuencia encontraba fuerzas psicofísicas extrañas y a menudo atemorizantes mientras oraba.⁴⁸

Desafortunadamente, esta experiencia no se limitaba a solo San Antonio. Ha sido el proceso común que ha acompañado la experiencia mística a través de los siglos; esto quiere decir que los que empiezan el camino contemplativo hoy en día experimentarán lo mismo. Esto no es una conjetura a la loca. Un maestro de misticismo escribió:

> La experiencia clásica de iluminación descrita por monjes budistas, gurús budistas, *místicos Cristianos*, chamanes indígenas, sultanes sufíes, y cabalistas hebreos se caracteriza por dos elementos universales: una luz radiante y una experiencia de unidad con la creación.[49] (Énfasis Yungen)

Sin la conexión mística, no puede haber unidad. No hay el uno sin el otro. Y esto es el corazón del ocultismo.

Este asunto es realmente algo serio. Ahora se ve más y más en la iglesia evangélica que individuos adopten para sí, títulos como *director espiritual*. Muchos de ellos enseñan el mensaje de la oración contemplativa.

La inter-espiritualidad

El resultado final de la oración contemplativa es la *inter-espiritualidad*. Si el lector realmente ha captado el cuadro que he trazado con este capítulo, comenzará a ver el significado de este término. El enfoque de mi crítica de la oración mística tiene que entenderse a la luz de la inter-espiritualidad.

¿Exactamente qué es la inter-espiritualidad? El fundamento en que se basa la inter-espiritualidad es: que la divinidad (Dios) está en todas las cosas, y la presencia de Dios está en todas las religiones; hay una conexión que une todas las cosas, y a través del misticismo (i.e. la meditación) este estado de divinidad puede reconocerse. Por consiguiente, esta premisa se basa en una experiencia que ocurre durante un trance de auto-hipnosis, que une al individuo con el mundo invisible. Todo esto no es basado sobre la sana doctrina de la Biblia

El cita el finado Wayne Teasdale (monje laico que inventó el término inter-espiritualidad) diciendo que la inter-espiritualidad es "el terreno espiritual común que existe entre las religiones del mundo".[50]

Teasdale, hablando de esta iglesia universal, también dice:

> Ella [la iglesia] también tiene una responsabilidad en nuestra época, de ser un puente para reconciliar la familia humana . . . el Espíritu le inspira a ella, por las señales de los tiempos, a abrirse a hindúes, budistas, musulmanes, sikhs, jains, taoistas, confusianos, y gente indígena. Como matrix [sustancia de unión], la Iglesia ya no vería a miembros de otras tradiciones como algo fuera de su vida. Ella promovería el estudio de estas tradiciones, buscaría terreno común, *y puntos de vista paralelos.*[51] (Énfasis Yungen)

Un artículo en un periódico local mio demuestra que tanto se acepta la inter-espiritualidad en algunos círculos. Una diaconisa presbiteriana, descrita como un "Directora Espiritual" hizo claro esto cuando dijo:

> Yo también tengo un fuerte interés en el budismo, y hago una sentada meditación en Portland con tanta frecuencia que me sea posible. Me consideraba ecuménica, no solo de la tradición Cristiana sino con *todas las religiones.*[52] (Énfasis Yungen)

La sana doctrina tiene que ser el asunto más importante en este debate, porque la Nueva Era tiene un lado muy idealista—la presentación de una solución mística a los problemas humanos. ¿Cada persona busca la solución para sus problemas, verdad? Este es el lado práctico que tratamos en el pasado capítulo—una supuesta respuesta para una vida feliz y exitosa. Sin embargo, es posible *promover* los atributos de Dios sin realmente *tener* a Dios.

La gente que promueve un estilo supuestamente piadoso de espiritualidad puede en realidad estar luchando en contra de la verdad de Cristo. Entonces, ¿cómo puede uno estar seguro que lo que cree y practica realmente *sea* de Dios?

El mensaje Cristiano ha sido claro desde el principio—Dios envió un *Salvador*. Si el hombre pudiera practicar alguna clase de oración mística para tener acceso a Dios, la vida, el ministerio, muerte y resurrección de Jesucristo hubiera sido en vano.

La sana doctrina Cristiana procede del entendimiento que el hombre es pecador, caído, y separado de Dios. ¡El hombre necesita una obra salvadora de parte de Dios! Una enseñanza como la del panenteísmo (que Dios está en toda persona) no puede concordarse con la verdad de la obra consumada de Cristo. ¿Cómo podría Jesús ser nuestro Salvador según la enseñanza del panenteísmo? Discípulos de la Nueva Era dicen que El es el Salvador de la humanidad entera. Entonces, el panenteísmo no puede ser una doctrina válida.

El problema es que hay mucha gente con buenas intenciones que abraza las enseñanzas del panenteísmo, porque suenan bonitas. Parecen presentar algo menos rígido de parte de Dios. Nadie está excluido—todos están conectados con Dios. Es un mensaje atrayente. Sin embargo, la Biblia no enseña una salvación universal para el hombre. Por el contrario, Jesús dijo:

> Entrad por la puerta estrecha; porque ancha es la puerta, y espacioso el camino que lleva a la perdición, y muchos son los que entran por ella; porque estrecha es la puerta, y angosto el camino que lleva a la vida, y pocos son los que la hallan.

El mensaje de Cristo es totalmente contrario a las enseñanzas universales. Muchas personas hoy en día (aún Cristianos) piensan que solo unos pocos individuos sumamente malos serán enviados al infierno. Pero las palabras de Jesús en Mateo aclaran que no es así.

Aunque Dios envió a Su Hijo, Jesucristo, a morir por los pecados del mundo, El nunca dijo que todos se salvarían. Sus palabras son claras que muchos iban a rechazar la salvación que El proveyó. Pero los que son salvos tienen el "ministerio de la reconciliación" (2 Corintios 5:18), para llamar a los que se pierden (2 Corintios 4:3). El mensaje Cristiano no es samadhi, zen, kundalini, o el silencio contemplativo. ¡Es el poder de la Cruz!

> Porque la palabra de la cruz es locura a los que se pierden; pero a los que se salvan, esto es, a nosotros, es poder de Dios. (1 Corintios 1:18)

Sí, esto habla de los que se pierden, no los que no entienden su yo verdadero.

En una encuesta sobre los puntos de vista de la gente, fue sorprendente encontrar como los Americanos realmente ven a Dios. La revista *Spirituality and Health (La espiritualidad y la salud)* contrató a una entidad confiable de encuestas para investigar las creencias espirituales del público americano. Esta encuesta reveló que un ochenta y cuatro por ciento de los entrevistados creen que Dios "está en todas partes y en todo lo que hay", comparado con los que creen que (Dios) es "alguien en cierto lugar".[53] Esto significa que el panenteísmo es ahora la opinión predominante referente a Dios. Si es así, entonces un alto porcentaje de Cristianos evangélicos en América ya se inclinan hacia una vista panenteísta de Dios. Podremos deducir que muchos Cristianos se demuestran ser indecisos sobre la verdadera naturaleza de Dios.

¿Cómo puede haber surgido esta revolución mística? ¿Cómo puede esta perspectiva haber llegado a ser tan generalizada? La respuesta es que durante los últimos treinta o cuarenta años, un número de autores han atraído a millones de lectores y buscadores de verdad dentro del Cristianismo. Tanto han presentado y promovido el punto de vista contemplativo estos autores, que mucha gente ahora lo ve como la única manera de "profundizarse" en la vida Cristiana. Estos autores son los que animan a hombres y mujeres a lanzarse a la práctica contemplativa. ¡Su mensaje es lo que lleva a las personas a experimentar las "luces" y el "consejero interior"!

> Y no es maravilla, porque el mismo Satanás se disfraza como ángel de luz. Así que, no es extraño si también sus ministros se disfrazan como ministros de justicia; cuyo fin será conforme a sus obras. (2 Corintios 11:14–15)

Tres

PROMOTORES Y VISIONARIOS

Una vez, un amigo me relató la conversación que tuvo con el pastor principal de una respetada iglesia evangélica. El pastor le compartió cuánto disfrutaba de las obras de un personaje que estudiaremos en este capítulo. Mi amigo contestó que tenía mucha preocupación sobre la validez de las prácticas místicas de esa persona y le comentó lo que yo había descubierto sobre el movimiento de la oración contemplativa. Al oír sus inquietudes, el pastor se puso furioso y replicó, "Esa gente [refiriéndose a mí] solo quiere rebajar a los demás; sólo quiere destruir". Y enseguida se marchó muy disgustado.

Esta reacción es bien comprensible, si se considera que este pastor obviamente percibió algo de valor en los escritos espirituales de ese autor. El respeto y aprecio que le tenía hizo que automáticamente rechazara cualquier clase de crítica. Sin embargo, a pesar de esa fuerte reacción, la controversia sigue teniendo validez: ¿es de Dios o no, la espiritualidad contemplativa?

Ciertamente hay una presencia de Dios *percibida* en la práctica contemplativa, como dijo Wayne Teasdale, declarando: " En el silencio hay una presencia dinámica. Y eso es Dios, y estamos en sintonía con eso".1 ¿Pero es esa presencia realmente Dios? Basada en el criterio presentado en el capítulo anterior, puede ser que no es Dios, sino la sintonización y "presencia dinámica" de espíritus familiares. El problema al tratar este asunto es que los promotores de estas prácticas parecen ser tan piadosos y virtuosos. Las Escrituras advierten:

Amado, no creáis a todo espíritu, sino probad los espíritus si son de Dios; porque muchos falsos profetas han salido por el mundo. (1 Juan 4:1)

Teniendo en cuenta eso, reconozco que toda discusión crítica de estos autores tiene que ser en forma muy mensurada. Al tratar este asunto, aunque mis investigaciones demuestran que sus enseñanzas y prácticas están en error, quiero mostrar gracia y cortesía hacía estos individuos. Pero si mis conclusiones son acertadas referente a sus ideas, tales errores pueden conducir al ingenuo hacia un desastre espiritual. Las Escrituras constantemente nos advierten a examinarlo todo, para ver si es o no es de Dios. No quiero infundir al lector una desconfianza radical sino animarle a ejercer cuidado espiritual y discernimiento.

¡Estos temas son sumamente importantes! Personalmente conozco a personas que solamente querían estudiar el Cristianismo a un nivel más profundo; pero que se convirtieron en seguidores Nueva Era, al leer y practicar lo que propusieron algunos de los autores que presentamos aquí. Puede haber algo bueno en lo que decían, pero también es verdad que un poco de levadura leuda toda la masa (Gálatas 5:9). Lo que voy a decir puede parecer controvertido; pero recordemos lo que la autora Nueva Era Marilyn Ferguson descubrió: según sus encuestas, un treinta y un por ciento de los seguidores de la Nueva Era dijeron que su involucramiento empezó con el "misticismo cristiano".[2] Entonces veamos lo que algunos de estos autores dicen:

M. Scott Peck (1936–2005)

Durante las dos últimas décadas, en la lista New York Times de los libros de mayor venta, cierto título ha sobresalido en forma consistente: *The Road Less Traveled (El camino menos transitado)*, por el finado Dr. M. (Morgan) Scott Peck. La revista *LIFE* lo llamó una "institución nacional" y comparó su poder de venta a la de la Biblia.[3] Puede ser que no es una exageración, en vista de los millones de copias del libro que se han vendido, y su profunda influencia en decenas de millones de personas. El periódico prestigioso *Wall Street Journal* reflexionó que *The Road Less Traveled* era "Brillante en su insistencia que no hay distinción entre el proceso de lograr el crecimiento espiritual y lograr el crecimiento mental".[4]

En las secciones de auto-ayuda de muchas librerías grandes, a menudo los libros de M. Scott Peck reciben casi la mitad de un estante. Su influencia es grande y duradera todavía. Lo que les parece fascinante a los lectores de las obras de Peck es su trato lógico, sin rodeos, de los problemas de la vida. El propone cómo lidiar, de frente, a diversas situaciones, buscando crecimiento psicológico y espiritual. Pero ¿qué significa para Peck el crecimiento espiritual? Podemos darnos cuenta por su propia declaración a los lectores: " He dicho que la última meta del crecimiento espiritual es que el individuo llegue a ser como uno con Dios". Después hace la siguiente aseveración atrevida: "Es que el individuo debe llegar a ser totalmente, completamente, Dios".[5] Conforme al conocido modelo Nueva Era, él cree que "estos conceptos" han sido promovidos en el pasado "por Buda, por Cristo, por Lao-Tse, entre muchos otros".[6]

Muchos de los admiradores del Dr. Peck estarían muy ofendidos al ver el título de censura, *Nueva Era*, asociado con su nombre. Otros pueden decir, "Bueno, era budista cuando escribió el libro, pero ahora es Cristiano; además, hay tantas ideas útiles en su libro que no contradicen el Cristianismo". Sin embargo, para tener una idea de la clase de "Cristianismo" que tiene Peck, desde el momento de su bautismo el 9 marzo 1980 hasta el momento, consideremos los siguientes hechos:

> 1. En una entrevista de la revista *New Age*, Peck reveló que *The Road Less Traveled* le fue entregado por Dios, y que hay una "cantidad enorme de gente que tiene una pasión por Dios pero que están hartos con el fundamentalismo". La entrevista también reveló que Peck había progresado desde las "religiones místicas orientales al misticismo Cristiano [la oración contemplativa]".[7]
>
> 2. La oración mística es también el fundamento de la espiritualidad de Peck. En su libro *A World Waiting To Be Born (Un mundo esperando nacer)*, enfatizó

la necesidad de utilizarla. "Este proceso de vaciar la mente es de tanta importancia, que seguirá siendo un tema significante . . . puede ser útil recordar, entonces, que el propósito de vaciar la mente no es realmente no tener nada ahí; mas bien es hacer espacio en la mente para que entre algo nuevo, algo inesperado. ¿Qué es ese algo nuevo? Es la voz de Dios".*8* Peck también enseña que Jesús era "un ejemplo del místico occidental" que "se integró con Dios". Añadió que el mensaje de Jesús para nosotros es el "dejar de abrazar a nuestro ser inferior" y encontrar "nuestro ser mejor y verdadero". *10* La oración contemplativa, él cree, "es un estilo de vida dedicado al conocimiento máximo". Parece interesante que el ex vice-presidente Al Gore [EE.UU] en su portada recomienda el libro. El lo alaba como "extremadamente importante" y "una guía valiosa"; y que las enseñanzas del libro nos dan "nuevas razones poderosas de esperanza". *12*

3. *The Coming of the Cosmic Christ (La venida del Cristo cósmico)* es un libro donde el líder y sacerdote episcopal, Matthew Fox, propone la idea que el "misticismo" debe llegar a ser el centro alrededor del cual todas las religiones del mundo pueden unirse, en lo que él llama un "ecumenismo profundo". El "Cristo cósmico" explica Fox, es el "YO SOY en cada criatura" y que Jesús es alguien que "nos muestra como abrazar nuestra propia divinidad".13 Peck da a las declaraciones de Fox su completa aprobación en el dorso de la portada del libro, diciendo que Fox ofrece "las prácticas y los valores necesarios para la salvación planetaria".*14* Esta alabanza nos dice mucho, dado el hecho que Fox nos anima a "dejar el Jesús histórico", y dar más atención al "Cristo cósmico".*15* Estoy seguro que Peck no habría dado semejante aprobación a un manuscrito que él no habría leído todavía o con el cual no estuviera de acuerdo.

Posiblemente la mejor fuente para descubrir el pensamiento espiritual de Scott Peck es una grabación titulada: *Further Along the Road Less Traveled (Más allá en el camino menos transitado)*. Peck da una conferencia de su punto de vista personal sobre el movimiento de la Nueva Era, revelando allí que:

- "Pasé 20 años en el budismo zen que me preparó para el Cristianismo".[16]
- "El budismo zen debe enseñarse en cada quinto grado en América".[17]
- "El pecado más grande del Cristianismo es pensar que los de las otras religiones no son salvos".[18]
- "El movimiento de la Nueva Era puede llegar a extremos, pero potencialmente es muy piadoso y sus virtudes son absolutamente enormes".[19]

Si la Nueva Era puede reformar la sociedad y no afectarla en forma adversa, podría ser "extremadamente santa y de beneficio".[20]

El mismo pregunta a la audiencia: "¿Es Scott Peck de la Nueva Era?" y después contesta "Sí," añadiendo que "Soy orgulloso de ser nombrado como Conspirador de Acuario".[21]

El dice que su Fundación para Animar a la Comunidad es "una organización muy Nueva Era".[22]

No es sorprendente, entonces, que el periodista secular Michael D'Antonio dijera en su libro sobre el movimiento de la Nueva Era, *Heaven on Earth (El cielo en la tierra)*, que él veía a Peck como ". . . llegando a ser el Billy Graham de la Nueva Era", y "un líder mayor de la Nueva Era".[23]

Thomas Merton (1915–1968)

Lo que Martín Lutero King [Jr.] era al movimiento de derechos civiles [EE.UU.] y Henry Ford era al automóvil, Thomas Merton es para la oración contemplativa. Aunque este movimiento existía siglos antes de su llegada, Merton lo sacó del monasterio y lo llevó a las masas. Así, a mi parecer, Merton ha empujado el movimiento del misticismo Cristiano más que cualquier otra persona de las últimas décadas.

No he visto una descripción más clásica de la espiritualidad contemplativa que la de Merton. El escribió:

> Es un destino glorioso ser miembro de la raza humana, . . . y ahora *reconozco lo que todos nosotros somos* . . . Si solo ellas [las personas] pudieran ver a cada uno como realmente es . . . supongo que el problema grande sería que nos caeríamos *y nos adoraríamos unos a otros* . . . Al centro de nuestro ser hay un punto de nada que no es tocado por el pecado ni por las ilusiones, un punto de pura verdad . . . este pequeño punto . . . es la pura *gloria de Dios* en nosotros. Está en cada persona. (Énfasis Yungen)[24]

Observe qué tan similar es la descripción de Merton a la definición ocultista del yo superior.

Para entender la conexión de Merton al ocultismo místico, primero tenemos que entender cierta secta del mundo musulmán, los Sufis. Ellos son los místicos del Islam. Ellos repiten el nombre de Alá como mantra, entran en trances meditativos y experimentan *Dios en todo*. Una compañía Católica de grabaciones de audio ahora promociona una serie de casetes que Merton hizo sobre Sufismo. Se explica:

> Merton amaba a los Sufis, los místicos y maestros espirituales de Islam, y sintió con ellos una profunda afinidad espiritual. Aquí comparte su profunda espiritualidad.[25]

En una carta a un maestro sufista, Merton reveló, "Mi oración tiende a ser mucho de lo que usted llama fana".[26] Entonces que es "fana". *The Dictionary of Mysticism and the Occult (El diccionario del misticismo y el ocultismo)* lo define como "el acto de unirse con la Unidad Divina".[27]

Merton vio el concepto sufista de *fana* como el catalizador para unir el Islam y el Cristianismo, a pesar de diferencias obvias doctrinales. En un diálogo con un líder sufista, Merton le preguntó sobre el concepto musulmán de salvación. El maestro le escribió diciendo:

> El Islam inculca responsabilidad individual por los actos de uno, y *no* acepta la doctrina de expiación o la teoría de redención. (Énfasis Yungen)[28]

Para Merton, por supuesto, esto significaba poco, porque él creía que fana y la contemplación eran sinónimos. El respondió:

> Personalmente, en asuntos donde las creencias de dogmas son diferentes, creo que la controversia tiene poco valor, porque nos aleja de las *realidades espirituales* y nos mete en el reino de palabras e ideas . . . con palabras, infinitas complejidades y sutilezas pueden existir sin resolución . . . Pero mucho más importante es compartir la *experiencia de la luz divina*, . . . es *aquí* donde existe el área de diálogo fructífero entre el Cristianismo y el Islam. (Énfasis Yungen)[29]

Merton mismo enfatizó este punto cuando dijo a un grupo de mujeres contemplativas:

> Estoy profundamente empapado del sulfismo.[30]

Añadió en otro parte:

> Asia, Zen, Islam, etc., todas estas cosas se unen en mi vida. Sería una *locura* para mí intentar crear una vida monástica excluyendo todos estos. Sería menos monje. (Énfasis Yungen)[31]

Al evaluar la cosmovisión mística de Merton, claramente vemos que en realidad es la misma línea de pensamiento de la Nueva Era tradicional. ¡Es un hecho innegable!

Las experiencias místicas de Merton finalmente le hicieron espíritu afín con los místicos de las otras religiones orientales, porque sus puntos de vista concordaban. En una conferencia inter-espiritual en Tailandia, él dijo:

> Creo que al abrirnos al budismo, hinduismo, y a las grandes tradiciones [místicas] de Asia, podemos tener

una maravillosa oportunidad de aprender el potencial de nuestras tradiciones Cristianas.[32]

Hay que entender que la oración contemplativa *por sí sola* era el catalizador para estas ideas teológicas. Un biógrafo de Merton aclaró esto al decir:

> Si se quiere entender la convicción oriental de Merton, es importante entender que las raíces vinieron de su propia tradición de fe [el catolicismo] que le dio las herramientas [la oración contemplativa] que necesitaba para entender la clase de sabiduría que es propia del oriente.[33]

Esto era el fruto que recogió de los Padres del Desierto. Cuando se utilizan los métodos de la religión oriental, el resultado es su entendimiento de Dios. No hay escapatoria. No hay que ser erudito para entender esta lógica.

La influencia de Merton es muy fuerte en la iglesia Católica y las denominaciones evangélicas tradicionales; ahora empieza a crecer aún en las más conservadoras. Aunque muchos Cristianos se impresionan con la humildad, piedad y consciencia social de Merton, su dinamismo intelectual también los atrae bastante. Desafortunadamente, las doctrinas erróneas de Merton neutralizan sus calidades. El reveló el verdadero estado de su alma a otro monje antes de su viaje a Tailandia, donde su vida terminó con una electrocución accidental. Antes de viajar, confió a su amigo, "Voy a casa . . . a la casa que nunca he visto en este cuerpo".[34] No creo que Merton hablaba de un presentimiento de su muerte, sino que proclamaba que el oriente era su verdadero hogar espiritual.

Mi conclusión no se ha hecho a la ligera. Prácticamente todos los biógrafos y estudiosos de Merton hacen la misma observación. Un devoto de Merton escribió, " La mayor parte de sus escritos están enraizados en el pensamiento, experiencia, y visión de la sabiduría asiática.[35]

Henri Nouwen (1932–1996)

Un individuo que ha ganado popularidad y respeto en círculos Cristianos comparable a lo de Thomas Merton es el finado teólogo Católico Henri Nouwen. Igual a Merton, Nouwen combina una fuerte devoción a Dios con un estilo poético, reconfortante, pero bastante intelectual acorde con lo que se puede llamar una intelectualidad Cristiana. Muchos pastores y profesores son atraídos fuertemente a su pensamiento profundo. De hecho uno de sus biógrafos reveló que en una encuesta del 1994 de unos 3.400 líderes pastores evangélicos de Estados Unidos, según ellos Nouwen seguía a Billy Graham en influencia.

Nouwen también atrae a mucha gente laica, que lo considera de mucha inspiración. Alguien me dijo que la atracción de Nouwen era su manera reconfortante, como la de una madre—un abrazo cálido que da un sentir de bienestar. A pesar de estos elogios, varios aspectos de la espiritualidad de Nouwen le ha ganado un lugar en este libro.

Es triste que al final de su vida, este popular y citado autor declarara firmemente que se acercaba a Dios desde un punto de vista universalista. El proclamó:

> Ahora personalmente creo que, aunque Jesús vino para abrir la puerta a la casa de Dios, todo ser humano puede pasar por esa puerta, si conoce a Jesús o no. Hoy veo que es mi llamado ayudar a toda persona a reclamar su propio camino a Dios.[37]

El hecho de que Nouwen apoyara un libro escrito por el autor hindú Eknath Easwaran, que enseña la meditación mantra, demuestra claramente sus simpatías universalistas. En la portada del dorso del libro, Nouwen dice, "Este libro me ha ayudado bastante".[38]

Nouwen también escribió el prefacio a un libro que mezcla el Cristianismo con la espiritualidad hindú, diciendo:

> El autor demuestra una receptividad maravillosa para los dones de las religiones del budismo, hinduismo, e islam. El descubre la gran sabiduría que ellos tienen para la vida

espiritual del Cristiano . . . Ryan [el autor] fue a la India para aprender de las tradiciones espirituales fuera de las suyas. El llevó a casa muchos tesoros y nos los ofrece en el libro.*³⁹*

Aparentemente Nouwen tomó en serio estas posiciones. En su libro *The Way of the Heart (El camino del corazón)*, él aconseja a sus lectores:

> La repetición suave de una sola palabra puede ayudarnos a descender con la mente al corazón . . . Este camino de oración sencilla . . . nos abre a la presencia activa de Dios.⁴⁰

Pero desafortunadamente, lo que le enseñó la "presencia activa" de Dios se alineaba más con el hinduismo clásico que con el Cristianismo evangélico clásico. El escribió:

> La oración es "labor del alma" porque nuestras almas son los centros sagrados donde *todo es uno*, . . . Está en el corazón de Dios que podamos llegar a la plena realización de la *unidad de todo lo que hay*.⁴¹ (Énfasis Yungen)

Es importante notar aquí que Nouwen no dijera que todos los Cristianos son uno; él dijo que "todo es uno", que es el concepto fundamental de Dios que tiene el panenteísmo: que Dios en todo lo une todo. Igual a Thomas Merton, el propósito de Nouwen era hacer de la oración mística un paradigma principal dentro de todas las tradiciones del Cristianismo. El sintió que la iglesia evangélica tenía muchas cualidades admirables pero que carecía de algo clave: el misticismo. El buscó remediar esto al rogar, "Es a este silencio [la oración contemplativa] que todos estamos llamados".⁴²

Uno de los ejemplos más típicos que he encontrado, que revela la mente espiritual de Nouwen, es de su autobiografía, *Sabbatical Journey (Viaje sabático)*. Aquí él habla con entusiasmo de su encuentro con el autor y conferencista, Andrew Harvey, en abril de 1996. Nouwen exclamó, "Tuve el profundo sentir de encontrarme con un amigo del alma [un mentor]".⁴³

Lo que es importante notar aquí es que Harvey es un promotor conocido mundialmente de la *inter-espiritualidad* por medio del misticismo. El ha escrito treinta libros sobre este tema, y una de sus declaraciones resume el significado de este término:

> Cuando se mira por detrás de los diferentes términos utilizados por los diferentes sistemas místicos, se ve claramente que cada uno está hablando de la misma verdad abrumadora—que todos somos *esencialmente hijos del Divino* y que podamos reconocer esa identidad con nuestra Fuente aquí en la tierra y en el cuerpo.[44] (Énfasis Yungen)

Es importante notar aquí que Andrew Harvey es uno de los veinticuatro miembros del Proyecto de Maestros Espirituales Vivientes. La meta principal del proyecto es promover el misticismo como puente a la inter-espiritualidad. Los miembros incluyen monjas y monjes católicos y budistas juntamente con maestros de zen y la autora popular Nueva Era, Marianne Williamson.

El escéptico puede responder que Nouwen apreciaba a Harvey como persona pero que no necesariamente apoyaba sus puntos de vista. Nouwen mismo descartó esta posibilidad cuando dijo:

> Antes de ir manejando a casa, Michael, Tom, y yo tomamos té en una tienda local. Hablamos largamente de cómo *el misticismo de Andrew* nos había tocado".[45] (Énfasis Yungen)

Thomas Keating y Basil Pennington (1931–2005)

En el libro *Finding Grace at the Center (Encontrando gracia al centro)*, escrito por estos dos monjes católicos, el siguiente consejo se da:

> No debemos rehuir tomar el fruto de la muy antigua sabiduría del oriente y "capturarla" para Cristo. De hecho, muchos de nosotros que estamos en el ministerio debemos hacer el esfuerzo de conocer tantas técnicas orientales como sea posible.

> Muchos Cristianos que toman en serio su vida espiritual han recibido mucha ayuda del yoga, zen, MT [meditación transcendental] y prácticas semejantes, especialmente cuando han sido iniciados por maestros confiables, y han desarrollado una fe Cristiana para encontrar forma interior y significado en las experiencias que resultan.[46]

Thomas Keating y Basil Pennington han tomado su Cristianismo y lo han mezclado con el misticismo oriental por un método contemplativo que llamamos la *oración centrada*.

Una vez conocí a una señora que me dijo con entusiasmo: "En mi iglesia utilizamos un mantra para tocar a Dios". Se refirió a la oración centrada. Podemos afirmar que grupos de oración centrada están floreciendo hoy en día. Además, con frecuencia los que la abrazan son las personas más activas y creativas de sus congregaciones. Los demás creyentes las ven como instrumentos de nuevo vigor para la iglesia.

Keating y Pennington ambos han escrito buen número de libros influyentes sobre la oración contemplativa, y así han empujado fuertemente este movimiento. Pennington escribió un tratado llamado *Centering Prayer (La oración centrada)*, y Keating produjo el libro popular *Open Mind, Open Heart (Mente abierta, corazón abierto)*; de modo que ambos son evangelistas principales para la oración contemplativa. Keating predica "El primer idioma de Dios es el silencio".[47] En sólo 1991, él enseñó 31.000 personas cómo "escuchar a Dios".[48] Frecuentemente, centenares de personas en una sola sesión aprenden a "centrar".

Para demostrar la admiración que goza Keating, la revista *Newsweek* le escogió para dar introducción a su artículo principal del 2005, titulado "Buscando lo espiritual". Utilizando la frase "fenómeno mundial", *Newsweek* describió el éxito de su movimiento:

> Dos veces al día durante 20 minutos, los practicantes buscan un lugar quieto para sentarse con los ojos cerrados y entregar sus mentes a Dios. En más de una docena de libros, y en conferencias y retiros que

han atraído a decenas de miles, Keating ha enviado la palabra a un mundo de "gente hambrienta, buscando una relación más profunda con Dios".[49]

Tilden Edwards y Gerald May (1940–2005)

Si el movimiento de la oración contemplativa tiene un "alma mater" principal, sería el Shalem Institute (de Formación Espiritual) ubicado en Washington, D.C. El Shalem Institute es uno de los centros principales de la oración contemplativa en este país [EE.UU.], y ha entrenado a miles de directores espirituales desde su principio en 1972. Para entender su énfasis en el movimiento de la oración contemplativa, le invito al lector a ver más de cerca esta organización. Shalem fue fundado por el reverendo episcopal Tilden Edwards, y su meta es extender la práctica de la oración mística a todo el Cristianismo.

El mismo Dr. Edwards no trata de esconder su punto de vista inter-espiritual del Cristianismo. Por ejemplo, un taller que dictó tenía el título *Buddhist Contributions to Christian Living (Contribuciones budistas a la vida cristiana)*. El insiste en que si alguien quiere vivir en *la Presencia divina*, tiene que aceptar que:

> Algunas tradiciones budistas han desarrollado maneras muy prácticas para hacer lo que muchos Cristianos han encontrado de ayuda... ofrecen a los participantes nuevas perspectivas y posibilidades para vivir más plenamente en la Presencia radiante maravillosa durante el día.[50]

Un individuo que tuvo una influencia bastante importante en el campo de consejería Cristiana era el finado psiquiatra y autor Gerald May. May, quien falleció en 2005, ayudó a fundar el instituto de Shalem y enseñaba allí. Igual a las otras personas nombradas en este capítulo, encontramos una afinidad entre May y el misticismo oriental.

En la primera parte de su libro, *Simply Sane (Sencillamente sano)*, él comenta llanamente, "La línea de búsqueda expresada aquí procede de las escrituras de las grandes religiones del mundo". El entonces agradece a dos budistas tibetanos (lamas, u "hombres santos"), y un maestro japonés de zen por su "impacto particular" en él.[51]

La influencia de la espiritualidad oriental también se ve en su libro *Addiction and Grace (Adicción y gracia)*, que se considera una clásica sobre la rehabilitación Cristiana. En este libro, May enseña que "nuestro centro . . . el centro de uno mismo . . . es donde entendemos nuestra unidad esencial *los unos con los otros y con toda la creación de Dios"*. (Énfasis Yungen)[52]

Por supuesto, el método de entrar en este "centro" es el silencio, que May hace claro cuando él explica:

> No estoy hablando aquí de la meditación que utiliza la visualización dirigida o de reflexiones de las escrituras, sino de una práctica más contemplativa, donde uno sencillamente se sienta y vela con Dios.[53]

May es aun más enfático sobre su punto de vista metafísica oriental en su libro *The Awakened Heart (El corazón despierto)* donde él expone sobre la "presencia cósmica", que él dice "satura a nosotros y toda la creación".[54]

Algunos tal vez defenderían a May, diciendo que él solo hablaba de la omnipresencia de Dios. Pero May estaba firmemente en el campo del panenteísmo místico. No hay duda sobre sus afinidades teológicas cuando May explica su sentir de la "presencia cósmica" en declaraciones como:

> Esta se revela en los saludos hindúes *jai bhagwan* y *namaste* que reverencian la divinidad que vive dentro y nos abraza a todos.[55]

Igual a M. Scott Peck, May empezó con el budismo zen en la década de los setenta. Todavía estaba en la misma línea unos treinta años después, cuando escribió el prefacio de un libro titulado *Zen for Christians (Zen para Cristianos)*. Allí escribió, "Ojalá yo hubiera tenido este libro cuando comencé a investigar el budismo. Esto habría facilitado mucho las cosas".[56]

Morton Kelsey

Morton Kelsey es un sacerdote episcopal y autor popular entre ciertos pensadores Cristianos. Su libro más influyente, *The Other Side of Silence: The Guide to Christian Meditation (El otro lado del silencio: la guía para la meditación cristiana)*, ha influido en decenas de miles de personas. Cierta publicación comentó que su libro, *Companions on the Inner Way: The Art of Spiritual Guidance (Compañeros del camino interior: El arte de la guía espiritual)*, era "un favorito entre los directores espirituales".[57] Dónde la oración contemplativa ha llevado a Kelsey es obvio en su declaración que:

> Usted puede encontrar la mayor parte de las prácticas Nueva Era en el fondo del Cristianismo . . . Yo creo que el Santo Ser vive en cada alma.[58]

Kelsey tenía una relación muy unida con la autora Agnes Sanford, una reconocida panenteísta que escribió *The Healing Light (La luz sanadora)*. Sanford, a su vez, ha tocado a numerosos autores que han impactado círculos Cristianos.

Kelsey ha sido un promotor significativo del misticismo entre las denominaciones tradicionales. El pregunta:

> ¿Cómo puede la comunidad Cristiana suplir las necesidades religiosas de los hombres y mujeres modernos que la Nueva Era ha revelado—necesidades que actualmente no son suplidas por la mayoría de las iglesias Cristianas?
>
> Cada iglesia necesita proveer clases sobre diferentes formas de oración. Esto solo es posible si los seminarios entrenan a pastores en la oración, la contemplación, y la meditación; y el proceso de grupo . . . La iglesia no tiene nada que temer de la Nueva Era cuando predica, enseña, y sana.[59]

Matthew Fox

El individuo que más se menciona como promotor del misticismo Nueva Era dentro del Cristianismo es el autor y sacerdote episcopal Matthew Fox. Sus libros populares, *Original Blessing (Bendición original)* y *The Coming of the Cosmic Christ (La venida del Cristo cósmico)*, son cartillas de lo que él llama *la espiritualidad centrada en la creación*, que es solamente el panenteísmo con un título glorificado.

Fox tiene bastante seguidores entre Católicos y evangélicos tradicionales por igual, aunque no ha generado tanto entusiasmo y respeto como Thomas Merton y Henri Nouwen. Pero él tiene el mismo pensamiento, de Dios-en-todo; y sigue la filosofía de la religión oriental como Merton y Nouwen:

> La divinidad se encuentra en todas las criaturas . . . El Cristo Cósmico es el "Yo soy" en cada criatura.[60]

Fox cree que el misticismo es esencial para la humanidad, y dice:

> Sin misticismo no existiría el "ecumenismo profundo", ningún derramamiento del poder de sabiduría de *todas* las tradiciones religiosas del mundo. Sin este [misticismo] estoy convencido que nunca habrá una paz global o justicia porque la raza humana necesita profundidades espirituales y disciplinas, celebraciones y rituales para despertar su yo mejor.[61]

Fox inventó el término "ecumenismo profundo", que es sinónimo con la inter-espiritualidad. Como así implica el nombre, sería una unión que alcanzaría más allá de lo exterior, hasta el centro místico de todas las religiones.

Fox fundó una escuela para enseñar estos principios a un número extenso de estudiantes. Se llamaba University of Creation Spirituality, pero ahora se conoce con un título más ostentoso, Wisdom University (Universidad de Sabiduría).

Sentados en la mesa equivocada

Cantidades de libros y temas sobre la oración contemplativa han salido de otros autores y maestros afines a estos, pero sería redundante hacer un estudio de cada uno. Básicamente estos autores hacen eco de Thomas Merton, de modo que si entendemos a Merton, entendemos todo el movimiento. Es clave entender que a pesar de que Merton y sus semejantes tienen la apariencia de devoción hacia Dios e integridad moral, todos han intentado unir los principios bíblicos con el misticismo. Se refieren a los Padres del Desierto, pero los principios vienen de las religiones orientales.

Recuerdo una vez cuando salí de un centro inter-espiritual, donde el credo era que todas las religiones son una. Pensé para mí: *Estoy seguro que me ven como alguien que se levanta y proclama con orgullo, "¡Solo mi religión es la verdadera!"* Es cierto que yo he llegado a esta conclusión, pero ¿por qué? Sencillamente, es porque los profetas y los apóstoles de *mi religión* lo han hecho claro sin lugar de dudas. Ninguno de los héroes de Dios era inter-espiritualista: ¡Ninguno en absoluto! El apóstol Pablo demuestra la verdad en el siguiente pasaje:

> Entonces la gente, visto lo que Pablo había hecho, alzó la voz, diciendo en lengua licaónica: Dioses bajo la semejanza de hombres han descendido a nosotros. Y a Bernabé llamaban Júpiter, y a Pablo, Mercurio, porque éste era el que llevaba la palabra. Y el sacerdote de Júpiter, cuyo templo estaba frente a la ciudad, trajo toros y guirnaldas delante de las puertas, y juntamente con la muchedumbre quería ofrecer sacrificios. Cuando lo oyeron los apóstoles Bernabé y Pablo, rasgaron sus ropas, y se lanzaron entre la multitud, dando voces y diciendo: Varones, ¿por qué hacéis esto? Nosotros también somos hombres semejantes a vosotros, que os anunciamos que *de estas vanidades os convirtáis al Dios vivo*, que hizo el cielo y la tierra, el mar, y todo lo que en ellos hay. En las edades pasadas él ha dejado a todas las gentes andar en sus propios caminos; (Hechos 14:11–16, énfasis Yungen)

Pablo dijo esto porque él sabía que los otros dioses no eran Dios—sólo Jesucristo podría ser adorado, sólo El murió por los pecados de la humanidad. Está demás decir que las otras creencias no aceptan eso. El *karma* hindú o budista, y la *sumisión* musulmán son solamente esfuerzos humanos vanos e inútiles.

En la literatura que promueve lo contemplativo, hay muchas declaraciones que desprecian o aún condenan el mensaje del Evangelio de Jesucristo. Aquí hay dos ejemplos:

> Desafortunadamente, durante el curso de los siglos, este [Cristianismo] ha llegado a presentarse en un lenguaje casi legal, como si fuera alguna clase de transacción, un trato con Dios; había esta división entre nosotros y Dios, alguien tenía que arreglarla—todo ese asunto. Podemos olvidarnos de ello. La metáfora legal parece haber ayudado a otras generaciones. Bien. Todo lo que ayuda está bien. Pero cuando sirve de impedimento, como pasa actualmente, debemos abandonarlo.[62]

> El fundamentalista continuamente levanta delante nuestro uno o dos pasajes del evangelio tomados fuera de contexto, estirándolos más allá de toda interpretación válida y entendible. Así la cita "Nadie viene al Padre sino por mí", (Juan 14:6) a menudo se usa para declarar que ninguno sino el Cristiano puede llegar a Dios—o por decirlo, ser "salvo". Esto sabemos es *ridículo*. Cuando la Divina Madre recoge su cosecha en las próximas décadas, la paja del fundamentalismo se separará del buen trigo de una nueva conciencia y dejado al lado del camino.[63] (Énfasis Yungen)

Los inter-espiritualistas miran con mucho desprecio el concepto que Dios se limitara a una sola religión. Una declaración que demuestra esta repugnancia fue hecha por un obispo anglicano. El sostiene:

> El problema con el exclusivismo es que nos presenta con un dios de quien necesitamos ser librados en vez de un Dios viviente que es la esperanza del mundo. El dios exclusivista es estrecho, rígido, y ciego. Es un dios que no observa la santidad personal de la gente fuera del Cristianismo. Este dios no valora con amor y orgullo paternal las vidas de grandes maestros espirituales quienes hablaron de otros caminos a la verdad, figuras

como Moisés, Siddartha (Buda), Mahoma, y Gandhi
. . . Tal dios no *merece honra, gloria, adoración,
o alabanza*. Este dios no ofrece ninguna esperanza
para un mundo profundamente dividido entre
líneas religiosas, un mundo que clama por la paz y la
reconciliación.[64] (Énfasis Yungen)

En este punto, tenemos que volver a lo que el apóstol Pablo dijo: "No podéis beber la copa del Señor, y la copa de los demonios [i.e., el misticismo pagano]", (1 Corintios 10:21).

El movimiento contemplativo ahora no solo se limita a la iglesia Católica Romana o a denominaciones evangélicas liberales. Con un deseo sincero para encontrar un caminar más íntimo con Dios, muchos evangélicos conservadores ahora están explorando y abrazando la espiritualidad de los individuos que he nombrado aquí. Esta búsqueda ocurre entre evangélicos en todo el Cristianismo desde los carismáticos hasta los Bautistas. Solo los creyentes más ceñidos a la Biblia y con discernimiento parecen ver los peligros del movimiento de la oración contemplativa. Una falta de discernimiento o una vista equivocada de las Escrituras puede abrir la puerta para llegar a ser un evangélico *contemplativo*. La lista de estos evangélicos está creciendo, y el lector puede estar sorprendido al observar quienes se involucran ahora en el rápido deslizamiento de la iglesia evangélica hacia un nuevo paradigma místico.

> Toda la Escritura es inspirada por Dios, y útil para enseñar, para redargüir, para corregir, para instruir en justicia. (2 Timoteo 3:16)

Cuatro

HÍBRIDOS EVANGÉLICOS

Una tarde en febrero del 1994, visité el pastor de jóvenes de una iglesia evangélica grande de mi vecindario. Le compartí mis descubrimientos sobre el efecto de la Nueva Era en nuestra sociedad, especialmente la parte del misticismo. Él entonces me comentó que cierto autor Cristiano popular iba a tener un seminario en su iglesia en noviembre. El había leído el primer libro de ese autor, y me comentó que se había quedado con cierta preocupación. El nombre del autor: Richard Foster. Este pastor entonces pidió que yo hiciera una investigación de Foster, y accedí.

Aunque había oído el nombre de Richard Foster, no sabía nada sobre él. Pero al examinar una copia de su libro popular, *Celebration of Discipline (La celebración de la disciplina)*, y once referencias allí a Thomas Merton, inmediatamente sospeché cierta afinidad. No habría sentido sorpresa, si antes hubiera leído las palabras del mismo Foster:

> Debemos todos, sin sentir vergüenza, inscribirnos como aprendices en la escuela de la oración contemplativa.[1]

Después de leer su libro, sospeché que Foster iba a promover la oración contemplativa en su conferencia próxima, y como resultado, mucha gente iba a acudir a un centro local de oración contemplativa. Alarmado, el pastor de jóvenes y yo hicimos una cita con el pastor principal y otros dos de su personal, para expresar nuestras inquietudes y mostrarles algunos ejemplos de las enseñanzas de la oración contemplativa. Ellos escucharon con interés, y el pastor dijo que iba a hablar con Foster personalmente por teléfono estos asuntos.

Después de esa conversación, el pastor principal dijo que quedó satisfecho de que no había nada erróneo en la agenda de Foster. Foster le dijo que místicos Cristianos que no habían recibido influencias del oriente [religiones orientales] habían desarrollado la tradición contemplativa. Foster también admitió que algunos individuos de este movimiento habían cruzado al pensamiento oriental, y que Thomas Merton había sido formado por estas ideas. Foster admitió que no sabía exactamente qué teología tenía Merton cuando murió pero Foster pensó que era posible aprender de él *sin llegar a pensar como él en toda área*. Después de esta conversación, el pastor principal no quiso hablar más del asunto—¡Foster iba a llegar!

Más afondo

Cuando vi la manera en que Foster ganó la aprobación de un pastor principal, empecé a estudiar sus enseñanzas. Descubrí que había fundado y ahora encabezaba una organización llamada Renovare, de la palabra latina que significa "renovar". La meta de este grupo, según su material, es proveer la iglesia evangélica con una "estrategia práctica" para crecer espiritualmente. "Un ejército sin plan será vencido",[2] dice el material de Renovare. Renovare provee este plan, que ellos llaman "una capacitación práctica para vivir transformado".[3]

Durante los siguientes ocho meses, estudié la obra de Foster, observando precisamente como promovía la oración contemplativa. Foster llegó a ser un enigma; su declaración de fe y otras obras aparentaban ser netamente evangélicas, haciendo comprensible su popularidad con muchos eruditos Cristianos. Pero por el otro lado, vi que ávidamente promueve una práctica que conduce a un entendimiento panenteísta de Dios.

Por ejemplo, Foster cita abiertamente a Merton sobre las virtudes y beneficios de la oración contemplativa, diciendo que a través de ella, Dios "le ofrece entendimiento y luz, que no se compara con nada que había encontrado nunca en libros o en sermones".[4] Pero una investigación más afondo de qué es este "entendimiento" pone muy en duda el criterio de Foster. Vemos algunas declaraciones de ciertos místicos que Foster cita como ejemplos de la espiritualidad contemplativa:

- El alma de la familia humana es el Espíritu Santo.[5]—**Basil Pennington**
- Yo vi que Dios está en toda cosa.[6]—**Julián de Norwich**
- Mi amado [Dios] es los montes altos, y los bosques hermosos de valle, islas desconocidas, ríos impetuosos.[7]—**Juan de la Cruz**
- Aquí [en el estado contemplativo] todo es Dios. Dios está en todas partes y en todas las cosas.[8]—**Madam Guyón**

El punto es esto—su silencio y el silencio de Foster son idénticos, como él deja bien claro. Al citar a estos como modelos, Foster nos anima a *seguirlos*, porque han experimentado *la profunda unión con Dios*—y si usted quiere eso también, tiene que meterse en su clase de silencio.

Pero si las cosas son así, el apoyo de Foster de estos místicos le presenta un problema difícil. El fruto de su misticismo era el panenteísmo; el misticismo les llevó a esta creencia, y Foster no lo puede negar. Por consiguiente, al presentarlos como campeones de la oración contemplativa, él también promueve su panenteísmo; es un solo paquete—tiene que aceptar a ambos o rechazar a ambos, pero no puede tener el uno sin el otro.

Así que Foster, si perdona a los místicos un error teológico fundamental, también tiene que defender el panenteísmo. Entonces la iglesia evangélica tiene que formar una opinión firme sobre el misticismo panenteísta. La oración contemplativa y el panenteísmo están unidos como mano y guante—al promover uno, se promueve el otro. ¡*Son inseparables*! Además, cuando vemos el método de Foster para entrar en este silencio, esto pone sus enseñanzas en una luz muy dudosa. Cuando Foster habla del *silencio*, no se refiere al silencio externo. En su libro *Prayer: Finding the Heart's True Home (La oración: encontrando el verdadero hogar del corazón)*, Foster recomienda la práctica de la oración respirada⁹—el escoger una sola palabra o frase corta y repetirla juntamente con la respiración. Esto es el misticismo clásico. En la edición original (1978) de *Celebration of Discipline (La celebración de disciplina)*, él deja claro su objetivo cuando dice, "La meditación Cristiana es el intento de vaciar la mente para poderla llenar".[10]

En *Prayer: Finding the Heart's True Home*, él añade una cita de cierto místico que instruyó, "Usted tiene que atar la mente con un solo pensamiento".[11]

Este consejo repite los pensamientos de Anthony de Mello en su libro clásico de oración contemplativa, *Sadhana: A Way to God (Sadhana:un camino a Dios)*. Su método era virtualmente idéntico a lo de Foster:

> El poner la mente en silencio es una tarea extremadamente difícil. Qué difícil es mantener la mente sin estar pensando, pensando, pensando, siempre pensando, siempre produciendo pensamientos en un fluir que nunca se detiene. Nuestros maestros hindúes de la India tienen un dicho: una espina se quita con otra. Quiere decir que usted será sabio si utiliza un pensamiento para quitar todo otro pensamiento que llena la mente. Un pensamiento, una imagen, una frase o palabra en el cual se puede forzar a enfocar la mente.[12]

Una vez, hablando con una persona convertida de la Nueva Era a Cristo, le comenté sobre el método de Foster de emplear la *oración respirada*. Ella confirmó lo nocivo de este método cuando asombrada exclamó, "¡Eso era lo que yo hacía cuando practicaba el yoga astanga!"

La meta de oración no debe ser el *atar la mente* con una palabra o frase, para producir un trance místico, sino usar la mente para gozarse de la gracia de Dios. Esto fue el consejo de Pablo a las diferentes iglesias: "Procura con diligencia presentarte a Dios aprobado", (2 Timoteo 2:15), y "asimismo oramos siempre", (2 Tesalonicenses 1:11): el hablar con Dios con el corazón y con la mente.

Lo que presenta Foster no enfoca un solo tema sino un solo pensamiento. La oración es una secuencia de pensamientos sobre un tema espiritual. El mantener la mente fijada en un solo pensamiento no es normal, y es enemigo a la verdadera reflexión y oración. La misma lógica nos dice que la mera repetición de palabras no tiene sentido racional. Por ejemplo, si alguien le llamara por teléfono y solo dijera su nombre o una frase vez tras vez, ¿lo encontraría edificante? Por supuesto que no; en seguida usted cortaría la llamada. ¿Por qué Dios ha de reaccionar en forma distinta frente a esa práctica? Y si hace falta la presencia de Dios, ¿qué *presencia hay* que parece ser luz durante la meditación y da un sentir falso de una divinidad interior?

El seminario

Con mi nuevo entendimiento de Foster, asistí a la conferencia en noviembre para observar su presentación al público sobre estos temas. Foster se mostró amable, encantador, y hábil de palabra. Su facilidad oratoria me hizo pensar en un actor de una escena de Shakespeare. Su programa mezcló la oratoria, música, y humor en perfecta dosis cada uno; pero su mensaje era que el Cristiano de hoy sufre de un estancamiento espiritual, de modo que necesita algo nuevo. Aquí hay algunos ejemplos:

- Hay una hambre . . .
- Hemos llegado a ser vacíos por dentro . . .
- Estamos tropezando . . .
- La gente está luchando en vez de capacitarse.

Foster se refirió a un remedio para este problema con declaraciones como estas:

- Necesitamos una manera de avanzarnos . . .
- Necesitamos un plan para implementar la Gran Comisión . . .
- Necesitamos un mecanismo sencillo . . .
- Esto puede ser algo nuevo o asustador, pero usted se siente atraído.[13]

Al terminar el seminario, curioso para saber el verdadero significado de estas declaraciones, le pregunté cortésmente, "¿Qué piensa del movimiento católico actual de la oración contemplativa? Se vio visiblemente incómodo con la pregunta, y al principio contestó en forma evasiva y vaga. Después aclaró, "Bueno, no sé, algunos son buenos, otros malos (mencionó a Matthew Fox como ejemplo de lo malo)." Prosiguió con su defensa diciendo, "Mis críticos no entienden que existe esta tradición dentro del Cristianismo que data de siglos". Después dijo algo que ha hecho eco en mi mente desde ese día. Enfáticamente declaró, "Bueno, ¡Thomas Merton intentó despertar al pueblo de Dios!" Así me di cuenta que Foster estaba profundamente metido en el sistema de las creencias de Merton.

Esta afirmación en cuanto a Merton me pareció paradójica porque anteriormente esa mañana, Foster se esforzó para convencer a su audiencia que él mismo no tenía ninguna simpatía con la Nueva Era. El declaró a los 650 asistentes que él enseñaba a la gente "cómo oír la voz de Jehová" y "no algo extraño descabellado" como la Nueva Era.[14] Pero es precisamente este acuerdo con Merton que desmiente el argumento de Foster que él está unido místicamente con el Dios de la Biblia. Merton expresaba ideas como "No veo ninguna contradicción entre el budismo y el Cristianismo . . . propongo ser tan buen budista como me sea posible".[15]

Es esencial entender porque Merton diría cosas semejantes, para así poder entender por qué el movimiento de la oración contemplativa presenta tanto peligro para las iglesias Cristianas evangélicas. La conversión de Merton era espiritual, no social ni política, como claramente se ve en una de sus biografías:

> El cambio de opinión [de Merton] referente a religiones más altas no se debía a una comparación tediosa de contrastes o a un análisis concertado. Era el resultado de su experiencia con el Absoluto [Dios].[16]

En otras palabras, Merton encontró una iluminación budista en la oración contemplativa.

Richard Foster ha escrito sobre la oración mística de Merton en términos entusiastas, diciendo, "Thomas Merton ha hecho más que cualquier otra persona del siglo veinte para hacer la vida de oración bien conocida y entendida".[17] Foster considera que el libro de Merton, *Contemplative Prayer (La oración contemplativa)* es un libro que "tiene que ser leído".[18] También dice, "Merton sigue inspirando a incontables números de hombres y mujeres",[19] y proclama que sus libros están llenos de "sabiduría inestimable para todo Cristiano que anhela profundizarse más en la vida espiritual".[20]

Este es el mismo Merton que había "tomado con entusiasmo de la copa budista en su viaje al oriente".[21] Entonces, ¿cómo es posible que Foster practicara el mismo método de Merton, siendo éste un místico simpatizante de las religiones orientales, y salir Foster con opiniones opuestas a las de él? La respuesta tal vez se encuentra en los lugares donde los libros de Foster están a la venta.

Durante un viaje que hice cruzando el país (EE.UU.), me detuve para hacer una investigación en la cede mundial de la Unity School of Christianity (Escuela Unida del Cristianismo), una iglesia metafísica Nueva Era ubicada a las afueras of Kansas City, Missouri. En su librería, en la sección *autores A–Z* (con los libros sobresalientes de la Nueva Era), encontré nada menos que *cinco* de los títulos de Foster. Un número de librerías Nueva Era en otras partes también tienen los libros de Foster en la sección de *misticismo*.

Al ver *Celebration of Discipline* en una librería Nueva Era (manejada por seguidores de un famoso swami hindú), pregunté a la persona encargada de los pedidos de la librería qué pensaba de Foster. "Es maravilloso", me contestó con entusiasmo. "Sus ideas sobre la oración son absolutamente maravillosas." Después le pregunté si sabía que en muchos círculos Foster se considera como Cristiano conservador". Su respuesta fue muy interesante: "Bueno, si fuera fundamentalista, no tendría venta en librerías como ésta". Terminó la conversación con más palabras alabando a Foster.

El ejemplo más preocupante de todos se encuentra en un libro titulado *The Miracle of Prayer (El milagro de la oración)* [por Rosemary Ellen Guiley]. No sería posible encontrar un libro más abiertamente Nueva Era que este, lleno de conceptos y referencias ocultistas, pero al final del libro donde dice "lecturas afines recomendadas", se encuentra recomendado el libro *Prayer:Finding the Heart's True Home*, de Foster.[22]

¿Por qué esta gente abiertamente Nueva Era vende y promueve los libros de Foster? La respuesta es obvia: ¡es el tema del silencio! Los de la Nueva Era reconocen su forma de oración cuando la ven. Ellos saben hasta donde lleva el silencio. Ellos *saben* qué quiere decir Foster, cuando él declara:

> Cada distracción del cuerpo, mente, y espíritu tienen que someterse a cierta clase de animación suspendida antes de que la obra de Dios sobre el alma pueda ocurrir.[23]

Si Foster hubiera oído la "voz de Jehová" como él pretende, ¿no habría Dios advertido a su corazón y mente que Merton enseñaba una teología nociva, convenciéndole a no imitarlo?

Puede ser que Foster sea sincero y de buen corazón, pero desafortunadamente ha tomado de una tradición que la Biblia no enseña ni apoya. Cuando Foster busca en las Escrituras una prueba de la veracidad de la oración contemplativa, no encuentra sino Salmo 62:1, un versículo que habla de estar quieto y atento hacia Dios. Pero este pasaje ciertamente no sugiere que uno debe ir *más allá del pensamiento* utilizando una palabra sagrada o concentrándose en el aliento. Si esto fuera cierto, se encontraría enseñado en toda la Biblia.

Cierto creyente que defendía a Foster proclamó que Foster solamente enseña a los Cristianos lo que experimentó el apóstol Pablo en el camino a Damasco—una experiencia directa de la presencia de Dios. Al principio esto puede parecer cierto; pero al estudiar el pasaje, la conclusión es diferente.

Primero, como vimos en el capítulo dos, Pablo no utilizó cierto método en la situación. Ninguna *palabra de oración* u *oración respirada* se utilizó para traer la presencia de Dios; antes, fue una acción instantánea de parte de Dios. Pablo no había hecho algo en particular para traer la experiencia; de otro modo, se lo habría mencionado como algo de imitar.

Segundo, (y más importante), Pablo nunca mencionó ningún método en sus cartas a las iglesias. El habló de varios dones espirituales; pero éstos no fueron dados como resultado de seguir cierta técnica, sino dados por Dios según Su voluntad. En este pasaje, Foster puede hablar de cierto elemento místico en la Biblia, pero él no puede justificar *su* misticismo utilizando la Biblia. Tristemente, él ha enseñado a multitudes que:

> Dios nos ha dado las Disciplinas de la vida espiritual como el medio de recibir su gracia. Las Disciplinas nos permiten ponernos delante de Dios para que él nos pueda transformar.[24]

Quiero enfatizar para toda persona que iría en esta dirección las palabras de seria advertencia de Salomón:

> Toda palabra de Dios es limpia; El es escudo a los que en él esperan. No añadas a sus palabras, para que no te reprenda, y seas hallado mentiroso. (Proverbios 30:5–6)

El apóstol Pablo también escribió, "Porque no he rehuido anunciaros todo el consejo de Dios", (Hechos 20:27). A la luz de estos versículos, si el lector puede encontrar el silencio (i.e. palabras sagradas, el ir más allá del pensamiento) en cualquier parte de los escritos de Pablo a la iglesia, humildemente pediré disculpas a Richard Foster. Quiero comentar que en la primera edición de *Un tiempo de apostasía*, presenté este mismo desafío; y hasta la fecha, nadie me ha enviado ningún ejemplo—nadie ha encontrado estos elementos, ni en los escritos de Pablo ni de ninguna otra parte de la Palabra de Dios.

¿Cuánta influencia ha tenido Foster en círculos Cristianos? Ciertamente su efecto en la iglesia evangélica no puede exagerarse. Una encuesta de 1993 por la revista *Christianity Today* reveló que el libro de Foster, *Prayer: Finding the Heart's True Home (La oración: encontrando el hogar verdadero del corazón)* era el libro número uno en popularidad con sus lectores.[25] Es asombroso que este mismo es lectura recomendada en la lista al final del libro *The Miracle of Prayer*, por la reconocida autora Nueva Era, Rosemary Ellen Guiley.

Christianity Today también puso el famoso libro de Foster, *Celebration of Discipline*, como número *tres* en una lista de libros que sus lectores calificaron como teniendo "el impacto más significante sobre su vida espiritual, fuera de la Biblia". Foster sobrepasó conocidos autores como Oswald Chambers, John Calvin, John Bunyan, y A. W. Tozer, quienes también estaban en la lista. De hecho, una edición reciente de *Celebration of Discipline* dice en el dorso de la portada que ha vendido más de *un millón de copias* en los últimos veinte años. Esta figura es asombrosa al considerar que es un libro de cómo-hacer sobre la espiritualidad. Esta clase de libro mayormente solo apela a un segmento muy limitado de lectores Cristianos.

Sin lugar a dudas, Foster tiene un número gigantesco de seguidores fieles dentro de la iglesia evangélica. Cualquier crítica de él que dice que promueve un misticismo que no es realmente Cristiano va a provocar un torbellino de controversia. Sin embargo, su posición es un asunto muy serio, y mucho está en juego. Mientras que yo trabajaba esta edición actualizada de *Un tiempo de apostasía*, recibí un correo electrónico de un pastor de un conocido y respetado ministerio Cristiano. El había leído mi libro y le pareció muy informativo y valioso sobre la influencia del *misticismo oriental* dentro del Cristianismo. El veía como críticas válidas mis ejemplos de las referencias abiertas al budismo en los escritos de muchas personas. Pero en cuanto a mis críticas de la tradición mística Cristiana y Richard Foster, dijo que mis ejemplos "eran equivocados, mal escogidos, no comprobados, sin balance, y mal juzgados". Citó la edición 1988 de *Celebration of Discipline*, donde Foster dice que él enseña como llenar la mente y no vaciar la mente. Este pastor también citó a Foster cuando explica una interpretación más aceptada de lo que es la meditación. Además, el pastor creía que no había de "destruir" todas las obras de Foster por un solo punto.

Para mí, cartas así son bienvenidas porque me dan la oportunidad de aclarar cuáles son los asuntos claves. Doy atención cuidadosa a los puntos de vista de personas con reservas honestas referente lo que digo.

Primero, *ambos* misticismos, oriental y Cristiano (i.e. la oración contemplativa), buscan llenar la mente después de haberla vaciado. Esto es lo que dijo Foster de la meditación Cristiana en su primera edición de *Celebration of Discipline*. Lo quitó de ediciones posteriores, pero su posición es lo mismo. En sus libros recientes todavía dice que los pensamientos deben de "suspenderse", que es precisamente lo que pasa cuando se vacía la mente. En todas las otras religiones la mente no se vacía para mantenerse así sino siempre se llena con lo que se busca, como la naturaleza de buda, Brahma, Alá, Ein Sof, etc. Siempre el proceso busca crear un vacío para luego experimentar la meta buscada.

El pastor en su carta también dijo que le pareció que Thomas Merton llevó la oración contemplativa a un nivel "peligroso, anti-bíblico" pero yo le contesté que realmente fue la tradición occidental que llevó lo de Merton a un peligroso nivel. ¿Recuerda lo que William Shannon dijo de Merton? "El tuvo que encontrar lo oriental en el occidente antes de que pudiera descubrir lo oriental en sí".[27] En otras palabras, él encontró la esencia de sufismo y budismo en la oración contemplativa.

La directora espiritual Jan Johnson, en su libro *When the Soul Listens; Finding Rest and Direction in Contemplative in Prayer (Cuando el alma escucha; encontrando descanso y guía en la oración contemplativa)*, es ejemplo claro de una Cristiana evangélica que apoya y promueve estas prácticas. Ella no deja en duda lo que significa esta clase de oración:

> *La oración contemplativa*, en su forma más sencilla, es una oración donde usted acalla sus pensamientos y emociones y enfoca a Dios mismo. Esto le pone en mejor estado para sentir la presencia de Dios, y hace que pueda oír mejor la voz de Dios, para corregirle, guiarle, y dirigirle.[28]

La explicación de Johnson sobre las primeras etapas de la oración contemplativa no deja en duda qué quiere decir el "acallar" los pensamientos, explicando:

> Al principio, es normal no sentir nada, sino solo una nube de desconocimiento . . . Si usted es una persona que ha dependido de sí mismo para entender las cosas, este desconocimiento será desconcertante.[29]

Brennan Manning

Anteriormente Brennan Manning era Católico. Es autor de libros populares como *Ragamuffin Gospel (El evangelio de los andrajosos)* y *The Signature of Jesus (La firma de Jesús)*. Sus admiradores incluyen personas como Max Lucado, Amy Grant, y Michael Card. El también ha conseguido cierta afinidad con la comunidad evangélica.

Es fácil entender su atractivo cuando uno escucha a Manning en persona. Su estilo es muy genuino y de hogar. Muchos le admiran por su carácter dinámico y apasionado.

Cuando comenta como su mamá le maltrataba de niño, es imposible no sentir profundamente su dolor. Sin embargo, a pesar de sus cualidades admirables y su intensa devoción, él enseña la oración contemplativa como un camino a Dios.

Manning dedica un capítulo entero a la oración contemplativa en su libro popular, *The Signature of Jesus*. Compara la práctica evangélica tradicional, con las ventajas y virtudes de la oración contemplativa. Les da a sus lectores la impresión de que realmente están perdiendo el amor de Dios si no utilizan este método de oración. De hecho, él llama este capítulo "El agarrar [apretar] a Dios". Hace muy claro que este es "la meta de la oración contemplativa".[30] Al final de *El evangelio de los andrajosos*, hay una referencia a M. Basil Pennington. Manning promueve el libro de Pennington, *La oración centrada*, y dice que los métodos de Pennington nos proveerán "una forma de orar que llevará a una relación con Dios profunda, vital".[31]

Entonces, el asunto es: ¿La oración contemplativa lleva a una vida más profunda en Dios? ¿Lo hizo para Pennington? ¿Lo hace para

Manning? Muchos piensan que tal vez Manning tiene la respuesta. El autor y editor general de *Christianity Today*, Philip Yancey, promueve a Manning con sus lectores, proclamando, "Considero a Brennan Manning como mi director espiritual en la escuela de la gracia".[32]

¿Agarrando a quién?

Al mirar más de cerca el concepto de "Agarrar a Dios", uno enfrenta a nadie menos que Thomas Merton. Hay una cita de David Seindl-Rast, buen amigo de Merton, tres citas de John Main (*la vía del mantra*), la de Merton que es tan clara, y una cita dada aquí de William Shannon, el biógrafo de Merton:

> Durante una conferencia sobre la oración contemplativa, le preguntaron a Thomas Merton: ¿Cómo podemos mejor ayudar a las personas a tener una unión con Dios?" Su respuesta fue muy clara: Tenemos que decirles que ya están unidas con Dios. La oración contemplativa es nada menos que el 'entrar a la conciencia' de lo que ya existe".[33]

Merton aquí se refiere a su cosmovisión de pura gloria-de-Dios-en cada-persona. No solo hablaba de Cristianos. Su universalismo en otras partes aclara esto. Y esto es el corazón del asunto: cuando Manning invita a los Cristianos a "agarrar a Dios", ¡es el dios de Merton que tocan! Pero Manning es una persona tan acogedor, con un estilo espiritual tan impresionante, que poca gente mira bajo la superficie para ver realmente como piensa.

Detrás del carisma de Manning hay conexiones preocupantes. Por ejemplo, Manning cita en forma positiva al monje Católico Bede Griffiths, en dos de sus libros, *Abba's Child (Hijo de Aba)* y *Ruthless Trust (Confianza implacable)*. Griffiths, como Merton, "exploraba maneras como las religiones orientales podrían profundizar su oración"[34]. Griffiths también vio "la importancia creciente de las religiones orientales . . . llevando la iglesia a una nueva vitalidad".[35]

Hace unos años Manning habló en una iglesia de mi ciudad natal. Después de la reunión, le pregunté sobre su relación con

Griffiths. El me dijo, "Lo he leído durante años, principiando con T*he Golden String* (*El hilo dorado*, la autobiografía de Griffiths). Este libro tiene unos cuarenta años, de modo que Manning ha sido influenciado por Griffiths durante mucho tiempo. Cuando le pregunté a Manning cuáles libros sobre la oración le gustaba, recomendó el libro de Thomas Keating titulado *Open Mind, Open Heart (Mente abierta, corazón abierto)*, que en realidad es un libro bien conocido sobre la oración centrada, con una vista panenteísta de Dios.

La revista *Christianity Today* de junio 2004 tenía un artículo de cuatro páginas sobre Manning y su influencia. Los primeros párrafos incluyeron una lista impresionante de Cristianos importantes y sus citas sobre la influencia positiva que Manning había tenido en sus vidas espirituales. Entre estos figuraban miembros del super-grupo de rock U2.

Este artículo comprueba varias cosas que presento en este libro, como demuestran las siguientes declaraciones:

- "'Realmente la mayor parte de mi ministerio es en el mundo evangélico'".
- "Para poder oír de Dios, el mismo Manning se retira al silencio y a la soledad".
- "Demora como 20 minutos, dice él, para llegar a un estado de quietud interior".

Cambios en las tendencias de la espiritualidad americana

Ambos autores, Richard Foster y Brennan Manning , han tenido un impacto extenso sobre evangélicos, con sus libros y seminarios sumamente populares. Es probable que por lo menos una copia del libro de uno de los dos autores puede encontrarse en casi cada iglesia evangélica en los Estados Unidos. El aumento en la popularidad de ambos se atribuye a dos tendencias sociales que han ocurrido durante el transcurso de los últimos veinte años.

La primera tendencia que ha cautivado la espiritualidad americana es la disposición de explorar lo que antes era extraño o exótico—especialmente si viene envuelto en términos de devoción Cristiana. Eso apela fuertemente a muchos de los que se involucran en la *espiritualidad más moderna*. La gente está buscando experiencias espirituales que dejen atrás el intelectualismo aburridor y cosas pasado de moda institucional. Estos buscadores son listos a unirse a lo que les promete innovación y algo fresco espiritualmente.

La segunda tendencia es la mentalidad de un *remedio rápido* que llena nuestra cultura moderna. Las personas de generaciones pasadas aguantaban las frustraciones de la vida, pero hoy en día vemos la tendencia de buscar respuestas rápidas que prometen resultados claros. Nuestra propia generación ha promovido una dependencia en el pragmatismo. Ahora la verdad no es determinada por lo que Dios dice que es verdad, sino por lo que funciona, (es práctico). Lo que muchos utilizan para determinar la verdad es "¿Me hará sentirme bien conmigo mismo?" Sin embargo, para el Cristiano, no debemos vivir según lo que *se siente cómodo* sino por lo que *es* lo correcto. Tenemos que regirnos por lo que el apóstol Pablo enseñó a los Tesalonicenses:

> Examinadlo todo; retened lo bueno. (1 Tesalonicenses 5:21)

El puente

Un argumento común hecho por los que admiran y defienden Foster y Manning declara que ellos realmente no enseñan el misticismo oriental, porque su enfoque y atención es el Dios del Cristianismo. Argumentan que la meta de ambos es ayudar a la gente a andar más unidos a Jesús, y no con Shiva o Buda. De esta manera, las enseñanzas suenan algo occidental; pero las prácticas son idénticas a las del oriente. Al principio su argumento parece válido, pero escuchemos al fundador de la escuela contemplativa más importante de los Estados Unidos (Shalem Institute), para ver qué tan precaria es esta defensa: Tilden Edwards explica, "Esta corriente [de la oración contemplativa] es el puente occidental a la espiritualidad del lejano oriente".[37]

Esto quiere decir, que no importa qué tan buenas sean las intenciones, el misticismo occidental, por sus prácticas comunes con el oriente [las religiones orientales], abre la puerta a los conceptos espirituales orientales. Esto significa que si se practica el yoga occidental o se ora el mantra, usted entra en el mismo trance de los orientales; al entrar en trance en el reino espiritual occidental, termina en el mismo reino demoníaco de los *dioses* del oriente. Entonces, al abrirse a este reino demoníaco, llega a tener la misma conciencia del pensamiento oriental donde todo es Uno y toda persona y toda cosa se considera ser Dios—el panenteísmo. Y al abrazar el panenteísmo, el Evangelio pierde su significado, y cada individuo se anima a encontrar su propio camino a Dios. Lo que empezó aparentando una sencilla "oración de Jesús" termina rechazando al Evangelio. Se puede llamar una práctica por cualquier otro nombre; pero si es la misma práctica, tendrá el mismo fin. Por ejemplo, si usted fuera a tirarse por un peñasco queriendo volar y repitiendo la palabra "vuelo, vuelo, vuelo," a la vez que otra persona se tirara por el mismo peñasco con la intensión de matarse diciendo "caigo, caigo, caigo," de todos modos, ambos se estrellarán en el fondo. Desafortunadamente, esto es exactamente lo que pasa con la oración contemplativa, a pesar de querer honrar a Cristo.

De manera similar, l*a culpa por el promover* (o *culpa por el poder legal**) nos provee una razón legítima para examinar quiénes son los que Foster y Manning ven como modelos de rol para sus prácticas; no es posible promover, o sea, alabar, a una persona sin realmente aprobar sus enseñanzas y creencias.

Por ejemplo, cuando Manning cita (y también recomienda en entrevista)38 el libro de William Shannon titulado *Silence on Fire (El silencio en llamas)*, se piensa que tienen algo en común. Sin embargo, *Silence on Fire* no contiene nada para animar a un verdadero creyente. De hecho, está lleno de declaraciones universalistas que serían ofensivas para alguien de doctrina sana. Una frase proclama "Hay una unidad en Dios que une a todas las mujeres y a todos los hombres . . . La meta de la verdadera espiritualidad es llegar a entender nuestra unidad con Dios y con toda la creación de Dios".[39]

---

*La culpa establecida por el promover o el poder legal es mucho más fuerte prueba de culpa que la de la asociación. Este último es solo por contacto, mientras la primera demuestra apoyo, ánimo, y el promover algo sustancialmente

Entonces, ¿cuál es el terreno común que hace que Manning vea a Shannon como otro místico igual a él? Si no podemos encontrar otra razón lógica, tenemos que deducir que Manning ya ha cruzado el puente entre la oración contemplativa y la espiritualidad oriental. Si existiera la posibilidad que él ignorara las implicaciones de la persona que él apoya, de todos modos él está engañando a miles de Cristianos que ahora leen el libro herético de Shannon. Aun peor es que los errores de Shannon claramente provienen de la oración contemplativa, y Manning *todavía* promueve esta práctica. ¿Por qué Manning promueve a personas como Shannon, Griffiths, y Keating? Tenemos que examinar los "poderes" y "huestes espirituales" (Efesios 6:12) que batallan contra la predicación de la Cruz.

Como creyentes, muchas veces se nos olvida que los espíritus familiares son ángeles *caídos*, creados en el principio para ministrar como mensajeros y adoradores espirituales de Dios. Ellos saben fingir ser algo bueno espiritualmente y saben comunicar las verdades de Dios; pero como dice la Biblia, su misión es de engañar "si fuese posible, aun a los escogidos", (Marcos 13:22) y venir "como ángel[es] de luz", (2 Corintios 11:14). Esto explica porque Dios ha dado a cada Cristiano el Espíritu Santo y Su Palabra viviente para poder discernir lo que es de Dios y lo que no lo es. Cuando pasamos más allá de las enseñanzas de las Escrituras a las tradiciones de hombres (como hacen Manning y Foster), realmente pisamos terreno peligroso.

El Dr. Rodney R. Romney, antes pastor principal de la Primera Iglesia Bautista de Seattle (Washington, EE.UU.), es una persona citada frecuentemente como ejemplo de un Cristiano Nueva Era. El con franqueza revela lo que recibió en un tiempo de oración contemplativa. La "fuente de sabiduría" que contactó le dijo lo siguiente:

> Quiero que prediques esta unidad, que la levantes delante del mundo como mi llamado a la unidad y a la unión. Al final este testimonio de la unidad de todas las personas socavará todas las barreras que existen actualmente.[40]

¿Puede ser un espíritu familiar el que habla aquí? Jesucristo nunca enseñó que todas las personas son uno. Hay los *salvos* y los *no salvos*. Jesucristo es el medio de esta diferencia. Pero el espíritu que habló al Dr. Romney también reveló otras cosas de mucha importancia: declaró, "El silencio es el lugar, el ambiente donde yo obro".[41]

¡Observemos con cuidado! Dios no obra en *el silencio*—sino que allí es donde obran los espíritus familiares. También, lo que hace que todo eso sea tan peligroso es que son tan astutos. Un conocido seguidor Nueva Era reveló que su espíritu guía (familiar) reveló claramente:

> Obramos en los que son susceptibles vibracionalmente; gente sencilla y sincera que sienten nuestro espíritu moverse, pero mayormente solo *dentro del contexto de su sistema actual de creencia*. (énfasis Yungen)[42]

El término "susceptibles vibracionalmente" aquí quiere decir los que detienen sus pensamientos por el repetir palabras o enfocar el aliento—un silencio mental interno. *Esto* es lo que los atrae. *Esto* es su puerta para entrar. *Por eso* Tilden Edwards llamó esto el "puente hacia la espiritualidad del lejano oriente", y ¡esto es lo que se está metiendo en la iglesia evangélica!

En *The Signature of Jesus (La firma de Jesús)*, Manning enseña cómo suspender el pensamiento. El instruye a sus lectores en forma metódica:

> El primer paso en la fe es el parar de pensar en Dios en el tiempo de oración.[43]

La espiritualidad contemplativa tiende a enfatizar la necesidad de un cambio de conciencia . . . tenemos que llegar a ver la realidad en forma diferente.[44]

> Escoja una sola palabra consagrada . . . repita la palabra sagrada interiormente, lentamente y a menudo.[45]

Entre en el gran silencio de Dios. A solas en este silencio, el ruido dentro desaparecerá y la Voz de Amor se oirá.[46]

Si se pudiera hacer un árbol espiritual de la herencia mística de Manning y de Foster, se vería así: Desde la India—a Alexandria—a los Padres del Desierto—a Thomas Merton—a estos dos autores. Ahora, pasa por ellos y otros similares—a usted. Lo que *deberíamos* ver sería: Del Dios trino—a Sus santos profetas y apóstoles—a usted.

¡Es muy sencillo, el factor decisivo en esta controversia!

Sé que Foster y Manning dicen cosas que pueden tocar el corazón de cualquier Cristiano. Pero el asunto aquí es el misticismo. ¿Su misticismo es válido? La meditación bíblica y la oración que se encuentran en abundancia en el libro de los Salmos no es dejar de pensar en Dios, sino pensar fijamente en Dios y dirigir todos nuestros pensamientos hacia Dios. La siguiente declaración por William Shannon, citando a Merton, deja una conclusión innegable:

> La experiencia contemplativa no es ni una unión de identidades separadas ni la fusión de ellos; al contrario, *identidades separadas desaparecen* en el Todo Quien es Dios. (Énfasis Yungen)[47]

Esencialmente, él está diciendo que hay una sola identidad grande—Dios. Esta idea está más de acuerdo con *el chamanismo básico* que con el Cristianismo. Sin embargo, Manning apoya a Shannon. En Levítico 19:31, Dios dice, "Yo Jehová vuestro Dios." Solo Dios posee la identidad de Dios. Toda otra enseñanza es herética.

Yo desafío a la comunidad Cristiana a mirar los hechos del movimiento de oración contemplativa, y ver su conexión con el ocultismo Nueva Era y el misticismo oriental. El hecho de que un autor estimula emocionalmente, es sincero, y utiliza lenguaje bíblico no quiere decir necesariamente que lo que el o ella enseña sean verdades sólidas bíblicas. Un buen ejemplo es la devoción Católica a María, la madre de Jesús. La mayoría de las personas que practican esto puede ser personas muy devotas y amables. ¿Pero es la adoración a María sana doctrina bíblica? El mismo principio debe aplicarse a Foster y Manning. ¿Es la oración contemplativa bíblica, o mera tradición y engañosa traición espiritual?

Para los que insisten en la autoridad de la Biblia, estos errores son fáciles para detectar. Cierto pastor, al notar los tópicos de este capítulo, opinó acertadamente, "¿Cómo pueden Foster y Manning recibir alimento espiritual de personas que niegan la Gran Comisión?" El resumió en esta sencilla frase el meollo de las doctrinas de las personas perfiladas aquí. ¿Cómo puede un líder Cristiano como Manning recomendar el libro de Thomas Keating sobre la oración centrada, cuando Keating dice cosas como estas?

> Para guiar a personas con esta experiencia [la unidad divina], los directores espirituales Cristianos pueden necesitar dialogar con maestros orientales para tener un entendimiento más pleno.[48]

En efecto Keating dice que los líderes Cristianos deben buscar a hindúes y budistas para entender mejor el resultado de la oración centrada. Además, ¿cómo puede Foster tener tanto aprecio por Thomas Merton, cuando Merton compartía un sentimiento espiritual con los budistas y sufistas que han rechazado "la palabra de reconciliación" (2 Corintios 5:19)?

¡Estas son preguntas duras que *necesitan* respuestas! Y si no se pueden contestar en forma afirmativa, no se debe "entrar en la escuela de la oración contemplativa" o esperar oír la "Voz del Amor" en el silencio.

> Amados, no creáis a todo espíritu, sino probad los espíritus si son de Dios; porque muchos falsos profetas han salido por el mundo. (1 Juan 4:1)

Cinco

EL DISCERNIMIENTO

Una Cristiana, ama de casa, que conozco, había investigado la Nueva Era durante un tiempo, y sintió que debería compartir la información con otros. Reconoció que la Nueva Era ha saturado nuestra sociedad, y quería advertir a otros, de modo que organizó una serie de conferencias en su iglesia. Después de las conferencias, mucha gente le agradeció por haber hecho una buena obra. Sin embargo, otros padres de familia se mostraron indiferentes, diciéndole que no necesitaban preocuparse por semejantes cosas, siendo que todavía no tenían hijos en bachillerato.

Esta actitud ingenua es demasiado común entre evangélicos hoy en día. Cuando oyen el término Nueva Era, muchos lo igualan a jóvenes rebeldes jugando la tabla ouija o estudiando la astrología. Y aunque ciertamente nos preocupan los asuntos de los más pequeños, ninguna edad es inmune a la influencia espiritual de la Nueva Era. De hecho, muchas veces creyentes de mediana edad son los que están abiertos a la atracción de la metafísica, y algunas personas mejor preparadas y versadas demuestran más interés.

Un gran número de Cristianos piensan que son inmunes al engaño porque se han considerado creyentes durante tantos años. Pero las cosas no son así. Considerando el ambiente espiritual y social de nuestra época, adultos y jóvenes por igual necesitan desesperadamente un penetrante discernimiento espiritual. Es por eso que escribí este libro, para proveer ayuda en esta área. A medida que nos aproximamos a la segunda venida de Cristo, las Escrituras claramente dicen que espíritus engañadores van a manifestarse con intensidad y eficacia aumentadas.

El fenómeno de la sopa de pollo

En los años recientes, una serie de libros muy visibles e inmensamente exitosos (con ventas de 80 millones) han impactado las vidas de muchos Cristianos. Son los libros *Chicken Soup for the Soul (Sopa de pollo para el alma)* por Jack Canfield y Mark Victor Hansen. Aunque estos libros están llenos de supuestamente hermosas y animadoras historias, la espiritualidad Nueva Era de Canfield es muy preocupante desde un punto de vista Cristiano. Al entender la cosmovisión de estos dos autores, se tiene que preguntar, "¿Puede un árbol malo dar buen fruto?" (Lucas 6:43).

En 1983, la revista *Science of Mind (La ciencia de la mente)* presentó una entrevista con Canfield que reveló que él era maestro del método sumamente ocultista llamado "psico-síntesis" hecho por un discípulo de Alice Bailey (ver el claro ocultismo de Bailey y el nacimiento del término *Nueva Era* en el capítulo dos). En algunos de sus escritos más recientes, Canfield revela abiertamente que tuvo su "despertar espiritual" en una clase del yoga en la universidad, donde él sintió a Dios "fluyendo" a través de todas las cosas.[1] Así Canfield también apoya muchos autores ocultistas.

Para poder llegar a una conclusión sobre las tendencias espirituales de los autores de *Chicken Soup for the Soul*, miremos a cierto libro que ambos apoyan con entusiasmo. Se llama *Hot Chocolate for the Mystical Soul (Chocolate caliente para el alma mística)*, compilado por Arielle Ford. Su formato es idéntico a los libros de la serie *Chicken Soup for the Soul*—101 historias por diferentes autores sobre cierto tema.

El libro de Ford está lleno de metafísica oriental y Nueva Era. Una panoplia de adivinos, médiums, astrólogos, y mayormente místicos hindúes presentan una amplia variedad de historias. Una historia trata de un adivino que escribe de sus habilidades.[2] Otra historia es de un sabio hindú que hace aparecer "ceniza santa" de la nada.[3] Otra historia presenta un hombre que proclama ser la reencarnación del apóstol Pablo y escribe el mensaje de Jesús, que "Dios vive dentro de cada uno de nosotros [toda la humanidad]".[4]

El co-autor de la serie *Sopa de pollo para el alma*, Mark Victor Hansen, apoyó el libro de Ford a tal punto que fue él quien escribió su prefacio. Miremos algunos apuntes de este prefacio que aclaran su punto de vista:

> Estas historias iluminadas le van a inspirar. Van a expandir su entendimiento . . . usted va a pensar de nuevas maneras, emocionantes, y diferentes . . . Usted estará renovado por las herramientas, técnicas y estrategias contenidas aquí . . . [Espero]que su alma mística se una con el viaje místico mágico que usted ha querido y ha esperado.[5]

Jack Canfield hace eco de esta alabanza al dorso de la carátula diciendo, "Estas [las historias del libro] cambiarán sus creencias, estirarán su mente, abrirán su corazón y ensancharán su conciencia".[6]

En marzo del 2005 Canfield publicó su libro The Success Principles (Los principios del éxito). Como había de esperar, uno de estos principios del éxito trata con la meditación. Canfield dice, "Asistí a un retiro de meditación que cambió en forma permanente mi vida entera".[7] Canfield de manera sobresaliente integra la metafísica con la necesidad de la creatividad en los negocios. El enfatiza:

> Al meditar y llegar a ser más afinado espiritualmente, puede mejor discernir y reconocer el sonido de su ser más alto o la voz de Dios que le habla a través de palabras, imágenes, y sensaciones.[8]

Estos libros se venden como pan caliente en algunas librerías Cristianas porque son *positivos*. Si alguien me hubiera dicho hace catorce años que algún día semejantes libros se venderían en librerías Cristianas, le hubiera llamado loco—¡imposible!

Desafortunadamente, otros libros similares también han entrado en librerías Cristianas. En cierta librería, por ejemplo, el libro de Sara Ban Breathnach, *Simple Abundance, A Daybook of Comfort and Joy*

(Abundancia simple, un libro de consuelo y gozo), se encontró bajo un letrero que decía "Devocionales". En este libro ella informa a los lectores que nosotros todos estamos "adormecidos hacia nuestra divinidad".[9] Sin embargo, a pesar de su obvia conexión con la Nueva Era, ¡me han dicho que grupos de oración de mujeres en iglesias evangélicas han pedido este libro por mayor!

La Nueva Era entra paulatinamente

Si se preguntara en este momento cómo pudieron estos autores y sus enseñanzas *entrar paulatinamente* frente a muchos Cristianos, tal vez deberíamos definir *paulatinamente*. Quiere decir un avance lento, a un paso que no se nota hasta que se observe durante un largo período de tiempo. Por ejemplo, la inflación tal vez no se nota cuando ocurre paulatinamente, pero cuando uno observa las diferencias entre hoy y veinte o treinta años atrás, es asombroso. El cambio fue tan gradual que el impacto fue reducido.

Este mismo proceso pasa dentro de nuestra sociedad, y lo que antes se veía como algo extraño tiempos atrás hoy en día parece normal, o aun de beneficio. Esta tendencia está impactando el Cristianismo evangélico sólo un poco menos que la sociedad en general, porque muchos Cristianos todavía no han entendido *el misticismo práctico* que los promotores de la Nueva Era han incorporado en la vida secular y también en el Cristianismo.

El pragmatismo místico se está aumentando, especialmente a través de las técnicas de sanidad Nueva Era. En particular, hay una que se llama Reiki, por un término japonés que significa *energía de vida universal* o *energía de Dios*. También lo llaman *la técnica radiante*. Reiki es un sistema antiguo de sanidad budista del Tibet, descubierto de nuevo por un japonés en el siglo 1800. Sólamente hace poco esto ha llegado al occidente.

En la técnica Reike, las manos son puestas sobre el paciente y después se activa una energía que fluye a través del practicante. Alguien describe la experiencia de la siguiente manera:

> Cuando lo hago, llego a ser el canal a través del cual esta fuerza, el jugo del universo, fluye de mis palmas al cuerpo de la persona que estoy tocando, a veces suave, casi imperceptiblemente, y otras veces con fuerza insistente. Yo lo recibo al darlo. Nos rodea a los dos, el paciente y el practicante.[10]

¿Qué es este "jugo del universo"? La respuesta es importante, dada por un maestro reconocido de Reiki, que explica:

> Un alineamiento [attunement] Reiki es una admisión dentro de una orden sagrada metafísica que ha estado presente en el mundo durante miles de años... al llegar a ser parte de este grupo, también estará recibiendo ayuda de los guías de Reiki y otros seres espirituales que también trabajan para alcanzar estas metas.[11]

Aunque no se publica ampliamente, los practicantes de Reiki dependen de un aspecto integral de Reiki, que es una conexión con lo de "espíritu guía". De hecho, es el fundamento y energía detrás del Reiki. Un maestro de Reiki que ha involucrado a centenares de otros maestros habló de su interacción con los espíritus guías:

> Para mí, los guías Reiki se hacen sentir mayormente en el proceso de pasar los alineamientos. Se ponen detrás de mí y dirigen el proceso completo, y me imagino que hacen lo mismo para cada maestro de Reiki. Cuando paso los alineamientos, siento su presencia fuerte y constantemente. A veces los puedo ver.[12]

La primera reacción del Cristiano puede ser, "¿Por qué preocuparme? Yo no pertenezco a estos grupos, entonces, no me interesa". Este punto de vista indiferente sería válido si no fuera que el Reiki actualmente está creciendo a proporciones gigantescas, especialmente dentro de grupos de mucha influencia. (Puede encontrarse en sus hospitales, colegios, y organizaciones de jóvenes). Es muy importante saber que el Reiki es utilizado por muchos consejeros, enfermeras, y especialmente terapistas de masajes como refuerzo a su trabajo. Frecuentemente Reiki se promueve como un servicio *complementario*.

Los números de personas involucradas en esta práctica son significativos. Miremos las siguientes cifras para entender mejor la creciente popularidad de Reiki. En 1998 había alrededor de 33.000 referencias de Reiki en el internet. Hoy en día, según algunas fuentes, hay casi 5.000.000 en la lista. ¡En solo siete años, el número se aumentó 150 veces! Como comenté en el primer capítulo, hay más de un millón de practicantes de Reiki en los Estados Unidos. Cierto maestro de Reiki felizmente notó este aumento de interés diciendo:

> Al paso de los años ha habido un cambio en los sistemas de creencias del público en general, permitiendo más aceptación de la medicina alternativa. Como resultado, vemos un creciente interés en Reiki de parte del público. Gente de toda clase de trasfondos están llegando para recibir tratamientos y tomar clases.[13]

Una estadística de popularidad viene de Louisville, Kentucky, donde 102 personas fueron iniciadas en Reiki en un solo fin de semana.[14] Esto demuestra mucho interés en Reiki al tomar en cuenta que es de una parte de los Estados Unidos llamada "el cinto bíblico" de tradición conservador.

Es importante entender como Reiki se presenta al público en general. A pesar de su fundamento metafísico, un vistazo de la literatura presentada por los practicantes de Reiki no lo revela. Cierta maestra de Reiki que maneja un balneario tiene un folleto donde repite muchas veces palabras como *nutrir* y *comodidad*. Entonces Reiki es algo que le va a dar placer. Otra mujer que es consejera profesional dice a los clientes que Reiki les dará *relajamiento profundo* y *reducirá su dolor*. Vez tras vez estos mismos temas resaltan en la literatura que promueve Reiki—relajamiento, bienestar, reducción de enfermedad, el balancear la mente, etc. ¿Cómo puede decirse que Reiki es malo cuando supuestamente ayuda a la gente?

Este nivel de aceptación es fácil de entender. La mayoría de las personas, incluyendo a Cristianos, cree que si algo es positivo espiritualmente, entonces es de Dios. Un amigo que es pastor me comentó de una situación cuando un creyente, con ciertos problemas físicos, buscó un alivio por medio de Reiki. Cuando el pastor advirtió al hombre que Reiki básicamente contradice la fe Cristiana, se enfureció y respondió con esta defensa: "¿Cómo puede usted decir que es malo cuando me ayudó?" Por esta razón puse como título de este capítulo "El discernimiento". El discernir es "probar los espíritus" (1 Juan 4:1). Si algo es de Dios, se alineará con la piedra angular, del plan de Dios para mostrar Su gracia a través de Jesucristo, y solo por El (Efesios 2:7). Reiki, como expliqué antes, se basa sobre un punto de vista ocultista de Dios.

Esta conclusión sobre Reiki es innegable. Cada libro de Reiki que he visto está totalmente saturado con declaraciones que comprueban mis advertencias. En el libro *Everything Reiki Book (El libro todo Reiki)*, esta cita quita toda duda sobre la incompatibilidad de Reiki y el Cristianismo:

> Durante el proceso de alineamiento de Reiki, la avenida dentro del cuerpo que se abre para permitir el fluir de Reiki también abre los centros de comunicación psíquicos. Es por eso que muchos practicantes de Reiki reportan haber sido médiums para comunicación verbal *con el mundo de los espiritus*.[15] (Énfasis Yungen)

Lo que es aún más preocupante es que el médium de Reiki puede perder el control de esta "energía" como vemos en el siguiente comentario:

> Las enfermeras y terapistas de masajes que han estado alineados al Reiki nunca pueden revelar cuando Reiki empieza a fluir de sus palmas mientras tocan a sus pacientes. Reiki "se arrancará" cuando se necesita y seguirá fluyendo mientras el subconsciente del paciente está abierto para recibirlo.[16]

Otro método similar es *Therapeutic Touch (El toque terapéutico)*. Como Reiki, se basa en el sistema ocultista de *chakra*, que dice que en el cuerpo hay siete *centros de energía* alineados con fuerzas espirituales. La séptima chakra se identifica como la idea de Dios-en-todo. El toque terapéutico es practicado ampliamente en clínicas y hospitales por las enfermeras. Se considera un complemento útil y eficaz para añadir al cuidado tradicional.

Si vemos la relación que hay entre el método Reiki y otras prácticas metafísicas, entonces podemos entender mejor la siguiente cita como una declaración poderosa sobre la verdadera naturaleza de la oración contemplativa. Una maestra Reiki, para promover la aceptación de este método, dijo:

> El que esté familiarizado con las obras de . . . o los pensamientos de . . . [aquí ella da una lista de autores conocidos de la Nueva Era, con el nombre de Thomas Merton en medio] encontrará compatibilidad y resonancia con la teoría y prácticas de Reiki.[17]

El Reiki proviene del budismo, y como un estudiante de Merton dijo, "El Dios que él [Merton] conoció en oración era la misma experiencia que los budistas describen en su iluminación".[18]

Por eso es tan importante entender la conexión entre los escritos de Richard Foster y Brennan Manning con Merton. El promover algo indica relación, y esto a su vez señala un terreno común. Algo anda sumamente mal cuando un maestro de Reiki y dos de las personas de más influencia en la iglesia evangélica actual, juntos de un mismo sentir, señalan al mismo hombre como ejemplo para su camino espiritual.

La reducción del estrés

Las personas estresadas están buscando nuevas maneras para mejorar su salud. Se cree que el estrés es una de las principales causas de enfermedad en los Estados Unidos hoy en día. Millones de personas sufren de dolores de cabeza, insomnio, nervios, y problemas estomacales causados por el exceso de tensión en sus vidas. Un verdadero ejército de practicantes ha surgido como resultado de esta situación, para enseñar a millones de personas *ejercicios de relajamiento* y *técnicas para reducir el estrés*. Un artículo de prensa reportó:

Antes una práctica que mayormente atraía a místicos y seguidores de ocultismo, la meditación ahora alcanza a la gente corriente de los EE.UU . . . .El sistema de medicina ahora reconoce el valor de la meditación y otras técnicas de mente sobre cuerpo para tratar enfermedades relacionadas con el estrés.[19]

Cuando comparamos las técnicas de meditación usadas para reducir el estrés, con la clase de meditación usada por la espiritualidad Nueva Era, fácilmente se ve que estas prácticas son básicamente lo mismo. Ambos métodos utilizan la técnica de enfocar el aliento o ejercicios de mantra para acallar la mente. La mayoría de las personas ignoran el hecho que una mente en blanco en estado meditativo es la fórmula para contactar un *espíritu guía*.

Un ejemplo de esto encontramos en la experiencia de John Randolph Price, el fundador de la Quartus Foundation, y él que principió el "Día mundial de meditación sanadora" celebrado cada 31 de diciembre. Price se involucró en la metafísica Nueva Era a través de un encuentro meditativo como describo arriba. El revela:

> Cuando estaba en el mundo de los negocios, la Asociación Americana de Manejo de negocios (American Management Association) publicó un pequeño libro sobre la meditación, que indicó que la meditación era el camino para obtener la paz mental y reducir el estrés en el medio ambiente de los negocios. Entonces decidí probarlo . . . yo descubrí como entrar en un nuevo nivel de conciencia. La conciencia realmente cambia, y usted entra en *un mundo cuya existencia tal vez desconocía antes.*[20] (Énfasis Yungen)

Una maestra de meditación explica esto:

> Es más que algo para reducir el estrés. Es el medio que todas las religiones utilizan para *impartir el conocimiento esotérico* de su propia tradición mística.[21] (Énfasis Yungen)

De esta manera, mucha gente ingenuamente ha entrado en la Nueva Era, cuando sólo buscaba mejorar su salud mental y física a través de la meditación. Dos autoras que creen en el concepto del yo superior del hombre son ejemplos de este punto: Joan Borysenko y Ann Wise. Borysenko es doctora y dice:

> Al principio practicaba la meditación secular buscando sus beneficios médicos, pero con el tiempo descubrí sus más profundos beneficios psicológicos y espirituales.[22]

Ann Wise, que trabaja en el campo de las corporaciones para ayudar a los negociantes a mejorar sus habilidades para hacer decisiones, hizo la misma observación:

> Los que inicialmente participan en esta práctica solo para mejorar su rendimiento en el mundo de los negocios a menudo se sorprenden gratamente por lo que un VP llamó "el valor y enfoque inevitable de la espiritualidad que evoluciona de esta obra"... Muchas veces he visto que los individuos que empezaron una capacitación de las ondas cerebrales [la meditación] con cierta objetiva meta específica rápidamente se interesaron y se involucraron en la búsqueda de más altos niveles de conciencia espiritual.[23]

Entonces el mensaje básico de *Un tiempo de apostasía* es que el silencio es el mismo en toda instancia, y este silencio transciende el contexto. No importa las circunstancias o contexto donde se encuentra, sea para reducir el estrés o en la oración contemplativa, esto inevitablemente conduce a cierta percepción espiritual. Pero esta percepción espiritual contradice el Evangelio y anula la Cruz como elemento esencial para la salvación.

Un artículo principal de la revista *Time*, sobre la popularidad y aceptación de la meditación en la sociedad en general, revela:

> Diez millones de adultos americanos ahora dicen que activamente practican alguna clase de meditación, dos veces más la cifra de hace una década... De hecho es

cada vez más difícil evitar la meditación. Se ofrece en escuelas, hospitales, empresas de abogados, oficinas del gobierno, corporaciones, y prisiones.[24]

El artículo también dice que tantos centros de meditación se abren ahora en las Montañas Catskill que ya no sería llamado el área "Borscht" sino el área "budista". La meditación como práctica ya es un hecho y tiene la aprobación oficial de la sociedad. Si usted comentara a un colega que usted medita, con pocas excepciones no causaría ninguna reacción negativa. El artículo apoya sus observaciones diciendo lo siguiente:

> En una confluencia del misticismo oriental y ciencia occidental, los doctores están abrazando la meditación, no porque piensan que es de moda o popular, sino porque los estudios científicos empiezan a mostrar que funciona, especialmente para condiciones relacionadas con el estrés.[25]

El yoga

Esta nueva espiritualidad muchas veces se encuentra en la práctica popular del yoga. Esta técnica oriental empezó a estar de moda varios años atrás, y en 1992 la revista *Newsweek* proclamó "¡The Boomers Turn to Yoga!" ("¡Los nacidos en los '40 se tornan al yoga!") El artículo habló del aumento de interés en esta práctica. Después, en el año 1998, el suplemento a USA Weekend indicó que esta tendencia seguía fuerte:

> El yoga se encuentra en una posición poco usual en estos días. Por fin se quita la reputación de ser una aberración de los '60, [y] esta práctica de mover el cuerpo ha llegado a ser la norma en círculos inesperados . . . Hoy más de seis millones de Americanos practican el yoga, y los números van en aumento.[27]

No debe ser sorprendente que los *baby boomers* y sus descendientes hayan abrazado el yoga, porque un momento crucial en su historia los tornó hacia esta dirección hace 36 años. Una publicación del yoga revela:

Swami Satchidananda se ganó un puesto permanente en los corazones de los de [esta generación] cuando presidió como mentor espiritual en Woodstock en 1969, y enseñó a una generación entera a cantar [repetir] "Om."[28]

Según el artículo de la revista *What is Spirituality (Qué es la espiritualidad)*,* [*Del ejemplar diciembre '05 –febrero '06] ya por el año 2005 el número de aficionados al yoga había crecido a un asombroso veinte millones de practicantes.

Lo que ha empujado este tsunami de interés es un sincero deseo de mejorar el estado físico, y tener un sentir de bienestar y tranquilidad. La mayoría de las personas solo tiene una idea vaga de que el yoga tiene alguna relación con la religión. Dicen cosas como "Practico el yoga por mi dolor de espalda", o "Me parece una buena manera de mermar el estrés".

Me gustaría invitar a estas personas a entrar en su librería más cercana, buscar la sección de ejercicios y salud, y después examinar con cuidado los puntos más profundos del yoga. El significado del término yoga podría sorprenderles. No quiere decir estirarse o doblarse como muchos piensan, sino yoga significa "unión", en el sentido de ligarse con algo. En este caso, ese algo es de naturaleza espiritual. En la mayoría de los libros sobre el yoga y la salud, términos como *samahdi, chakras, kundalini* y *namasté* llenan las páginas. Cada término, como cualquier maestro de yoga podría decirle abiertamente, refleja el punto de vista que el hombre-es-dios. Namasté, por ejemplo, significa *el dios en mí saluda al dios en usted*.

En una edición de septiembre 2005, la revista *Time* publicó un artículo titulado "Estirando para Jesús" y da una ilustración clara de lo que estoy diciendo en este libro. En el artículo, la palabra "Jesús" es utilizada como el mantra. Cierto pastor explicó, " Yoga es solo otra manera para orar". El artículo dice que *el yoga Cristiano* es un movimiento que crece rápidamente, y que "una cantidad de libros y videos ya están por salir al mercado".[29]

Pero en el artículo, el profesor Tiwari de la Universidad Hindú de América dijo "El yoga *es* Hinduismo." Me pregunto qué pensaría el hindú promedio si supiera que los Cristianos buscan incorporar el yoga dentro de sus vidas llamándolo solo ejercicio. Me imagino que la mayoría de los hindúes lo encontrarían algo insólito, si no un insulto.

Yo puedo entender claramente esta posición por lo que una maestra del yoga habló sobre la "potencia del yoga"[30] en el contexto del misticismo. Ella relató la historia de cierto cliente cuando empezó a aprender el yoga: "Yo no quiero oír nada de filosofía o meditación. Estoy muy tieso después de estar sentado escribiendo a máquina diez horas al día, y solo quiero relajarme". Pero su actitud después cambió, porque "Dentro de un año, . . . estaba meditando, haciendo pranayama, e inscribiéndose en talleres sobre los *Yoga sutras* [escrituras]".[31] Ella concluyó, "Últimamente, los "ejercicios" del yoga pueden ser la manera que el misticismo logra meterse por la puerta de atrás en la cultura americana".[32]

El gurú de la auto-ayuda

Sin duda, la mística práctica más influyente de la actualidad es la presentadora de programa de entrevistas Oprah Winfrey [EE.UU.] Su audiencia, mayormente de mujeres, alcanza decenas de millones, y la toma como fuente de inspiración espiritual—más aun que la iglesia, en muchos casos.

Reconozco que el criticar a una persona tan cálida y amable como Oprah puede causar ira en muchos de sus televidentes. Sin embargo, hay que recordar que en su caso, como el de otros en este libro, no hablamos de la personalidad de la persona y sus cualidades. Ophra puede ser apreciada como persona, pero estoy muy preocupado por lo que ella promueve.

En algún punto de su carrera, Ophra leyó un libro titulado *Discover the Power Within You (Descubra el poder dentro de usted)* por el ministro de Unity, Eric Butterworth. De acuerdo con la enseñanza de Unity, el libro explicó *la divinidad del hombre* como se percibe por la práctica del misticismo. Oprah abrazó estos puntos de vista tan fervientemente que ella proclamó:

> Este libro cambió mi perspectiva de la vida y de religión. Eric Butterworth enseña que Dios no está "por allí arriba". El existe dentro de cada uno de nosotros, y sólo nos resta encontrar lo divino por dentro".[33]

Su programa de entrevistas ha lanzado muchos autores Nueva Era a la popularidad super-estrella—autores como Marianne Williamson, Sarah Ban Beathnach, Iyanla Vanzant, y Cheryl Richardson.

El ejemplo de un autor de enseñanza Nueva Era, que el apoyo de Oprah precipitó a la prominencia, es Gary Zukav. Zukav llegó a ser un invitado frecuente después de su primera entrevista en octubre de 1998. ¡Posteriormente su libro titulado *The Seat of the Soul (El centro del alma)* llegó a incluirse entre los libros de mayor venta de la lista del New York Times durante un período de dos años, algo asombroso!

The Seat of the Soul es abiertamente un manual espiritual para el pensamiento Nueva Era. Su popularidad ha llegado sin los elementos que tradicionalmente atraen una audiencia grande de lectores (i.e. novelas, biografías, lo escandaloso, la salud, etc.) El mensaje básico del libro es "Manténgase acompañado por los Maestros inmateriales y guías [espíritus guías]".[34]

The Seat of the Soul resuena con una cantidad enorme de personas. La idea de "guías y maestros inmateriales" ahora se considera perfectamente aceptable por un número grande de lectores. Cuando semejante libro se abraza por tantas personas durante tanto tiempo, podemos saber que la Nueva Era ya está bien establecida. ¡Ahora, no es que la sociedad se aproxima a un precipicio de espiritualidad Nueva Era, sino que ya ha caído allí!

El libro de Oprah de 2005, *Live Your Best Life (Viva su mejor vida)*, enfatiza varias áreas de su filosofía. En el capítulo sobre la espiritualidad, hay una historia de la Energía Espiritual. Incluye una referencia positiva de un maestro de Reiki que apoya la posición de Oprah que "nosotros somos todos inter-relacionados".[35]

El discernimiento 113

Esto es la base de la espiritualidad de Winfrey: TODO ES UNO. A pesar de la amabilidad de su carácter, no hay duda de que sus televidentes y lectores reciben constantemente una dieta de espiritualidad Nueva Era.

Si algunas personas se enfadaran por que yo criticara a alguien tan buena como Oprah, les molestará aún más mis comentarios sobre alguien aún más amable que ella. El nombre de esta persona se ha igualado a todo lo bueno y amable, una persona en quien la gente ha confiado durante décadas. Me refiero al muy apreciado Fred Rogers, el presentador del programa popular *Mr. Roger's Neighborhood*. Vamos a explicarlo en un momento, pero primero veamos al autor Wayne Muller, autor de un libro llamado *Sabbath (sábado)*. Muller comparte las ideas de todos los otros inter-espiritualistas que vimos en el capítulo tres de este libro. Su libro se dedica a Henri Nouwen, quien Muller llama "mi maestro" y sus páginas lo demuestran. El Espíritu Santo y la "naturaleza buda" se presentan como si fueran sinónimos. El Salmo 23 se cita juntamente con frases de *I Ching*. Cierto párrafo, que se refiere directamente a Henri Nouwen, refleja claramente el tema del libro:

> Si nos entregamos totalmente al tiempo del Sabbath, podemos movernos lentamente desde una vida muy llena de preocupaciones estridentes que nos hacen sordos a los dones y bendiciones de nuestra vida, a una vida donde podemos escuchar a Dios, a Jesús, y a todos los budas y santos y místicos y mensajeros que buscan guiarnos y enseñarnos.[36]

Hay una recomendación en *Sabbath*, el libro de Muller sobre meditación y oración contemplativa, escrita por nada menos que el muy popular y amado Fred Rogers mencionado arriba. Rogers presentaba durante décadas *Mr. Roger's Neighborhood*, o sea, *el vecindario del Sr. Rogers*, un programa televisado para niños muy popular.

Fred Rogers dice del libro de Muller:

> En *Sabbath*, Wayne Muller nos da la libertad, el ánimo para tomar ese sencillo consciente aliento que pone

en perspectiva nuestras vidas ocupadas y nos ayuda a restaurar nuestras almas.[37]

Fred Rogers obviamente había leído el libro y encontró su tono inter-espiritual aceptable. Esto es un ejemplo claro de que es posible tener una personalidad muy amable y amistosa, sin necesariamente tener un entendimiento basado en el Evangelio.

Un Cristiano Nueva Era—un oxímoron [contradicción] aceptado

La popularidad de la meditación mística presenta un desafío nuevo y preocupante para el Cristianismo evangélico. Empezamos a encontrar el *Cristiano Nueva Era/Cristiano acuario*. Este nuevo término describe la persona que se mantiene dentro de su iglesia principal y dice ser creyente, pero también ha incluido en su vida varios aspectos de la Nueva Era o de Acuario. El autor Nueva Era David Spangler expresó optimismo sobre la posibilidad de esta integración cuando escribió, "El punto es que la Nueva Era ya está . . . se edifica y se forma en medio de lo antiguo".[38]

Lo que ha fomentado el crecimiento de esta tendencia en la religión americana en los últimos veinte años es el estilo " bufé de comida" donde uno escoge de acuerdo a sus gustos desde una cantidad de alternativas. Los Americanos escogen y mezclan las religiones como si estuvieran pidiendo una taza de café: buscan las combinaciones preferidas pero todavía lo llaman café—escogen su camino espiritual preferido pero todavía lo llaman Dios. Según sus gustos espirituales, mézclelo todo, y el resultado será la espiritualidad híbrida Nueva Era.

Recuerdo una conversación que tuve con una señora en una tienda de café. Hablamos de temas espirituales, y sus comentarios me hicieron pensar que era creyente evangélica. Al final de nuestra amigable conversación, ella dejó caer su bomba cuando dijo "¡Bueno, *nosotros todos* tenemos la conciencia de Cristo!"

En otro incidente, un pastor del barrio me compartió como una señora que había conocido como creyente sólida de muchos años casi se deja llevar por el pensamiento Nueva Era. Su hijo, un adulto joven, había caído en la drogadicción, y pasó por un programa de rehabilitación. En el proceso, su consejero le llevó a la espiritualidad Nueva Era. El a su vez lo compartió con su mamá, dándole un libro a leer titulado *Conversaciones con Dios* (un libro superventas Nueva Era).

Increíblemente, ella empezó a dejarse convencer por los argumentos del libro, y a dudar si su fe evangélica era realmente el único camino a Dios. Su deseo que su hijo buscara a Dios hizo que abriera su mente a la posibilidad de que varios caminos místicos eran igualmente válidos para encontrar a Dios. Su pastor duró casi dos horas en ayudarle a entender el error de sus pensamientos. Recordemos que esa señora era creyente sólida que había vivido su fe en Cristo durante décadas. Si una creyente así puede empezar a tambalear en su fe, cuanto más la gente en la cultura general puede dejarse convencer por el error.

El mensaje de la Nueva Era tiene un tono tan positivo, que es necesario mirar detrás de la atractiva fachada para ver lo que *realmente* está ahí. Si usted encuentra que su terapista practica Reiki, hay que entender la verdadera naturaleza de esa práctica. Si su doctor le recomienda la meditación, usted debe saber que hay peligros espirituales en la meditación no basada en la Biblia. A la medida que el mundo se vuelve más y más plenamente una sociedad mística, será más y más difícil evitar las ideas y prácticas descritas en este capítulo. Como Cristianos, tenemos que darnos cuenta de lo que está ocurriendo, para poder hacer decisiones sabias sobre las cosas que pueden afectarnos en forma negativa. Además, muchos de nuestros amigos, miembros de familia, y compañeros de trabajo estarán buscando respuestas espirituales a las incertidumbres de nuestra sociedad y el mundo en que vivimos. La siguiente historia lo demuestra claramente. Un Cristiano en Georgia [EE.UU.] me compartió esto por internet:

En el trabajo, un colega que es diácono en una iglesia Bautista del área me comentó de sus visitas a una señora del vecindario para un "masaje terapéutico". El dijo que ella usaba "alguna clase de técnica india". Le pregunté si era el Reiki y me contestó, "Sí, es eso. Ella es practicante del Reiki". Yo le dije lo que había leído en su libro sobre Reiki y entonces él se puso a la defensiva. Dijo, "No me importa lo que es, con tal de que funcione". Yo estaba asombrado. Le dije, "Usted es diácono. ¿Cómo puede hacer semejante declaración?" El contestó, "Hay varios diáconos en mi iglesia que creen en Reiki". Le rogué que investigara un poco sobre el tema y le envié un email con citas de websites que promueven Reiki. Más tarde me dijo que entendía mi punto de vista pero mientras que él no creyera en la parte espiritual de ello, no veía por qué no debía participar. Yo me sorprendí que un practicante de Reiki trabajaría allí en medio del área rural de tradición bíblica de América. Creo ahora que nada me sorprenderá.[39]

Un libro sobre el sistema de Chakra* claramente demuestra: Mucha gente con chacras de corona abierta ha tenido una experiencia espiritual profunda donde su sentido usual de ser individuo desaparece, y hay un sentir de estar en Unión con Todo lo que hay. Hay un sentir profundo de unión . . . Hay, en esencia, un sentir que Todo Esto Es Dios y que Yo Soy una parte de todo esto, de modo que Yo, también, Soy Dios.[40]

Este concepto, por supuesto, proviene del mundo de los espíritus Las "noticias Reiki" proveen esta evidencia:

Imagínense mi sorpresa durante mi primera clase de Reiki cuando observé las imágenes astrales de *guías y de espíritus de sanidad* derramando rayos

---

*El Reiki se basa sobre esto.

brillantes relucientes de poder sanador de las manos de practicantes novatos.[41] (Énfasis Yungen)

El interés en Reiki y otras prácticas místicas está aumentándose a tal punto que casi todo el mundo va a enfrentar Reiki tarde o temprano. Un consejero popular hizo la siguiente observación sobre el creciente interés en el misticismo Nueva Era:

> No podemos enfatizar lo suficiente qué tan profundo es su impacto en la educación, los negocios, la medicina, y la psicoterapia. Podemos decir que la religión prevalente en los Estados Unidos . . . ya no es el Cristianismo sino la Nueva Era.[42]

No me sorprendería si la mayoría de las personas en los Estados Unidos tuviera un miembro de la familia o un íntimo amigo que haga la meditación mantra, practica el yoga, o ha encontrado Reiki o el Toque Terapéutico, o que es admirador(a) del programa de Oprah Winfrey. ¿Cómo es posible que alguien pensara que estas prácticas aparentemente benignas o de beneficio tuvieran una conexión con Satanás o que estuvieran en contra de Dios?

Un hermano en Cristo con quien tomé un café un día me dio la respuesta a esta pregunta: El citó las Escrituras donde Eva tomó del fruto, y aunque tenía la apariencia de algo bueno, los resultados de su acción eran devastadores.

> Y vio la mujer que el árbol era bueno para comer, y que era agradable a los ojos, y árbol codiciable para alcanzar la sabiduría; y tomó de su fruto, y comió; y dio también a su marido, el cual comió así como ella. (Génesis 3:6)

En segundo lugar, también importante, ¿en qué consiste lo que es satánico? Casi todos los Cristianos asocian lo *satánico* con cosas oscuras y siniestras. Sin embargo, la Biblia presenta un cuadro de Satanás muy diferente, y uno que la Nueva Era demuestra plenamente. Satanás dijo, "seré semejante al Altísimo" (Isaías 14:14). El no dijo que *sería* el Altísimo, sino que sería *semejante* el Altísimo.

La palabra "semejante" aquí quiere decir *similar*. ¿Cómo podría Satanás lograr esto?

Es importante entender que Satanás no siempre busca llevar la gente por lo oscuro, en el conflicto entre lo malo versus lo bueno. Antes bien él busca erradicar totalmente la división entre él y Dios, entre lo bueno y lo malo.

Cuando entendemos esto, nos ayuda a entender porque Jack Canfield dijo que él sintió a Dios fluyendo a través de *todas* las cosas. "Todo" quiere decir que nada está excluido. Este razonamiento implica que Dios ha dado Su gloria a toda la creación; como Satanás es parte de la creación, entonces él también comparte esta gloria, y así podría ser *"semejante al Altísimo"*.

Al contrario a esta creencia de una fusión de lo bueno con lo malo, con el hombre y la creación llegando a ser "semejante al Altísimo," el hombre y Dios sólo pueden tener comunión a través de la Cruz de Cristo. Si fuera a ser cierto lo de todo-es-uno, entonces la salvación por medio de un Redentor sería innecesaria, y la muerte de Jesús en la Cruz inútil y sin sentido. Para que *se pueda* entender la Cruz, se tiene que entender la separación entre la perfección de Dios y la pecaminosidad del hombre. Sabemos que Satanás solo tiene un solo enemigo—la Cruz; él sabe que sin ella, ningún humano puede ser reconciliado a Dios.

La Biblia dice que el mensaje de la Cruz es el poder de Dios; y en esta situación de dos reinos espirituales opuestos, Dios siempre ha prevalecido y siempre prevalecerá. Satanás nunca podrá deshacer el último plan de Dios. Sin embargo, la sociedad occidental actual está seducida por místicos prácticos que niegan, con sus propias declaraciones, el plan de Dios para la eterna salvación. ¿La mayor parte de la humanidad llegará a creer que todo es uno, y que no hay ninguna línea que separa lo malo y lo bueno? La Biblia amonesta, "¡Ay de los que a lo malo dicen bueno, y a lo bueno malo" (Isaías 5:20).

Sin embargo, el plan alterno ahora existe y influirá en los eventos del futuro—eventos que cambiarán el curso del futuro de millones.

> Porque la palabra de la cruz es locura a los que se pierden; pero a los que se salvan, esto es, a nosotros, es poder de Dios. (1 Corintios 1:18)

Seis

¿PODRÍA ESTA REALMENTE SER *LA ERA FINAL*?

Durante toda mi vida Cristiana, he oído a varios Cristianos sugerir que estamos en los *últimos días*. Muchas veces estos comentarios provinieron de ciertos casos de crímenes violentos, perversiones sexuales, guerras, o desastres naturales. Como yo sabía que durante toda la historia estas calamidades se habían repetido, tales predicciones del regreso inminente de Cristo no me impresionaron.

Sin embargo, en 1984, tuve una experiencia que cambió totalmente mi punto de vista. Un amigo nuevo me orientó sobre el movimiento de la Nueva Era y sus efectos para los tiempos finales. Después de un período de investigación, llegué a concluir que en realidad podríamos estar en el tiempo del cual el libro de Apocalipsis habla. En vez de una manifestación vaga y tentativa de la profecía, vi algo distinto y penetrante pasando en nuestras iglesias y en la sociedad. Es increíble que este cambio haya sido predicho desde ambos lados de la controversia.

Los Cristianos tienen que recordar que la veracidad del Cristianismo mismo se basa en el cumplimiento de sus profecías. Jesucristo, el apóstol Pablo, y varios apóstoles y profetas del Antiguo Testamento y del Nuevo hicieron claras y directas referencias a eventos en particular que iban a ocurrir en el futuro. Si estos eventos fueran solo fantasías, todo lo demás también podría estar en duda. Creo que las tendencias actuales autentican las profecías de Jesucristo y del apóstol Pablo sobre los días finales. Al examinar la evidencia, se ve claramente que el curso de nuestra sociedad (y lo de nuestras iglesias) ha sido pronosticado por los escritos apostólicos.

El apóstol Pablo habló del "día del Señor" y los "tiempos y las ocasiones" en 1 Tesalonicenses, capítulo 5. El describe como Dios actuará rápidamente y sin demora. Pablo dice:

> Pero acerca de los tiempos y de las ocasiones, no tenéis necesidad, hermanos, de que yo os escriba.
>
> Porque vosotros sabéis perfectamente que el día del Señor vendrá así como ladrón en la noche; que cuando digan: Paz y seguridad, entonces vendrá sobre ellos destrucción repentina, como los dolores a la mujer encinta, y no escaparán.
>
> Mas vosotros, hermanos, no estáis en tinieblas, para que aquel día os sorprenda como ladrón. Porque todos vosotros sois hijos de luz e hijos del día; no somos de la noche ni de las tinieblas. Por tanto, no durmamos como los demás, sino velemos y seamos sobrios.
> (1 Tesalonicenses 5:1–6)

Pablo dice que el final del siglo vendrá sobre el mundo como ladrón en la noche. En otras palabras, vendrá *sigilosamente*, sin advertencia. Es interesante entonces el contraste que el apóstol hace entre los dos grupos: "Mas vosotros, hermanos [seguidores de Jesús], no estáis en tinieblas [en la ignorancia de la gente] para que aquel día os sorprenda como ladrón [sin saberlo]", (v. 4). Aquí Pablo está diciendo que los creyentes en Cristo tendrán la información (las Escrituras) para prepararlos para "aquel día".

Los que andan en la luz pueden ver adonde van y también lo que viene más adelante. Pablo entonces advierte contra el sueño espiritual y la embriaguez que podrían permitir coger a la persona desprevenida: "Por tanto, no durmamos como los demás, sino velemos y seamos sobrios", (v.6). La palabra sobrio quiere decir *alerta* o *pendiente*. Si nos instruyen a vigilar y a estar alerta, entonces debe haber algo para vigilar—de otro modo la advertencia de Pablo sería irrelevante. ¿Pero a quién o a qué tenemos que vigilar?

El que vendrá

A principios del siglo veinte una persona surgió de la sociedad ocultista, Theosophical Society (sociedad teofóstico), que iba a tener un impacto mayor sobre el movimiento esotérico occidental. El mismo término *Nueva Era (New Age)* se le atribuye a sus escritos. Su nombre era Alice Ann Bailey.

Ella nació Alice LaTrobe-Bateman, en Manchester, Inglaterra, el 16 junio 1880. Creció dentro de la sociedad alta británica, y se gozó de todos sus privilegios. Era muy religiosa, y se casó con un hombre que más adelante llegó a ser ministro episcopal. Con el tiempo ellos se mudaron a los Estados Unidos. Cuando el esposo de Alice empezó a maltratarle físicamente ella huyó; y juntamente con sus tres hijos, se estableció en Pacific Grove, California.

Alice se consoló grandemente al conocer dos señoras inglesas que vivían en Pacific Grove. Estas mujeres le presentaron al pensamiento de teosofía, que parecía proveer respuestas a sus preguntas sobre porque había tenido sus desgracias. Alice, quien en ese entonces tenía 35 años, ya iba a experimentar un cambio rotundo en su vida. Más adelante, en su biografía inconclusa, escribió:

> Descubrí, primero, que hay un Plan grande y divino . . . Descubrí en segundo lugar, que hay Quienes son Los responsables de la hechura de este Plan, y Quienes paso a paso, etapa por etapa, han guiado la humanidad a través de los siglos.[1]

En 1917, Alicia se mudó a Los Angeles (California) y empezó a trabajar a favor de ese "plan" en la sede de la Sociedad Teofóstica. Allí conoció a Foster Bailey, un hombre que había dedicado su vida al ocultismo. Ella se divorció de su primer esposo y se casó con Bailey en 1920. En noviembre de 1919, Alice tuvo su primer contacto con una voz que decía ser maestro. Llamándose el Tibetano, él pidió que Alice escribiera sus dictados. Sobre esto Alice comentó:

Oí una voz que decía, "Hay algunos libros que se desean ser escritos para el público. Tú los puedes escribir. ¿Lo harás?

Al principio Alice era renuente a emprender algo tan extraño, pero la voz siguió pidiendo que escribiera los libros. En este tiempo Alice experimentó un breve período de ansiedad intensa que la hizo temer por su salud y sano juicio. Otro de sus espíritus "maestros" le animó a que no tenía que temer y que haría un "trabajo realmente valioso".[3] Este "trabajo valioso" de Alice se extendió a treinta años. Entre 1919 y 1949, por comunicación telepática, Alice Bailey escribió diecinueve libros de parte de su mentor invisible.

Para los ocultistas, los escritos de Alice Bailey señalaban la anticipada llegada de un *Sanador Mundial y Salvador* de la próxima Edad de Acuario (la edad astrológica de iluminación y paz). Este salvador iba unir toda la humanidad bajo su guía. Bailey le llamaba *el que vendrá*. Esa persona no iba a ser el Señor Jesucristo, cuyo regreso los Cristianos esperan, sino un individuo completamente distinto que iba a ser la encarnación de todos los grandes principios del ocultismo, mayormente la *divinidad y perfección del hombre*. Un seguidor de Bailey escribió:

> La reaparición del Avatar [maestro mundial], por cualquier nombre que se pueda usar, ha sido profetizada en muchas religiones y también en la tradición esotérica [ocultista]. Una manifestación mayor es esperada en conexión con la edad de Acuario.[4]

Es interesante que el apóstol Pablo declaró que alguien llamado "el hombre de pecado, el hijo de perdición" también iba a declararse *Dios* (2 Tesalonicenses 2:3–4). Creo que este *mesías* Acuario será este mismo hijo de perdición a quien se refiere Pablo en 2 Tesalonicenses. Además, estoy convencido que el movimiento Nueva Era será su plataforma espiritual. Demasiado cosas se unen como para ser que esto fuera una mera coincidencia. Entonces, tenemos que estar pendientes de una reorganización del mundo por los que están preparando el camino para su llegada y la revelación de su identidad.

Daniel 8:23 dice que este individuo va a ser entendido en enigmas. En hebreo el significado es alguien muy astuto en su forma de hablar. El mundo le verá como alguien distinguido y sobresaliente espiritualmente. Debemos tener en cuenta esto al leer la siguiente descripción:

> El que viene no será cristiano, hindú, budista, americano, judío, italiano, o ruso—su título no es importante; él es para toda la humanidad, para unir todas las religiones, filosofías, y naciones.[5]

El único que podría lograr esto sería el que llenaría la descripción dada por Daniel. Esto explica el esfuerzo desmedido de la Nueva Era de saturar nuestra sociedad con la práctica de la meditación. Cuando aparezca este hombre, todos los centrados en su yo superior, los que son los *despiertos*, claramente lo reconocerán como su unificador; y le darán su lealtad. El tendrá de inmediato seguidores listos (muchos en puestos de autoridad) para ayudarle a reconstruir la sociedad. Esto será el resultado culminante del cambio de paradigma.

Un discípulo del gurú indio Rajneesh hizo la siguiente observación sagaz, ilustrando el poder potencial de este engaño y la influencia hipnótica de "el que vendrá".

> Algo había pasado a Rajneesh que le hizo ser como ningún otro hombre. El había experimentado algún cambio—una iluminación, el subir de kundalini [poder de la serpiente]—y su ser se había alterado de manera palpable [visible]. Este cambio en él a su vez afectó sus saniasins [discípulos] y creó una resonancia persistente y catalizadora entre ellos.[6]

¿Cómo fue la naturaleza de esta resonancia? La Biblia predice que el Anticristo y el falso profeta harán señales mentirosas (Apocalipsis

13). Alice Bailey describió la labor de su *Cristo* Nueva Era muy explícitamente:

> La obra del Cristo (hace dos mil años) era proclamar ciertas grandes posibilidades y la existencia de grandes poderes. Cuando El reaparece su obra será probar la realidad de estas posibilidades y revelar la verdadera naturaleza y la potencia del hombre.[7]

Lo siguiente es otro ejemplo poderoso de lo que esto puede significar. Un maestro hindú espiritual llamado Sri Chinmoy demostró su habilidad de levantar más de 3000 kilos con un solo brazo. Veinte testigos lo vieron, lo grabaron y tomaron fotos. El atribuyó esta habilidad al *poder de la meditación* y concedió que sin el, no habría podido levantar sesenta libras.[8] Probablemente lo que le permitió hacer esto era el poder de espíritus familiares, dándole a él y a sus observadores la impresión que era resultado del poder de su yo superior. Esto es ejemplo de lo que la Biblia llama *señales mentirosas*. El "hombre de pecado" ("el que vendrá") hará esto en grande. Podrá hacer grandes milagros supuestos para convencer a la humanidad que todos tenemos este gran poder, como dice Bailey, por la potencia dentro de nosotros.

Una señora americana con una cosmovisión secular viajó a Brasil para observar un *sanador brasileño* Nueva Era. El le impactó en forma impresionante, como ella describió:

> Al instante mi cuerpo sintió como si estuviera lleno de luz blanca y me debilité de rodillas y empecé a tambalear. Pronto no pude estar parada y alguien me ayudó a sentarme en una silla. Después sentí un calor extremo entrando por mi cabeza, especialmente en el lado izquierdo. Durante esta experiencia estaba totalmente consciente y mi cuerpo fue lleno de ondas de éxtasis. Había oído de la luz blanca y lo había visualizado, pero nunca había experimentado estar totalmente llena de ella. Inmediatamente la asocié con el poder sanador de

Jesucristo y no tuve duda de que esto era la naturaleza de la energía que me fue transmitida.[9]

Si ese sanador pudo influir de esta manera en esa mujer, no podría alguien como el Anticristo con el poder de ocultismo hacer lo mismo a una escala mucho mayor? Realmente, podría poner en práctica el Reiki para el mundo entero.

El misterio de Babilonia

Los espíritus familiares (ángeles caídos) no engañarán a unos pocos individuos sólamente; engañarán al mundo entero para que siga un sistema nuevo. Satanás (cuyo nombre significa adversario) será el poder operando dentro de "el que vendrá"—el gran Anticristo. El origen del sistema religioso del Anticristo se revela claramente por el apóstol Juan en Apocalipsis 17:5:

> Y en su frente un nombre escrito, un misterio: BABILONIA LA GRANDE, LA MADRE DE LAS RAMERAS Y DE LAS ABOMINACIONES DE LA TIERRA.

Otro nombre de Babilonia en el Antiguo Testamento era Caldea. Los caldeos eran conocidos por su uso de artes metafísicas. Ellos empezaron las primeras escuelas de misterios. Daniel 4:7 dice, "Y vinieron magos, astrólogos, caldeos y adivinos". Este misterio de Babilonia entonces iba a ser la fuente original de lo que es ahora la metafísica de la Nueva Era.

De modo que cuando el apóstol Juan identifica la base espiritual del Anticristo, se refiere a la ciudad y a la gente que primero inventaron el ocultismo de la antigüedad. Todas las demás escuelas de misterios salieron de Babilonia, enseñando esencialmente la misma cosa—el yo superior. Juan lo vio como una línea atravesando toda la historia y culminando en el reino del Anticristo, con cientos de millones entregados a los espíritus familiares. El autor del libro de Hechos, Lucas, nos dio una descripción de esta actividad, cuando los primeros creyentes diariamente confrontaban a espíritus inmundos:

> Pero había un hombre llamado Simón, que antes ejercía la magia en aquella ciudad, y había engañado a la gente de Samaria, haciéndose pasar por algún grande. A éste oían atentamente todos, desde el más pequeño hasta el más grande, diciendo: Este es el gran poder de Dios. Y le estaban atentos, porque con sus artes mágicas les había engañado mucho tiempo. (Hechos 8:9–11)

Simón era un hombre cuyas actividades parecían buenas; de otro modo la gente no habría dicho "Este es el grand poder de Dios." Pero la verdad es que no era de Dios—sólo tenía esa apariencia. El se arrepentió, fue salvo y se hizo bautizar. La conversión de Simón (como toda conversión) era una amenaza al misticismo. Así también se entiende porque la llegada del Evangelio a Efeso reprendió la práctica del ocultismo allí. Cuando las personas entendieron que habían sido engañadas por la apariencia de una verdad espiritual, se arrepentieron y se despojaron de sus libros y artículos místicos. Este evento dramático se describe así:

> Y muchos de los que habían creído venían, confesando y dando cuenta de sus hechos. Asimismo muchos de los que habían practicado la magia trajeron los libros y los quemaron delante de todos; y hecha la cuenta de su precio, hallaron que era cincuenta mil piezas de plata. Así crecía y prevalecía poderosamente la palabra del Señor. (Hechos 19:18–20)

Las artes mágicas y metafísicas fueron sacadas con la llegada del Evangelio de Cristo. Los dos no eran compatibles, sino que eran totalmente opuestos. Y todo lo que los nuevos creyentes quemaron tenía un valor que equivalía a los sueldos de un año entero para 150 hombres. Los creyentes de Éfeso entregaron sus riquezas y fórmulas místicas por la verdad encontrada solamente en Jesucristo. ¡Desafortunadamente, todo lo contrario ocurre en el mundo de hoy!

Hay otro ejemplo en las Escrituras que ilustra lo que estoy diciendo. Se encuentra en Hechos 16:16–19:

Aconteció que mientras íbamos a la oración, nos salió al encuentro una muchacha que tenía espíritu de adivinación, la cual daba gran ganancia a sus amos, adivinando. Esta, siguiendo a Pablo y a nosotros, daba voces diciendo: Estos hombres son siervos del Dios Altísimo, quienes os anuncian el camino de salvación. Y esto lo hacía por muchos días; mas desagradando a Pablo, éste se volvió y dijo al espíritu: Te mando en el nombre de Jesucristo, que salgas de ella. Y salió en aquella misma hora. Pero viendo sus amos que había salido la esperanza de su ganancia, prendieron a Pablo y a Silas, y los trajeron al foro, ante las autoridades.

Tales eventos en las Escrituras demuestran varias verdades importantes para poder entender la naturaleza y propósito de los espíritus familiares:

- El espíritu era la fuente de su poder, y no alguna habilidad nata de su naturaleza humana. Cuando salió, su habilidad desapareció.
- El espíritu acertó en alto grado, en lo que decía. De otro modo, la muchacha no habría podido dar a sus amos "gran ganancia". El engaño muchas veces ocurre cuando hay 99 por ciento de verdad y solo 1 por ciento de falsedad. Solo se necesita una pizca de levadura o de una mentira blanca para influir o dañar toda la masa, que representa la verdad.
- Pablo y el espíritu no estaban *del mismo lado*; todo no era *uno* aquí. Esto es bastante evidente, porque Pablo lo echó de ella. Más importante, el espíritu buscó identificarse con Dios al dar sus anuncios. Practicó astucia en seguir a Pablo y a Silas y proclamar una cosa cierta: "Estos hombres nos muestra el camino de salvación". Esto revela que el *misterio de Babilonia* y sus legiones de espíritus guías buscarán aparentar estar del lado de Dios. Hoy en día, muchos casos similares ya están ocurriendo con nombre de Cristiano.

Vendrán en Su nombre

Creo que en la Biblia hay un pasaje importante sobre un cambio de tiempos y sazones, que ahora puede estar muy cerca. Mateo 24:3–5 es un capítulo del tiempo de la tribulación, y Jesús habló estas palabras a Sus discípulos sobre las señales de Su regreso y el fin del siglo:

> Y estando él sentado en el monte de los Olivos, los discípulos se le acercaron aparte, diciendo: Dinos, ¿cuándo serán estas cosas, y qué señal habrá de tu venida, y del fin del siglo?
>
> Respondiendo Jesús, les dijo: Mirad que nadie os engañe. Porque *vendrán muchos en mi nombre*, diciendo: Yo soy el Cristo; y a muchos engañarán. (Énfasis Yungen)

He oído dos interpretaciones de la respuesta de Jesús. La primera es que varios individuos se proclamarán ser Jesucristo en Su regreso. La otra interpretación dice que un número de figuras mesiánicas aparecerán y reunirán seguidores de la misma manera que hizo el líder de secta Jim Jones o Bhagwan Shree Rajneesh, el gurú que estableció su supuesta utopía en Oregon. Ahora creo que ninguna de estas interpretaciones es suficientemente amplia. A la luz de numerosas declaraciones Nueva Era, Mateo 24 toma un nuevo significado.

Un principio básico del pensamiento Nueva Era es sobre *el Maestro Jesús*. Seguidores de esto creen que durante un período no escrito de Su vida, Jesús viajó a varios centros ocultistas y escuelas de misterios en lugares como Tibet, la India, Persia, y Egipto. En estos lugares, este Jesús aprendió los secretos metafísicos de antigüedad. Así ellos dicen que este Jesús pasó diecisiete años viajando en un peregrinaje de alta conciencia. Según este punto de vista, Jesús de Nazaret llegó a ser el Maestro Jesús, uno que supuestamente ganó dominio sobre el mundo físico al llegar a ser uno con su yo superior.

Es así como los de la Nueva Era interpretan la palabra *Cristo*. La palabra viene de la palabra griega *kristos*, que significa el ungido. Los de la Nueva Era creen que esto quiere decir ungido para estar en contacto con su yo superior o la naturaleza divina. En otras palabras, ser ungido es ser iluminado.

Como los de la Nueva Era creen que Jesús estaba completamente en armonía con su yo superior, esto lo hizo un *Cristo*. Entonces, no es un título sino un estado de entendimiento y condición espiritual. De modo que el que está en armonía con su *esencia divina* también es un *Cristo*.

Después de leer innumerables declaraciones que apoyan esta *conciencia de Cristo*, miré más atentamente a Mateo 24:5. ¡Y lo que encontré me asombró! La palabra griega para *muchos* en este versículo es *polus*, que quiere decir una cantidad sumamente grande. Es posible que este término indicara que millones de personas vayan a proclamar su propia deidad. Las palabras en griego de "venir en mi nombre" pueden significar que personas que pretenden representar a Jesús en Su persona usan mal Su nombre y así confunden Su verdadera identidad.

En resumen, Mateo 24:5 dice que un número muy grande de personas vendrán proclamando que representan lo que El (Jesús) representa, pero en realidad, engañarán a los demás. A la luz de la advertencia de Jesús, que "muchos vendrán en mi nombre", observemos las siguientes declaraciones de seguidores de la Nueva Era:

> Jesús era un alma que alcanzó el estado de Conciencia de Cristo; ha habido otros. El simbolizó el patrón que tenemos que imitar . . . El camino está abierto a toda persona para llegar a ser un Cristo, por medio de alcanzar la Conciencia de Cristo andado en el mismo camino que El anduvo. El demostró el modelo simple y hermosamente.[10]

> El significado de la encarnación y la resurrección no es que Jesús era humano como nosotros sino que *nosotros somos dioses como él*—o por lo menos tenemos el potencial para serlo. El significado de Jesús no es como

medio de salvación sino como modelo de perfección.*¹¹*
(Énfasis Yungen)

Los de la Nueva Era dicen que Jesús es un modelo de lo que la persona Nueva Era o persona Acuario debe llegar a ser. Estas posiciones podrían llamarse *venir en Su nombre* o *proclamar representar lo que El representa*.

Jesús dice también en el versículo 5 de Mateo 24 que estas personas van a proclamar "Yo soy el Cristo". Otra vez encontramos una multitud de declaraciones por los de la Nueva Era que cumplen la advertencia de Jesús. Veamos algunos ejemplos:

> Este Líder Mundial, a propósito, debe representar la nueva Era de Acuario y establecer la Unidad de toda la usted no va necesitar un salvador exterior, porque usted podrá aprender a alcanzar la Conciencia de Cristo interior... El Salvador de la Nueva Era será un canal a través del cual vendrá toda Verdad Cósmica.*¹²*

> El Cristo es Usted. Usted es la persona que ha de venir—cada uno de ustedes. ¡Cada uno de todos ustedes!*¹³*

> El ser Cristo no es algo que llegará en un punto en el futuro cuando usted haya evolucionado más. El ser Cristo es—¡ahora mismo! Yo soy el Cristo de Dios. *Usted es el Cristo de Dios.* (Énfasis Yungen)*¹⁴*

No es sorprendente encontrar personas del movimiento de la oración contemplativa que también tengan este punto de vista. El autor contemplativo John R. Yungblut, antiguo Decano de Estudios del Centro de Meditación de los Hermanos [Cuáqueros] en Pendle Hill, Pennsylvania (EE.UU.), repite una idea similar:

> No podemos limitar la existencia de lo divino a este único hombre [Jesús] entre los hombres. Entonces no debemos adorar al hombre Jesús, aunque no podemos dejar de adorar la fuente de este Espíritu Santo o la

Cristo-vida, que para muchos de nosotros ha sido revelado mayormente en esta figura histórica.¹⁵

Willigis Jager, quien irónicamente tituló su libro *Contemplation: A Christian Path (Contemplación: Un camino Cristiano)*, proclamó el mismo punto de vista del rol de Cristo para la humanidad:

> La salvación no será nada fuera de un entendimiento del hecho que "el reino de Dios está dentro de usted" . . . Estas son las Buenas Nuevas que Jesús proclamó a la humanidad. El reino está *ya dentro de todos nosotros*. (Énfasis Yungen)¹⁶

Aunque muchos autores contemplativos todavía mantienen un punto de vista tradicional de la Cristología, hay un número muy preocupante de los que siguen el modelo Nueva Era.

También hay un movimiento creciendo entre Judíos que asemeja la espiritualidad contemplativa de los Católicos y Protestantes. Basado en el Kabbalah [o Cábala], el texto místico judío, esta versión de oración contemplativa está creciendo tremendamente en el Judaísmo. Si uno observa la sección de Judaísmo en cualquier librería, notará que está saturada con libros sobre este tema.

El libro *New Age Judaism (Judaísmo Nueva Era)*, escrito por la maestra de meditación Melinda Ribner, es típico de los títulos encontrados allí. Ribner explica:

> Mucha gente se sorprenderá al encontrar que el Judaísmo fundamentalmente está en línea con lo que consideramos hoy Nueva Era. Muchas de las creencias y prácticas que asociamos con la Nueva Era no son nuevas sino son parte de kabbalah, la tradición mística Judía . . . Aunque este conocimiento mayormente ha sido escondido en los tiempos pasados, kabbalah está creciendo en popularidad y accesibilidad hoy en día.¹⁷

Ribner hace eco del misticismo Judaíco cuando enfatiza:

> Aunque el término "Mesías" se refiere a una persona real, el Judaísmo cree que el Mesías está dentro de la conciencia de cada persona. Todos nosotros llevamos las chispas de Mesías dentro de nosotros. Aunque esperamos una persona que encarne esta conciencia y una al mundo, cada uno de nosotros tenemos que desarrollar esta conciencia nosotros mismos . . . Así, cuando hay un número significativo de personas que hayan desarrollado una conciencia de unidad espiritual, el resto de la humanidad estará levantada.[18]

Israel mismo está listo para esta clase de espiritualidad. Un libro que ha salido recientemente, *The Israelis (Los Israelitas)* por Donna Rosenthal, dice que según una encuesta Gallup de Israel, sesenta por ciento de todos los Israelíes están interesados en el misticismo. Según la revista *Reiki News*, hay 6.000 sanadores Reiki en Israel. Es un número muy grande para un país tan pequeño.[19]

Un promotor de Kabbalah, Rabí Phillip Berg, ha abierto cincuenta "centros de Kabbalah" por todo el mundo, para extender su mensaje a las masas. Según su literatura, esta organización ha guiado a 3.9 millones de personas a utilizar esta práctica mística. Su centro en Tel Aviv atrae a miles de estudiantes. Además hay una editorial, Jewish Lights Publishing, dedicada totalmente a Kabbalah, con decenas de títulos sobre este tema. Su autor más importante es el Rabí Lawrence Kushner, que ha alcanzado una amplia audiencia de lectores.

Esto es importante a la luz de las profecías de Mateo 24, porque los judíos místicos también se refieren a estados alterados como "la conciencia mesiánica".[20] Según su punto de vista, este estado hace que uno sea un mesías, o en el griego, un christos o *cristo*.

La gran apostasía

A la luz de los muchos que vendrán en el nombre de Cristo, también creo que las *profecías* de Alice Bailey pueden observarse a la luz de lo que el apóstol Pablo llamó en 2 Tesalonicenses la *apostasía*. Bailey felizmente predijo lo que ella llamó "la regeneración de las iglesias".[21] Su razonamiento para esto era obvio:

> La iglesia Cristiana en sus muchas ramas puede servir como un San Juan el Bautista, como una voz clamando en el desierto, y como un núcleo por el cual la iluminación del mundo puede acontecer.[22]

En otras palabras, en vez de oponerse al Cristianismo, el ocultismo busca capturar y mezclarse con el Cristianismo y despúes utilizarlo como su medio para extender y promover la conciencia Nueva Era. Las diferentes iglesias todavía mantendrían sus apariencias del Cristianismo y sus términos. Ciertas preguntas sobre la doctrina Cristiana tradicional recibirían las mismas respuestas. Pero todo sería algo externo; por dentro una espiritualidad contemplativa atraería a los que estuvieran abiertos a ello.

En amplios segmentos del Cristianismo esto ya ha ocurrido. Como vimos antes, en un año típico, Thomas Keating enseñó esta espiritualidad a 31.000 personas. La gente acude en grandes números porque tiene la apariencia externa del Cristianismo, aunque en realidad es completamente el contrario—¡qué engaño espiritual más astuto! ¿Esto podría ser *la apostasía* de la cual Pablo habló?

> Nadie os engañe en ninguna manera; porque no vendrá sin que antes venga la apostasía, y se manifieste el hombre de pecado, el hijo de perdición. (2 Tesalonicenses 2:3)

Vemos que esta apostasía está unida a la manifestación del "hombre de pecado". Si en realidad es "el que vendrá", entonces la profecía de Pablo y la *profecía* de Bailey concuerdan—pero de posiciones y perspectivas totalmente opuestas.

Esto es lógico cuando uno ve, como proclamó Pablo, que se apostatarán por el "misterio de la iniquidad", (2 Tesalonicenses 2:7). ¡La palabra misterio en griego utilizado en el contexto de algo maligno significa escondido u oculto!

¿Podría esta *revitalización* del Cristianismo mostrarse como la " religión mundial nueva y vital" de Alice Bailey—una religión fundamental para la Nueva Era? Tal religión podría servir de plataforma espiritual para "el que vendrá" de la Nueva Era. Esta unidad de pensamiento espiritual no sería una sola denominación mundial sino una entidad inter-espiritual, multicultural, unida en diversidad, con agenda ecuménica. Thomas Merton se refirió a ello durante una conferencia espiritual de líderes en Calcuta, India, donde les dijo a hindúes y budistas: "Ya somos uno, pero nos imaginamos que no lo somos. Lo que tenemos que recuperar es nuestra unidad original".[24]

Es fácil encontrar bastantes ejemplos similares a lo de Merton en los escritos contemplativos. Miremos los siguientes:

> El Cristiano no debe llegar a ser Hindú o Budista, ni el Hindú o Budista llegar a ser Cristiano. Pero cada uno tiene que asimilar el espíritu de los otros."[25]—**Vivekananda**

> Es mi sentido, habiendo meditado con personas de muchas tradiciones diferentes [no Cristianas], que en el silencio experimentamos *una unidad profunda*. Cuando pasamos más allá de los portales de la mente racional a la experiencia, hay solamente *un solo Dios para experimentar*. (Énfasis Yungen)[26]—**Basil Pennington**

> El nuevo ecumenismo involucrado aquí no es entre Cristiano y Cristiano, sino entre Cristianos y la gracia de otras tradiciones religiosas intuitivamente profundas.[27]—**Tilden Edwards**

Pude ver este "nuevo ecumenismo" en un artículo principal de un periódico Católico regional. Proclamó que la "palabra de Dios" puede también encontrarse en las religiones orientales. Un maestro de retiros Católicos ofreció la idea de que "hoy en día los Católicos tienen una obligación de buscar a Dios en otras tradiciones".[28]

Esta no es una recomendación aíslada. Es lo que yo llamo "*una Mertonización*" (mantenerse en su propia religión mientras que también se alinea con el misticismo oriental), que es el sueño de Merton realizado: una unidad mística dentro de la diversidad religiosa. ¡De hecho, una religión mundial ya existe!

El plan de Satanás siempre ha sido engañar a las personas para creer que pueden ser como Dios; y Dios ha permitido a Satanás la libertad de ejecutar sus planes malignos, con la capacidad de utilizar a los humanos para su cumplimiento. Las Escrituras nos dicen claramente que Satanás es padre de mentiras, y no es inconcebible que él revelaría estas cosas a quien él quiere utilizar, para alcanzar estas metas. Creo que Alice Bailey puede ser una de ellos, escogida para cumplir sus planes principales. Entonces los pronósticos de Bailey podrían ser más que solo pensamientos caprichosos de una imaginación sobrecargada. Cuando se observan bien los detalles intricados de sus obras, se nota que no son triviales. Cierto autor hizo este penetrante comentario:

> La obra de sabiduría gigantesca de Alice Bailey no puede haber sido inventada por mentes humanas; las enseñanzas son indudablemente sobrehumanas en su origen.[29]

Hasta cierto punto, considero a Alice Bailey como *apóstol* del ocultismo Nueva Era, y sus escritos como *revelaciones* místicas. Ella prognostica qué camino tomará el mundo, y cómo lo va a hacer—en cierto sentido es como un bosquejo y manifiesto. El hecho de que mucho de lo que predijo ya ha pasado da aún más probabilidades de que su obra realmente puede ser el diseño para la persona venidera que Pablo llamó "el hijo de perdición".

El "replanteamiento" del Evangelio

Las declaraciones de varias iglesias reflejan las profecías oscuras de Bailey, que hablan de "reactivar" las iglesias.

Ahora hay un diccionario Católico nuevo que dice: "Ideas actuales sobre el misticismo enfatizan que es para cantidad de gente, no solo para unos pocos escogidos". Un artículo en *América*, una revista Católica nacional, demuestra el resultado de este misticismo relacionado con la evangelización. El artículo, titulado *El replanteamiento de la misión en la India*, dice que el *espíritu* es tan activo en el hinduísmo como lo es en el Cristianismo y así ambas religiones "son co-peregrinos en el camino a la realización".*31* Su significado se revela claramente en este punto de vista del mismo artículo:

> Cualquier afirmación de superioridad es perjudicial. Las religiones no tienen que ser comparadas. Todo lo que se espera de uno es servir al hombre, revelándole el amor de Dios hecho evidente en Jesucristo.*32*

Lo que pasa aquí es un vuelco total, en cuanto al significado de la evangelización. Porque en realidad, si usted quiere revelar el amor de Dios manifestado en Jesucristo, ¡usted predicará *la sangre de Cristo* para salvación! Sin embargo, hay que notar que el artículo también dice que "el amor de Dios está ligado inseparablemente a la contemplación".*33*

La edición del 26 abril de 2002 de la serie PBS "Noticia semanal de religión y ética" revela los resultados de una encuesta nacional [EE.UU.] hecha por ellos juntamente con la revista *U.S. News & World Report*. Según su investigación, ochenta por ciento de los Americanos se consideran Cristianos, y setenta y siete por ciento de ellos no creen que su religión es la única verdadera, sino que "todas las religiones tienen elementos de verdad".*34*

Si la encuesta es confiable, sólo uno de cada cuatro Cristianos en el país cree que el Cristianismo presenta el único camino a la salvación y el Cielo. El punto de vista que el Cristianismo no es la única religión que ofrece la salvación concuerda con la idea de Merton/Nouwen y no con la doctrina de los apóstoles del Nuevo Testamento. Es posible que otras religiones tengan algunos elementos buenos, pero lo que no tienen es un *Salvador*, quien es el Señor Jesucristo.

La encuesta también demuestra que setenta por ciento de todos los Cristianos creen que los de otras religiones no deben ser alcanzados para Jesucristo en forma activa. Realmente lo que este setenta por ciento está diciendo es que Jesús es *mi* camino pero no necesariamente su camino, (el yo superior, la naturaleza buda, por ejemplo)—todo es igualmente aceptable.

Entonces esta posición es solo un paso del concepto de Jesús, no como Salvador y *única* manifestación de Dios, sino solamente buen ejemplo, y una de varias manifestaciones de Dios.

Para los que todavía no rechazan un misticismo mundial que podría llegar a ser la regla, sugiero que tomen en serio las palabras del conferencista popular John Gray, practicante de la meditación transcendental y autor del "best seller" *Men are From Mars, Women Are From Venus (Los hombres son de Marte, las mujeres de Venus)*. El ha revelado que tan fácil y rápidamente la gente está aceptando el reino místico:

> Viví como monje en las montañas de Suiza durante nueve años, para poder experimentar mi conexión interior con Dios. Ahora, cuando enseño la meditación, veo a las personas progresando a paso sumamente veloz comparado con lo que yo hice. Dentro de pocas semanas, ellos empiezan a experimentar la corriente de energía fluyendo dentro de sus dedos. Noventa por ciento de las personas que aprenden a meditar en mis seminarios tiene esta experiencia en uno o dos días. Para mí, esto es sumamente emocionante.
>
> A través de la historia, esto nunca había pasado. Era inaudito tener una experiencia inmediata. Los grandes místicos y santos de nuestro pasado habían tenido que pasar años esperando una experiencia espiritual, y ahora prácticamente cualquier persona puede experimentar la corriente de energía.[35]

Algún día, puede ser muy pronto, el Señor permitirá que el hombre de pecado se manifieste. Mientras tanto, el mundo abre sus brazos para recibir una espiritualidad que existirá bajo la bandera del misticismo. El tema relacionado con esto será que todos somos Uno. Cuando el hombre de pecado suba al poder con una economía y base política mundial, seducirá a muchos a que busquen su propia *conciencia de Cristo* en vez del Mesías, el Señor Jesucristo.

Siete

ESPÍRITUS ENGAÑADORES

Una vez, oí por radio una entrevista con Richard Foster, que reveló el gran aprecio que muchos evangélicos influyentes le tienen. El anfitrión demostró su propia admiración diciendo a Foster comentarios como "Usted ha oído de Dios . . . este es un mensaje de inmenso valor", y que los escritos de Foster son "un currículo de cómo ser semejante a Cristo". Este elogio me preocupó bastante, dado el hecho que Foster había dicho en esa entrevista que el Cristianismo "no es completo sin la dimensión contemplativa".[1] Por supuesto, mi inquietud realmente era que el *currículo* de Foster resultaría en ser semejante a Thomas Merton.

Cuando pienso en el futuro, hay cosas bastante preocupantes en el horizonte. El movimiento de la oración contemplativa ya ha echado raíces profundas dentro del Cristianismo evangélico. Muchos Cristianos sinceros, devotos, y respetados han abrazado el punto de vista de Thomas Merton, que dice:

> La necesidad más grande del mundo Cristiano hoy en día es esta verdad interior, nutrida por este Espíritu de contemplación . . . Sin la contemplación y oración interior, la Iglesia no puede cumplir su misión de transformar y salvar a la humanidad.[2]

Semejante declaración debe alertar al Cristiano con discernimiento, que algo anda mal. Lo que salva a la humanidad es el Evangelio, no el silencio. Cuando Merton dice "salvar", en realidad quiere decir *iluminar*.

Recordemos que la cosmovisión espiritual de Merton es la unidad del panenteísmo.

Algunos llamarían mi libro intolerante y divisivo—especialmente las personas que comparten el punto de vista de Merton sobre el futuro. Acerca de la espiritualidad contemplativa, pastores podrían encontrar diferencias de opinión con otros pastores, o con gente de su congregación, amigos, o familiares. Sin embargo, al considerar los pros y los contras de escribir un libro como este, puedo contestar las reacciones negativas de los seguidores de mentores contemplativos. No guardo ningún rencor a los que he analizado aquí, pero estoy convencido que los temas que tocamos son de suma importancia; de modo que siento la obligación de compartir mis conclusiones sin temer reacciones negativas.

Al estudiar la evidencia con honestidad, nos damos cuenta por el peso de la evidencia, que la oración contemplativa no es una práctica de un Cristiano sabio, que tiene sana doctrina. Los errores de la espiritualidad contemplativa son sencillos y claros por las siguientes tres razones: La espiritualidad contemplativa

- No es bíblica.
- Utiliza métodos ocultistas, i.e. el uso de mantras o repeticiones vanas.
- Tiene la misma línea que las percepciones místicas orientales de Dios en todo; todo es Uno—Panenteísmo.

Estos hechos son bien documentados y comprobados, no cuestión de opiniones arbitrarias. Además, el movimiento de oración contemplativa es uniforme, indicando que está ligado a una fuente central de conocimiento. Basado en los hechos enumerados arriba, ya sabemos cuál es esa fuente.

El apóstol Pablo nos advierte sobre los espíritus engañadores en su primera carta a Timoteo:

> Pero el Espíritu dice claramente que en los postreros tiempos algunos apostatarán de la fe, escuchando a espíritus engañadores y a doctrinas de demonios. (1 Timoteo 4:1)

La palabra clave aquí es "engañadores" que quiere decir los que *desvían* o *mienten*. Es fácil entender que el engaño va a ocurrir, entonces ¿cómo podrá usted saber si es víctima de esto? Realmente no es tan difícil saber.

Las doctrinas (o instrucciones) de demonios—no importa su linda apariencia o supuesta devoción a Dios—dicen que todo tiene una Presencia Divina (todo es Uno). Se ve claramente el error, porque esto significa que Satanás y Dios también son uno (i.e. "Seré semejante al Altísimo" [dijo Lucero], Isaías 14:14). Si fuera cierto lo que Henri Nouwen proclamó, "Podremos llegar al pleno entendimiento de la unidad de todo lo que hay",3 entonces Jesucristo y Satanás también serían unidos; ¡y *esto* es algo que sólo un espíritu demoníaco enseñaría!

Una idea aún más sutil y seductora dice: Sin una técnica mística, Dios es indiferente o imposible de alcanzar. Los padres de familia pueden entender que esto es mentira. ¿Sus hijos necesitan utilizar algún método o ritual para poder conseguir su atención o ayuda? ¡Por supuesto que no! Si usted ama a sus hijos, usted los cuida y comparte con ellos porque quiere lo mejor para ellos y tiene una relación con ellos. Lo mismo es cierto en cuanto al cuidado de Dios para con los que son de El.

También tenemos que recordar que la más definitiva señal de la obra del Engañador es: que la creencia o doctrina niega que Jesucristo, siendo pleno hombre y pleno Dios, es el único camino al Padre, y pagó nuestros pecados con Su muerte en la Cruz. El apóstol Juan aclara esto en su primera carta:

> En esto conoced el Espíritu de Dios: Todo espíritu que confiesa que Jesucristo ha venido en carne, es de Dios; y todo espíritu que no confiesa que Jesucristo ha venido en carne, no es de Dios; y este es el espíritu del anticristo, el cual vosotros habéis oído que viene, y que ahora ya está en el mundo. (1 Juan 4:2–3)

Es evidente, entonces, que todo ese concepto de una *conciencia de Cristo* donde supuestamente todos tenemos divinidad, es totalmente anti-bíblico, porque niega quien es Jesucristo y lo que El vino a hacer.

La tarea principal de un pastor es guiar a las ovejas y cuidarlas. Las ovejas conocen la voz de su Maestro y por fe lo siguen (Juan 10:14–18). El Pastor no espera que las ovejas utilicen un método o técnica religiosa para acercarse a El. El ya ha proclamado que son de El. ¡Recordemos! La religión es el camino del *hombre* hacia Dios pero el Cristianismo es el camino de *Dios* hacia el hombre. La oración contemplativa es solamente otro intento de parte del hombre para llegar a Dios.

Cuando recibimos a Cristo, recibimos al Espíritu Santo—así recibimos a Dios. Los Cristianos no tienen que buscar alguna técnica para acercarse a Dios. La plenitud de Dios ya reside dentro de los que han recibido a Cristo. El proceder del Cristiano no es buscar a Dios por medio de cierto método, sino sencillamente rendir su voluntad a la voluntad de Dios.

Al entender principios como éstos, la advertencia de Pablo es clara. Ningún engaño funcionará si entendemos las artimañas del engañador.

Los creyentes en Cristo no deben guiarse por sus emociones o cierta experiencia; hay reglas básicas. Hay un modismo popular que dice, "No se puede poner a Dios en una caja". Es cierto en algunos sentidos, pero *no* lo es, si la "caja" es la Biblia. Dios no obrará fuera de lo que El ha puesto en Su mensaje a la humanidad.

La refutación del movimiento de la oración contemplativa es sencilla. El Cristiano es completo en Cristo. El argumento que la oración contemplativa puede proveer más llenura del amor de Dios, de Su guía, dirección y cuidado, deshonra al Señor Jesucristo, el Buen Pastor. Realmente, ese argumento es anti-Cristiano.

El finado Dr. Paul Bubna, Presidente de la Alianza Cristiana y Misionera, escribió en un artículo, *Purveyors of Grace or Ungrace (Proveedores de gracia o no gracia)*:

> El conocer a Cristo es un viaje de entendimiento teológico sólido. Es la luz y obra del Espíritu Santo en las tinieblas de nuestros corazones y mentes que hace nacer la maravilla del amor incondicional.[4]

El mensaje contemplativo seriamente difama esta maravillosa obra de la gracia de Dios y la obra de santificación del Espíritu Santo. El

Espíritu Santo guía a los Cristianos a toda la verdad. Los que tienen el Espíritu Santo viviendo dentro no necesitan el silencio. Una cosa es buscar un lugar quieto donde orar (que es lo que Jesús hacía), pero es cosa totalmente diferente entrar en un estado alterado de conciencia (que Jesús nunca hizo). El creyente oye la voz de Jehová por el Espíritu Santo, no por la oración contemplativa. Otra vez, Jesús reveló claramente que El es quien inicia el proceso, no el hombre:

> Si me amáis, guardad mis mandamientos. Y yo rogaré al Padre, y os dará otro Consolador, para que esté con vosotros para siempre: el Espíritu de verdad, al cual el mundo no puede recibir, porque no le ve, ni le conoce; pero vosotros le conocéis, porque mora con vosotros, y estará en vosotros. (Juan 14:15–17)

Las Escrituras nos instruyen a "probad los espíritus" (1 Juan 4:1). Vamos a probarlos, usando las enseñanzas de Richard Foster. En su libro *La celebración de disciplina*, Foster dedica una cantidad de páginas a lo que él llama la *base bíblica* de esta clase de oración. El hace referencia a muchas ocasiones en la Biblia cuando Dios habló con las personas—en otras palabras, encuentros entre el hombre y la Divinidad. Pero Foster después brinca directo a la oración contemplativa, haciendo que el lector crea que así se hacía [en las Escrituras] cuando en realidad no ha presentado para nada ninguna base bíblica para la práctica de repetir palabras sagradas. El se refiere a los místicos contemplativos para justificar sus enseñanzas, escribiendo:

> ¡Qué triste que los Cristianos contemporáneos sean tan ignorantes del vasto mar de literatura sobre la meditación Cristiana por creyentes fieles a través de los siglos! Y su testimonio de la vida gozosa de una comunión perpetua es asombrosamente uniforme.[5]

Este es el problema. Los autores contemplativos *son* "asombrosamente uniformes". Aunque profesan amor hacia Dios y Jesús, cada uno de ellos ha añadido algo que es contrario a lo que Dios dice en Su Palabra.

El místico contemplativo John R. Yungblut escribió la siguiente observación que se aplica a casi cada persona del movimiento contemplativo. El comenta:

> El corazón de la experiencia mística es la comprensión de la unidad, y el entendimiento que todo es relacionado. Para los místicos el mundo es uno.[6]

El panenteísmo es el fundamento del movimiento de la oración contemplativa; entonces, el demostrar si es válido bíblicamente o no es imperativo.

Foster cree, como se habló antes en este capítulo, que la habilidad de Dios de impactar al Cristiano no-contemplativo es limitada. Foster explica:

> Lo que pasa durante la meditación es que creamos el espacio emocional y espiritual que permite que Cristo construya un santuario interno en el corazón.[7]

Pero como dije antes, la Trinidad desde antes, tiene un santuario interno en cada Cristiano. El estar en Cristo (por el Espíritu Santo) permite que cada creyente reciba guía y dirección.

Cuando Richard Foster cita a una persona como Sue Monk Kidd como ejemplo de lo que él promueve, (como lo hace en su libro *Oración: encontrar el verdadero hogar del corazón*), es lógico que si se siguen los métodos de oración que Foster da, se llegará a imitar sus ejemplos.

La espiritualidad de Monk Kidd se observa claramente en su libro *When the Heart Waits (Cuando el corazón espera)*. Ella explica:

> Hay una semilla de verdad sepultada en el alma humana [no solo en el Cristiano] que es "sólo Dios" . . . el alma es *más que algo para ganar o salvar.* Es la sede y fuente de lo Divino interior, la imagen de Dios, el lugar más verdadero de nosotros.(Énfasis Yungen)[8]

Sue Monk Kidd, una mujer introspectiva, da una descripción detallada de su transformación espiritual en su libro *God's Joyful Surprize: Finding Yourself Loved (La sorpresa gozosa de Dios: el encontrarse amado).*

Ella comparte como sufría un vacío profundo y hambre espiritual durante muchos años a pesar de estar activa en su iglesia bautista.[9] Ella resume sus sentimientos:

> Posiblemente nos sentimos desconectados de Dios de alguna manera. El llega a ser superfluo a los asuntos del día. El vive a la periferia tanto tiempo que empezamos a pensar que ese es Su lugar. Cualquier otra opción parece poco sofisticada y fanática. [10]

Es irónico que fue una compañera de escuela dominical quien le prestó un libro escrito por Thomas Merton, diciéndole que debía leerlo. Al hacerlo, la vida de Monk Kidd cambió en forma dramática.

Lo que pasó después cambió totalmente la cosmovisión y creencias de Sue Monk Kidd. Ella comenzó el camino de la oración contemplativa con felicidad, leyendo numerosos libros y repitiendo las palabras sagradas enseñadas en sus métodos.[11] Al final llegó a la conclusión mística que:

> Estoy hablado de reconocer la verdad escondida que somos uno con todas las personas. Somos parte de ellos y ellos son parte de nosotros . . . Cuando nos encontramos con otra persona, . . . debemos andar como si estuviéramos en terreno santo. Debemos actuar como si Dios habitara allí.[12]

Se podría defender a Monk Kidd, diciendo que ella se refiere a que todos comparten una humanidad común, sea Cristiano o no, y que hay que tratar bien a toda persona. Sin embargo, esto no es su sentir; niega una distinción entre Cristiano y no Cristiano, y así anula las palabras de Cristo "es necesario nacer de nuevo", (Juan 3:7) para poder tener a Dios viviendo dentro de uno. El universalismo místico de Monk Kidd es obvio cuando ella cita a alguien que enseña que el saludo hindú "namaste", *yo honro al dios dentro de usted*, debe utilizarse por los Cristianos.[13]

Semejante a lo que hizo Merton, Monk Kidd no se involucró en una iglesia metafísica como la Unity Church o Ciencia Religiosa. ¡Ella encontró su espiritualidad dentro de los cómodos confines familiares de una iglesia bautista! Además, Monk Kidd no era una jovencita, sino una mujer ya casada, sofisticada y madura, cuando encontró su espiritualidad universal. Esto demuestra el peligro en que están millones como ella, que buscan una manera positiva para conseguir un nuevo crecimiento espiritual Cristiano. Los cristianos sin discernimiento están en alto riesgo. Lo que parece ser , a primera vista, piadoso o benigno espiritualmente, puede en realidad estar basado en principios totalmente contrarios a la fe Cristiana.

Después que salió la primera edición de *Un tiempo de apostasía*, acontecieron dos hechos nuevos. Primero, Sue Monk Kidd ha llegado a ser una autora ampliamente conocida. Escribió un libro "best seller" llamado *The Secret Life of the Bees (La vida secreta de las abejas)*, que ha vendido millones de copias. Su último libro, *The Mermaid Chair (La silla de la sirena)*, también está en la lista de libros más vendidos. En segundo lugar, y tal vez más importante, encontré evidencia aún más contundente de que mis conclusiones sobre su cosmovisión eran acertadas. Su siguiente libro sobre la espiritualidad se titula *The Dance of the Dissident Daughter (El baile de la hija disidente)*, y no puede haber mejor ejemplo de los peligros enumerados en *Un tiempo de apostasía*.

En su primer libro y el segundo, Monk Kidd escribía de una perspectiva Cristiana. Por eso el dorso de la carátula de *God´s Joyful Surprise* tenía el apoyo de *Virtue, Today's Christian Woman,* y *Moody Monthly*. Pero en su tercer libro y el cuarto, Monk Kidd hizo la transición completa a un punto de vista espiritual alineado más con Wicca que con el Cristianismo. Actualmente ella adora a la Diosa Sofía en lugar de Jesucristo:

> También necesitamos que la consciencia de la Diosa revele la santidad de la tierra . . . La materia se inspira; respira divinidad. La tierra es viva y sagrada . . . Diosa nos ofrece la santidad de todo.[14]

Hay una parte del libro *The Dance of the Dissident Daughter* que para mí sobresale y habla directamente al corazón de este asunto. Quiero que mis lectores entiendan lo que ella transmite en el siguiente comentario. Después de leerlo, nadie puede desconocer o descontar los poderes que están operando detrás de la oración contemplativa:

> El pastor estaba predicando. Estaba alzando una Biblia. Estaba abierta, puesta encima de la mano abierta como si un pájaro negro se posara allí. El decía que la Biblia es la única y última autoridad de la vida del Cristiano. La *única* y *última* autoridad.
>
> Recuerdo que un sentimiento subió [en mí] de un lugar como dos pulgadas debajo del ombligo. Era un sentimiento apasionado, determinado, que se extendió desde mi centro como una corriente hasta hacer vibrar mi piel. Si sentimientos pudieran traducirse al inglés, este sentir se habría expresado en la palabra *¡no!*
>
> Era el conocimiento interior más puro que había experimentado, y estaba gritando dentro de mí *¡no, no, no!* La última autoridad de mi vida no es la Biblia; no se confine entre las tapas de un libro. No es algo escrito por hombres y congelado en el tiempo. No es de una fuente fuera de mí. *¡Mi última autoridad es la voz divina de mi propia alma!* Punto.[15]

Si Foster usa esta clase de místicos como modelos de la oración contemplativa, sin advertir desacuerdo sobre sus creencias universalistas (como las de Sue Monk Kidd), entonces es válido preguntar si él mismo también está de acuerdo con estas creencias. En la conferencia de Foster a la cual asistí, un colega suyo aseguró a la audiencia que al entrar en ese estado alterado de conciencia, podrían "hasta oler el evangelio". ¡Basado en las investigaciones de este movimiento, lo que se puede oler no es el Evangelio, sino el Ganges![16]

Merton o el Espíritu Santo

Dos autores de la Gran Bretaña escribieron una descripción sumamente clara sobre la espiritualidad Nueva Era. Ellos explicaron:

> La clave de ella parece ser un movimiento para la síntesis derivada del entendimiento de la unidad fundamental detrás de todas las cosas y el sentido de unidad que esto trae.

Esta unidad de toda la vida es el meollo del movimiento de la Nueva Era.*17*

M. Basil Pennington explicó la cosmovisión de la espiritualidad contemplativa en su libro *Thomas Merton My Brother (Thomas Merton mi hermano)*. Compartió:

> El Espíritu le iluminó [Merton] sobre la verdadera síntesis [unidad] de todo y sobre la armonía de ese gigantesco coro de seres vivientes. En medio de ello vivió una visión de un nuevo mundo, donde todas las divisiones desaparecen y la bondad divina se percibe y se goza como presente dentro de todo y a través de todo.*18*

El primer punto de vista describe a Dios como la unidad de toda la existencia. En el nuevo mundo de Merton, Dios se percibe como presente "dentro de todo y a través de todo". Realmente parece que es el mismo espíritu que iluminó a estos autores. La única diferencia era que la revelación de Merton funcionaba en un contexto Cristiano tal como predijo Alice Bailey. Desafortunadamente este sentir es común entre los Católicos, entre muchos de las iglesias Protestantes liberales; y ahora se explora y se abraza de parte de un número creciente de Cristianos evangélicos.

Líderes evangélicos ahora debaten si las verdades espirituales sobre el descansar y esperar en Dios corresponderían al silencio contemplativo. Basado sobre los documentos que he presentado aquí, no creo que la oración contemplativa tenga ningún lugar en el verdadero Cristianismo. Las Escrituras claramente enseñan que la experiencia de salvación trae también la guía del Señor por el Espíritu Santo. Lewis Sperry Chafer, en su excelente libro *Grace: The Glorious Theme (La gracia: el tema glorioso)*, explica esta verdad con cristalina claridad:

> Está escrito en Romanos 5:5 "el Espíritu Santo que nos fue dado". Esto es verdad en cuanto a toda persona salva. El Espíritu es el derecho de nacimiento de la vida nueva. Sólo por El pueden el carácter y el servicio de la vida normal de cada día del Cristiano realizarse. El Espíritu es "El Todo-

Suficiente". Cada victoria en la nueva vida se cumple por Su fortaleza, y cada galardón en la gloria se ganará solo como resultado de la operación de Su poder.[19]

Muéstreme un solo versículo en la Biblia donde el Espíritu Santo se activa o se consigue por la oración contemplativa. Si tal versículo fuera a existir, ¿no sería clave para los defensores de la oración contemplativa?

¡Pero no existe ninguno!

Quiero enfatizar en este capítulo lo que creo que quitaría todo lo atractivo emocional de maestros como Foster y Manning para sus seguidores.

En su libro *Streams of Living Water (Fuentes de agua viva)*, Richard Foster explica su esperada visión de una "comunidad que incluya todo", que cree que Dios está formando actualmente. El lo ve como "un grande y nuevo recogimiento del pueblo de Dios".[20] A primera vista, esto puede sonar noble y consagrado, pero un estudio más profundo dejará al descubierto que sus elementos están más en línea con la visión de Alice Bailey que la de Jesucristo. Foster profetiza:

> Veo un monje católico de los collados de Kentucky parado al lado de un evangelista bautista de las calles de Los Ángeles y juntamente ofrecen un sacrificio de alabanza. Yo veo un pueblo.[21]

El único lugar en "los collados de Kentucky" donde monjes católicos viven es en la Abadía Getsemaní, un monasterio trapista. Este lugar también, por coincidencia, era la sede de Thomas Merton.

Quiero explicar el significado de esta conexión. En el verano de 1996, monjes católicos y budistas se reunieron en un dialogo que fue llamado "el encuentro de Getsemaní".[22] David Steindl-Rast, monje de fondo zen-budista y amigo íntimo de Thomas Merton, facilitó este evento.

Durante el encuentro, se ofrecieron presentaciones de meditación zen y prácticas de la tradición terávedan budista.[23] Uno de los conferencistas habló de la "correlación de la vida Cristiana contemplativa con las vidas de nuestros hermanos y hermanas budistas".[24]

Para que estos monjes y un evangelista bautista sean "un solo pueblo" en las palabras de Richard Foster, alguien tiene que cambiar. Los monjes tienen que abandonar sus convicciones budistas y alinearse con los Bautistas, o los Bautistas tienen que adoptar lo contemplativo y abrazar las creencias de los monjes. Este es el gran dilema del "gran recogimiento" de Foster.

David Steindl-Rast una vez preguntó a Thomas Merton qué rol jugó el budismo en su profundización en la vida espiritual. Merton contestó con franqueza: "Creo que no podría entender la enseñanza Cristiana como lo hago si no fuera por la luz del budismo".[25]

¿Quería decir Merton que para entender realmente el Cristianismo, habría que tener un cambio de conciencia? Yo creo que esto es exactamente su sentir. Cuando él lo experimentó a través de la oración contemplativa, el budismo le dio la explicación de lo que él sintió. Pero otra vez, el catalizador era *el cambio en su conciencia*. Es de esto que advierto a los Cristianos. La oración contemplativa presenta una manera de llegar a Dios idéntica a todas las tradiciones místicas mundiales. Los Cristianos ciegamente están atraídos a esto por su énfasis sobre el buscar el Reino de Dios y más piedad; pero el apóstol Pablo describió la apostasía de la iglesia en los últimos días en un contexto de un engaño *místico*. Para mí no puede haber algo que más claramente se encaja con su descripción que esta práctica.

No hay necesidad de cambiar la conciencia para poder "agarrar" a Dios. Lo único que se necesita es nacer de nuevo. Lo que Steindl-Rast y los otros monjes de Getsemaní deben haber dicho a los budistas era: "He aquí el Cordero de Dios, que quita el pecado del mundo" (Juan 1:29).

En su libro *Ruthless Trust (Confianza persistente)*, Brennan Manning menciona que Sue Monk Kidd eventualmente tenía como mentor a la Dra. Beatrice Bruteau, autora del libro *What We Can Learn From the East (Lo que podemos aprender del oriente)*. Como el título no necesita explicación, es fácil entender porque la Dra. Bruteau escribiera la introducción a un libro como *The Mystic Heart (El corazón místico)* por Wayne Teasdale. En el prefacio, ella proclama que una espiritualidad universal basada sobre el misticismo va a salvar al mundo.

Parece que toda esta gente quiere un mundo mejor. Ellos no tienen una apariencia siniestra como los conspiradores de una película de James Bond. Realmente es su *sentir de ser amigable* que rechaza la realidad de una separación fundamental entre el Hombre y Dios. Su sentido de compasión alimenta su universalismo. Es su idealismo lo que hace que Manning sea tan atractivo y le cause decir que la Dra. Bruteau es "una guía confiable para conseguir la conciencia contemplativa". [26]

Es irónico que Merton diga la verdad en su declaración—la Dra. Bruteau *es* una guía confiable para la conciencia contemplativa. Ella ha fundado dos organizaciones, la Schola Contemplationis (escuela de contemplación) y Fellowship of the Holy Trinity (Confraternidad de la Santa Trinidad), nombre que tiene apariencia Cristiana. En este último, ella se anuncia como "una renombrada autora y conferencista sobre la vida contemplativa y la oración".[27] Ambas organizaciones presentan una espiritualidad basada en prácticas hindúes y budistas. Esto no es sorprendente al considerar que Bruteau ha estudiado con el orden Ramakrishna, que toma su nombre del famoso swami hindú Sri Ramakrishna.

El orden Ramakrishna se dedica a promover la visión de Sri Ramakrishna. Se conoce por su cosmovisión, que decía que todas las religiones del mundo eran revelaciones válidas de Dios si se entendieran al nivel místico. Era promotor temprano de la inter-espiritualidad. Según el libro *Wounded Prophet (Profeta herido)*, aún Henri Nouwen lo veía favorablemente y lo apreció como figura importante espiritual.

Sue Monk Kidd se enamoró de la espiritualidad contemplativa y a la vez era miembro de una iglesia Bautista del Sur. Sería posible restar importancia a este hecho, diciendo que ella era solamente una persona laica sin doctrina y falta de discernimiento. Tal vez su debilidad espiritual se debía a no estar firmemente establecida en la fe. ¿Pero qué de los líderes y pastores que se consideran ejemplos y guías para los demás de la iglesia? Seguramente deben poder discernir lo que es falso espiritualmente. ¿Es posible asumir esto? No, desafortunadamente hoy en día no es así.

Ocho

"EL PASTOR DE LOS ESTADOS UNIDOS"

En otoño del 2002, a la vez que la primera edición de *Un tiempo de apostasía* fue publicada (en inglés), otro libro también salió al público. Este último saltó a fama de la noche a la mañana, y en poco tiempo *The Purpose Driven Life (Una vida con propósito)* había llegado a ser título conocido en casi todo hogar [de los Estados Unidos].

Rick Warren capturó el corazón y alma de millones de Americanos (mayormente entre los evangélicos) como ningún otro había hecho antes. Sus libros se toman como el mapa para la vida Cristiana, no solo de parte de millones de personas, sino de decenas de millones en todo el mundo. De hecho, *Una vida con propósito* ha vendido casi treinta millones de copias, y este número sigue en aumento. Significa que casi cada hogar Cristiano en Estados Unidos tiene por lo menos una copia del libro.

Una pregunta que tal vez se hace en este momento es "¿Por qué usted incluye a Rick Warren en su libro sobre la inter-espiritualidad Nueva Era y los peligros de la oración contemplativa? ¿Está diciendo que Rick Warren también tiene elementos de ello? ¿Puede ser así, siendo él "el pastor de los Estados Unidos"? ¿Si eso fuera cierto, no lo denunciarían los líderes Cristianos?

Al contrario, algunos de los líderes en quienes yo había confiado desde hacía muchos años han apoyado plenamente las enseñanzas de Warren sobre una vida con propósito. El finado pastor Adrian Rogers es un ejemplo. Rogers se refirió al primer libro de Warren, *The Purpose Driven Church (La iglesia con propósito)* con términos entusiastas. El dijo, "Este libro debe estar en la lista de libros que todo pastor tiene que leer".[1]

Adrián Rogers no está solo. De hecho, parece que la mayoría de los líderes Cristianos apoyan a Warren, y son muy pocos los que no lo hacen. Y este apoyo proviene de parte de casi toda denominación y grupo religioso. Desde los Bautistas del Sur (denominación de Warren) hasta los Pentecostales y Luteranos y Judíos y Católicos, incontables líderes y pastores han dado su apoyo incondicional a Warren y a su programa con propósito.

Con este libro, he buscado hacer una explicación concisa y bien documentada de la oración contemplativa—su historia, sus principios y sus técnicas. También he ilustrado con lujo de ejemplos qué tan extendida es la práctica de la oración contemplativa. Si en realidad Rick Warren promueve la oración contemplativa, como creo que hace, garantizará que la oración contemplativa se promueva en una escala enorme. A través de Rick Warren, la visión de Richard Foster podría entrar dentro del Cristianismo evangélico en toda América del Norte y por todo el mundo. Con la enorme popularidad y apoyo sin precedentes que Warren ha ganado, podríamos encontrarnos lanzados hacia una crisis en la iglesia que podría causar la apostasía advertida por el apóstol Pablo.

La oración contemplativa—"un tema caliente"

Rick Warren cree que su "paradigma Con Propósito" es un elemento esencial y el latido de corazón de la iglesia. De ello, dice:

> Los computadores personales tienen marcas comerciales. Pero dentro de cada uno hay un chip Intel y un sistema operativo, Windows... El paradigma Con Propósito es el chip Intel para la iglesia del siglo 21 y el sistema Windows para la iglesia del siglo 21.[2]

Warren también cree que el proyecto Con Propósito ha ayudado a poner al Cristianismo evangélico en un camino que llevará a una segunda "reforma" y un gran *despertar espiritual*.

> Yo creo que estamos posiblemente al borde de una nueva reforma en el Cristianismo y otro Gran Despertar en

nuestra nación . . . Las señales están por todos lados, inclusive en la popularidad de este libro.³

En una entrevista, Warren declaró:

> Estoy esperando una segunda reforma. La primera reforma de la iglesia hace 500 años centraba en creencias. Ésta va a centrarse en el comportamiento. La primera era sobre credos. Ésta va a ser sobre hechos. No va a ser sobre lo que la iglesia cree sino sobre lo que la iglesia hace.⁴

Muchos seguidores del movimiento Con Propósito ven mucha esperanza en su mensaje. Con el propuesto *Plan de paz global P.E.A.C.E.* de Warren, esa esperanza se extiende mucho más allá de los bordes del Cristianismo; ¡y Warren es visto como alguien que puede resolver los dilemas mayores que el mundo enfrenta! Pero el peligro es que esta agenda puede servir de plataforma para promover una espiritualidad global que compromete al Evangelio.

En febrero 2003, mi casa de publicación envió una copia de *Un tiempo de apostasía* a Rick Warren, con la esperanza de alertarle sobre los peligros de la espiritualidad contemplativa. En ese entonces, no sabíamos nada de qué tan profundamente él ya había entrado en este campo. Realmente teníamos la esperanza de poderle advertir sobre lo que yo veía invadiendo la iglesia. Unas semanas después de haberle enviado el libro, él envió una tarjeta, que decía:

> Solo una nota para agradecerles la copia de *Un tiempo de apostasía* por Ray Yungen. Definitivamente será algo útil para mi biblioteca personal y recurso en mis estudios. Estoy de acuerdo que es un tema caliente. Atentamente, Rick Warren

Aunque sus palabras eran vagas, su nota parecía indicar que había reconocido la espiritualidad contemplativa como tema relevante para los Cristianos de hoy en día. La incógnita para mí, entonces, era, ¿en cuál lado del asunto se encontraba él?

Como he mostrado cuidadosamente en este libro, la espiritualidad contemplativa es un sistema de creencias que hace puente a la interespiritualidad, y por consiguiente niega el mensaje de la Cruz de Cristo. Sabemos por las Escrituras que no podemos servir a ambos, a Dios y al hombre. ¿Está Rick Warren a favor de la oración contemplativa o en contra? No puede estar en ambos lados del asunto.

Empezamos a encontrar la respuesta a esta pregunta mirando al primer libro de Warren, *La iglesia con propósito*. En este libro Warren alaba varios movimientos pro-iglesia que él cree que Dios ha "levantado" para remediar un "propósito descuidado" en el Cristianismo. Entre estos movimientos, él incluye el *movimiento de la formación espiritual*, que promueve la oración contemplativa a través de "disciplinas espirituales". Warren nombra a Richard Foster y Dallas Willard como líderes de esto.[5]

Creo que puedo documentar que Warren realmente abraza el movimiento de formación espiritual. El escribe que este movimiento tiene un "mensaje válido para la iglesia"[6] y ha "dado al cuerpo de Cristo un llamado a despertarse".[7] Esto significa que Warren, el líder de esta "Nueva Reforma", ha optado por el lado de la oración contemplativa (i.e. la formación espiritual). Para documentar si esto es cierto, es necesario examinar a Warren y su ministerio. Al hacerlo, es posible que el lector también llegue a la misma conclusión que yo—que el paradigma Con Propósito puede, en realidad, facilitar un descenso a una apostasía espiritual en vez de hacer camino a una nueva reforma y un despertar espiritual en Dios.

Con propósito: Místicos, monjes y oraciones de aliento

La gran mayoría de las personas que leen los libros de Warren piensa que su forma de tratar el Cristianismo es bien articulada y refrescante. Además, ellos ven algunas de sus declaraciones, como la que sigue, como prueba contundente que es fiel defensor de la fe:

> Cada ser humano fue creado por Dios pero no toda persona es hijo de Dios. La única manera de entrar en la familia de Dios es nacer de nuevo en ella. Pero hay una

condición: la fe en Jesús. La Biblia dice, "Ustedes son hijos de Dios por fe en Cristo Jesús."[8]

Sin embargo, hay un creciente número de Cristianos que ven a Warren en una luz muy diferente: como alguien que ha vendido el Cristianismo a métodos de alta tecnología y un evangelio aguado—uno que resta importancia al pecado y el arrepentimiento, y que promueve en su lugar una presentación sensual de adoración y programas de consejería basados en la psicología secular. Aunque es cierto que estos temas pueden ser discutidos y debatidos, el enfoque de mi libro no es esto.

Probablemente muchos admiradores de Warren pueden pensar que mi evaluación del *Pastor de Estados Unidos* es equivocada, y que yo y otros escépticos demostramos una actitud equivocada que pretende saber más y tener más discernimiento que las multitudes de pastores que apoyan a Warren. Otros pueden sentir que hago daño a la imagen del Cristianismo. ¿Qué puedo decir a estas críticas? Sencillamente, contesto que mi objetivo no es atacar a individuos como Rick Warren, sino revelar los trasfondos de ciertas prácticas y sus sistemas de creencias que son nocivos para creyentes en Cristo. ¿Causa controversia esto? ¡Sí! Pero es una controversia que es muy vital para el bienestar espiritual de millones de personas.

Quiero que veamos una sección de *Una vida con propósito* que corresponde al Día 11: "Dios quiere ser tu mejor amigo". En esta sección, Warren empieza diciendo a los lectores que más que cualquier otra cosa, Dios quiere ser nuestro amigo, y que "Dios nos creó para vivir continuamente en su presencia",[9] y que "ahora podemos llegar a Dios en cualquier momento".[10] Pero él añade que hay "secretos"[11] para poder tener una amistad con Dios. Uno de estos secretos es una forma de espiritualidad contemplativa llamada la "oración de aliento".[12] El dice que una relación con Dios nunca ocurrirá solo por asistir a la iglesia y tener un tiempo devocional cada día. El entonces ofrece un ejemplo de alguien que aprendió este *secreto* y tuvo una relación íntima con Dios. Esta persona era el monje carmelito llamado el hermano Lawrence.

El hecho que hermano Lawrence era del orden carmelito quiere decir que sus prácticas tenían una profunda influencia de Teresa de Ávila, que había reformado ese orden en el siglo anterior . En un libro titulado *Christian Mystics (Místicos Cristianos)*, la profesora Úrsula King hace la sorprendente revelación que:

> Dado su [Teresa de Ávila] trasfondo parcialmente judía, su pensamiento también fue afectado por el misticismo judío kabbalístico, elementos del cual pueden detectarse en sus escritos.[13]

El hermano Lawrence es citado mucho por autores contemplativos por su hábito de hacer lo que él llamaba "practicar la presencia de Dios".[14] ¿Pero cómo era la naturaleza de esta presencia? ¿Era algo que podría reflejar el verdadero carácter de Dios? Encuentro muy preocupante la siguiente descripción de un defensor leal del hermano Lawrence:

> Se dice del Hermano Lawrence que cuando algo desviaba su mente de la presencia del amor, recibía un "recordatorio de Dios" que tanto movía su alma que "gritaba, cantando y bailando violentamente como un hombre loco". Usted notará que los recordatorios venían de Dios y no de su propia acción.[15]

El hermano Lawrence dice que las conversaciones secretas con Dios tienen que "repetirse a menudo durante el día",[16] y "para la práctica correcta de esto, el corazón tiene que ser vaciado de toda otra cosa".[17] El habla del problema de pensamientos distraídos, y que para disolver las distracciones, el hábito de practicar la presencia de Dios es el "único remedio"[18] y "el método mejor y más fácil"[19] que él conoce.

Rick Warren no solo presenta favorablemente a este monje a sus lectores, sino que también dice que sus ideas serán "de ayuda"[20]; además, ha puesto entre los comentarios del hermano Lawrence una versión inusual de Efesios 4:6 (*New Century Version*) referente a Dios, que dice *"El reina sobre todo y está en todas partes y dentro de todo."*[21] Warren no rectifica lo engañoso de esta traducción ni tampoco advierte al lector que Pablo aquí está hablando de la Iglesia unida a Cristo en forma única, por una sola fe, y bajo un solo Dios. Esto se ve claramente por el versículo anterior a lo de arriba:

> un cuerpo, y un Espíritu . . . un Señor, una fe, un bautismo, y un Dios y Padre de todos, (Efesios 4:4–6ª)

Para aclarar que Pablo no está hablando en términos de una religión donde Dios esté en toda persona, en esta epístola Pablo había puesto previamente una explicación bien concisa de lo que es realmente el Evangelio:

> Porque por gracia sois salvos por medio de la fe; y esto no de vosotros, pues es don de Dios; no por obras, para que nadie se gloríe . . . Pero ahora en Cristo Jesús, vosotros que en otro tiempo estabais lejos, habéis sido hechos cercanos por la sangre de Cristo. (Efesios 2:8,9,13)

Como Warren no presenta ninguna explicación del versículo que él cita, da la idea que Dios está dentro de toda la creación, incluyendo a todas las personas. Muchos lectores de *Una vida con propósito* pueden pensar que eso significa que Dios está en todo. Warren Smith, seguidor de la Nueva Era antes [de su conversión], dice, en su libro *Deceived on Purpose: The New Age Implications of the Purpose Driven Church (Engañado a propósito: las implicaciones Nueva Era de la iglesia con propósito)*, expone:

> La insinuación de Rick Warren . . . que Dios está "dentro" de cada persona es el corazón de toda enseñanza de la Nueva Era. La Biblia no enseña esto. La versión *New Century Version* que Rick Warren cita es una peligrosa traducción errónea de Efesios 4:6 . . . Los maestros Nueva Era, con su Nueva Espiritualidad, están buscando cooptar este versículo para aplicarlo a toda la raza humana. [22]

El Instituto Shalem, fundado por Tilden Edwards y ubicado en Washington, D.C., ve al hermano Lawrence como alguien cuya contemplación incluye la creencia que Dios está en todo:

> La contemplación Cristiana quiere decir encontrar a Dios en todas las cosas y todas las cosas en Dios. El hermano

Lawrence, el fraile carmelito del siglo17, lo llamó "la mirada amorosa que encuentra a Dios en todo lugar".[23]

Rick Warren ha llevado a un paso más adelante el consejo del hermano Lawrence de repetir "pequeñas adoraciones internas" durante todo el día, y dice a sus lectores que el "practicar la presencia de Dios" puede lograrse por medio de *oraciones de aliento*. Warren dice:

> La Biblia nos dice que debemos orar todo el tiempo. ¿Cómo es posible hacer eso? Una manera es usar "oraciones de aliento" durante todo el día, como lo han venido haciendo muchos desde hace siglos. Puedes elegir una afirmación o *frase sencilla* para repetírsela a Jesús en un aliento.[24] (Énfasis Yungen)

A continuación Warren anima a los lectores a utilizar recordativos visuales durante todo el día, y nombra a otros que practican oraciones de aliento—monjes benedictinos, conocidos por su espiritualidad contemplativa e inter-espiritualidad. Según Warren, para esta oración de aliento que los monjes practicaban (*que deben practicarse por nosotros ahora*) se elige una "frase sencilla" como "Tú estás conmigo", "acepto tu gracia" o "cuento contigo" y "óralas *tan seguido como sea posible*".[25] (Énfasis Yungen)

La autora británica sobre metafísica, Carolyn Reynolds, en su libro *Spiritual Fitness (Bienestar espiritual)*, define la meditación como "sonidos o frases repetidos".[26] Esto es exactamente lo que Warren promueve. El asegura a sus lectores que "practicar la presencia de Dios es una destreza, un hábito que usted puede desarrollar".[27] La palabra clave aquí es "destreza", que refleja la influencia de Richard Foster, que piensa que los Cristianos necesitan recibir una *capacitación* para poder interactuar con Dios de manera profunda. Pero la naturaleza de este método delata lo peligroso del pensamiento contemplativo.

En el libro de Foster, *Prayer: Finding the Heart's True Home (Oración: Encontrando el verdadero hogar del corazón)*, él anima a los lectores a "atar la mente" con "oraciones de aliento",[28] citando Teofane (*el Recluso*) y señala al hermano Lawrence como practicante de esta clase de oración. A lo mejor, puede ser que Warren tomó la idea de allí.

Creo que hay que preguntar ¿Es la oración de aliento una práctica válida? En el libro de Sonia Choquette sobre el desarrollo psíquico, *Your Heart's Desire (El deseo de tu corazón)*, ella dice, "Todos nosotros necesitamos tomar tiempo para ensanchar nuestro horizonte mental, para poder oír la guía interior".[29] La manera que ella sugiere para conseguir esto es el mismo principio de la oración de aliento. Se repite "Estoy tranquilo" vez tras vez.

Cuando se repite una palabra o frase muchas veces, después de unas pocas repeticiones, estas palabras pierden su sentido y llegan a ser meros sonidos. ¿Alguna vez usted ha repetido la misma palabra muchas veces? Después de solo tres o cuatro repeticiones, la palabra suele perder su sentido; y si esta repetición es continuada, los procesos normales del pensamiento pueden bloquearse, haciendo posible la entrada en un estado alterado de conciencia, porque hay un efecto hipnótico. No importa si las palabras repetidas son "Tú eres mi Dios" o "Estoy tranquilo", los resultados son idénticos. Entonces, si usted usa el método de Warren o el método ocultista, el uso de mantra le llevará a la misma conclusión.

Lo que Warren enseña se deriva de *The Cloud of Unknowing (La nube del no saber)*, un libro antiguo sobre la oración contemplativa, escrito por un monje anónimo. El sacerdote contemplativo Ken Kaisch enseña a sus estudiantes este método de oración encontrado en los escritos del hermano Lawrence y describe lo que significa el término "presencia":

> Usted gradualmente podrá sintonizar la presencia de Dios . . . tendrá un sentido de energía lenta, vibrante, profunda, a su alrededor . . . Déjese fluir con esta energía, es la Presencia de nuestro Señor . . . Al seguir dentro de la Presencia, la intensidad crecerá. Es sumamente agradable experimentar.[30]

Warren no solo promueve oraciones de aliento el Día 11 de *Una vida con propósito*, sino también en el Día 38, donde él enseña a los lectores cómo llegar a ser "Cristianos de clase mundial" por medio de la "práctica de . . . oraciones de aliento".[31] Además de éstas, Warren tiene cuatro referencias a las oraciones de aliento en el website pastors.com, que alcanza a miles de pastores por todo el mundo. También en el website principal de la vida con propósito, Warren promueve esta práctica en un artículo titulado "La vida con propósito: Adoración que agrada a Dios".[32]

Evidencia que no puede pasarse por alto

Los escépticos pueden en este punto responder "Bueno, aunque Rick Warren promueve oraciones de aliento, esto no quiere decir que aboga por el pensamiento contemplativo". Si aceptáramos que su práctica de la oración de aliento no fuera evidencia suficiente para declarar que apoya lo contemplativo, ¿existe alguna prueba adicional que demuestra la afinidad de Warren para la espiritualidad contemplativa? En realidad, *sí, hay,* bastantes evidencias más para comprobar este punto.

Por medio de su website para pastores, Rick Warren puede comunicarse con más de 150.000 pastores y líderes de iglesias en todo el mundo. Al ver este website más de cerca y también al observar su boletín internet semanal para pastores, no es difícil demostrar que Warren promueve las enseñanzas de Richard Foster, Brennan Manning, Henri Nouwen, y Thomas Merton. Estos y otros autores contemplativos reciben alabanzas y repetidas referencias.

Aunque la mayor parte de mis ejemplos son directamente de Rick Warren, aquí vemos uno tomado de un artículo escrito por el pastor de madurez espiritual de la iglesia de Saddleback, Lance Witt. En su artículo (citado en el website de Warren), llamado "Enjoying God's Presence in Solitude" ("Gozando de la presencia de Dios en la soledad"), Witt dice, "Fuimos creados con una necesidad de soledad", y añade:

> Su vida está llena de presiones, distracciones y un ritmo agitado. Según Thomas Merton, la reflexión e imaginación (la soledad) remueven estos invasores de su vida. Por medio de la soledad, ahora hay espacio en su alma para encontrar a Dios y hacer que El pueda hacer en usted la obra que anhela.[33]

Witt dice que "la soledad crea capacidad para Dios", y que "la meta de la soledad no es tanto desconectarme de mi vida loca sino cambiar de frecuencias". Witt después cita a Richard Foster como alguien que sabe *cambiar de frecuencias*:

> La soledad no nos da el poder de ganar en el ajetreo de la vida, sino que lo deja totalmente de lado.[34]

En el mismo website, Rick Warren se refiere en forma favorable a un libro titulado *Sacred Pathways (Sendas sagradas)* por su "amigo" Gary Thomas. Del libro Warren comenta:

> Gary ha compartido en Saddleback, y tengo un alto aprecio por su obra... él [dice a sus lectores] como pueden aprovechar al máximo sus viajes espirituales. El enfatiza bastante los ejercicios espirituales prácticos.[35]

¿Cuáles son estos "ejercicios espirituales prácticos" que Warren menciona del libro de Thomas? En *Sacred Pathways* Thomas da una lista de cómo la gente puede acercarse a Dios, utilizando la oración contemplativa. En una sección llamada "Oración centrada" él explica:

> Es especialmente difícil describir por escrito esta clase de oración, porque se enseña mejor en persona. En general, sin embargo, la oración centrada funciona así: Escoja una palabra (por ejemplo *Jesús* o *Padre*) como el enfoque de la oración contemplativa. Repita en silencio la palabra en su mente durante un tiempo determinado (como veinte minutos) hasta que su corazón parece repetir la palabra por si solo, tan natural e involuntariamente como la respiración.[36]

¿Esto suena familiar? No hay ninguna diferencia entre esto y la meditación oriental o la experiencia enseñada por Thomas Merton. En esencia, *Sacred Pathways* es un manual para la meditación estilo mantra; sin embargo, Warren cree que podemos encontrar maneras para "acercarnos a Dios" por este libro.[37] ¿Cuántos miles de pastores que leen los boletines de Warren pueden ver su entusiasta fomentación de

Sacred Pathways (Sendas sagradas) y decidir comprarse una copia? Si lo hacen, encontrarán que Thomas tiene una afinidad para los escritos de Annie Dillard, quien también promueve la espiritualidad contemplativa.

El apoyo de Warren de personas contemplativas no se limita a solamente hermano Lawrence, Thomas Merton, Richard Foster, Brennan Manning, y Gary Thomas. Su boletín semanal por internet para pastores del 3 septiembre 2003, en la sección "Vista a libros", puso el libro de Tricia Rhodes, *The Soul at Rest: A Journey into Contemplative Prayer (El alma descansada: Un viaje a la oración contemplativa)*, y dijo:

> Este libro es un compañero del tiempo devocional para los que tienen hambre de *una relación más íntima con Dios*. Ofrece un vistazo fresco a los aspectos poco entendidos de la oración y presenta un viaje paso a paso para aprender la oración contemplativa. (Énfasis Yungen)[38]

Unos meses después de esta promoción en su website, Warren mencionó a Rhodes de nuevo en su boletín semanal para pastores, llamándole "una de nuestras autoras favoritas sobre la oración contemplativa".[39]

Esta "autora favorita" de Rick Warren describe un ejercicio de respiración profunda donde el practicante exhala lo malo y inhala lo bueno; y es otro ejemplo de los métodos de mantra usados por los místicos de muchas religiones del mundo. Escuchemos las instrucciones de Rhodes de cómo prepararse para el tiempo de oración:

> Respire profundamente varias veces, y concentre en relajar al cuerpo. Establezca un patrón lento, rítmico. Inhale la paz de Dios, y exhale su estrés, sus distracciones, y temores. Inhale el amor, perdón, y compasión de Dios, y exhale sus pecados, fallas, y frustraciones. Haga todo esfuerzo para "detener el fluir de palabras hablando dentro de usted— retrasándolo hasta que se pare".[40]

Nunca recuerdo haber leído en las Escrituras que yo podría recibir el amor de Dios por medio de respirarlo físicamente ni quitar mis pecados exhalándolos. Es interesante que Rhodes también cite a Morton

Kelsey en este pasaje. Recordamos que Morton Kelsey, mencionado en el capítulo tres, dijo:

> Usted puede encontrar la mayor parte de las prácticas de la Nueva Era en el fondo del Cristianismo . . . Yo creo que el Santo Ser vive en cada alma.[41]

Rhodes demuestra su afinidad para la oración contemplativa cuando dice:

> La Oración Contemplativa penetra nuestro corazón más íntimo, tocando los rincones más profundos de nuestra alma interior. No deja ninguna piedra sin voltear, ninguna oscuridad sin iluminación . . . Es maravilloso y doloroso, y a través de ello, El nos cambia a Su semejanza.[42]

Rhodes anima a los lectores a utilizar la *oración de Jesús*, donde se enfoca el nombre de Jesús y lo repite.* Ella también expresa lo que muchos otros contemplativos dicen sobre su descontento con la fe sencilla y su desilusión con el poder de la Palabra de Dios: "Leer, estudiar, o memorizar la Palabra de Dios sólo nos llevará a cierto punto en nuestra búsqueda de crecimiento espiritual".[43] Este es mi punto—que los contemplativos enseñan que la fe en Cristo y la dependencia de Su Palabra es insuficiente—necesitamos experimentar un trance místico también.

El website pastors.com está saturado con referencias de, y comentarios alabando a, importantes personas contemplativas. En dos ocasiones diferentes Warren en su website menciona un libro recomendado por su esposa:

> Mi esposa, Kay, recomienda este libro: "Es un libro corto pero toca lo que ocupa el corazón del pastor. Menciona las luchas comunes de los que están en el ministerio: la

---

*Técnicamente, la Oración de Jesús es: *Jesucristo, Hijo de Dios, ten misericordia de mí, pecador,* pero muchas veces se abrevia a la sola palabra *Jesús.*

tentación de ser relevante, espectacular, y poderoso. *¡Yo subrayé casi cada palabra!*" (Énfasis Yungen)[44]

El libro recomendado por Kay Warren es *In the Name of Jesus (En el nombre de Jesús)* por Henri Nouwen. Nouwen dedica todo un capítulo de ese libro a la oración contemplativa, diciendo:

> A través de la disciplina de la oración contemplativa, líderes Cristianos tienen que aprender a oír la voz del amor . . . Para que el liderazgo Cristiano sea realmente fructífero en el futuro, se requiere un movimiento desde lo moral a lo místico.[45]

La persona que conoce algo del trasfondo de Warren no estará sorprendida que ellos [él y su esposa] apoyaran a Nouwen. Rick Warren es licenciado del instituto Robert H. Schuller Institute for Successful Church Leadership. El mismo Schuller enfatizó el impacto que Nouwen tenía en su escuela:

> Todos nuestros estudiantes tienen que ver y escuchar a Henri Nouwen. Constantemente interrumpo y detengo el video, animándoles a observar cómo él utiliza las manos, cómo hace brillar sus ojos, y cómo él conecta con la mirada de los oyentes, también las palabras que él usa—todo es positivo, nada hay negativo.[46]

Los Warren aceptaron la palabra de Schuller en cuanto a Henri Nouwen. Esto no es sorprendente, en vista del impacto que Schuller aparentemente tuvo en los Warren según *Christianity Today*. Un artículo citó las palabras de Kay Warren, donde dice "El [Schuller] influyó a Rick en forma muy profunda".[47]

Rick Warren y la iglesia emergente

El movimiento de la iglesia emergente, que trataré más a fondo en el próximo capítulo, ha ganado el apoyo de muchos líderes Cristianos. Rick Warren es uno de los que sustancialmente ayudó a lanzar el movimiento.

El escribió el prefacio del libro popular de Dan Kimball, *The Emerging Church (La iglesia emergente)*, donde dijo:

> Este libro es un ejemplo maravilloso y detallado de cómo una iglesia con propósito puede funcionar en un mundo posmoderno . . . el libro de Dan explica la manera de hacerlo [alcanzar a una "generación emergente"] con creatividad cultural para pensar y sentir en términos posmodernos. Usted necesita prestarle atención [a Kimbal] porque los tiempos están cambiando.[48]

El libro de Kimball describe diferentes métodos para alcanzar a esta generación, incluyendo el uso de "la práctica del silencio, y la lectio divina [una forma de oración contemplativa]".[49] Kimball enfatiza su apoyo al uso del silencio en un artículo que escribió titulado "A-Mazeing Prayer" que promueve el uso de un laberinto como método de "Encontrar a Dios en el medio".[50]

El laberinto (explicado más a fondo en el próximo capítulo) utilizado en días antiguos, es una estructura de pasillos que antes se utilizaba para conectarse en forma mística con Dios. Se piensa que cuando los participantes caminan por el laberinto (a veces llamado camino de oración o senda de oración) repitiendo palabras o frases ("centrando"), al *centrar* sus almas, ya habrán llegado al centro del laberinto.

Dan Kimball expresa su admiración por el laberinto, diciendo:

> La oración meditativa como experimentamos en el laberinto resuena con los corazones de las generaciones emergentes. Si tuviéramos el espacio, estableceríamos un laberinto permanente para promover la oración más profunda.[51]

Al final de *The Emerging Church*, en la sección de recursos recomendados, Kimball tiene una lista de varios libros escritos por personas contemplativas. Incluidos son *Sacred Pathways (Sendas sagradas)* por Gary Thomas, *Renovation of the Heart (Renovación del corazón)* por Dallas Willard, *Messy Spirituality(Espiritualidad desordenada)* por Mike Yaconelli, *In the Name of Jesus (En el nombre de Jesús)* por Henri Nouwen, *Book of Uncommon Prayer (Libro de oración no común)* por Steve Case, y *Four Views of the Church in Postmodern Culture (Cuatro vistas de la iglesia en la cultura posmoderna)* por Leonard

Sweet. Todos estos autores tienen algo en común—la creencia que necesitamos el *silencio* para acercarnos más a Dios, y que *aquel* silencio se logra a través de la oración contemplativa.

Rick Warren no solo escribió el prefacio del libro de Kimball, sino también en varias partes del libro ha escrito comentarios al pie de las páginas—diecisiete en total. De sus comentarios, uno solo era negativo, y eso en algo de menor importancia. En ninguna parte del libro existe ningún indicio de desacuerdo de parte de Warren referente a los puntos de vista de Kimball. Warren hace comentarios como los siguientes:

- "Este libro es una guía maravillosa y detallada . . . "[52]
- "Muchas gracias por compartir tu trasfondo, Dan . . . Adelante."[53]
- "¡Esto es sumamente importante!"[54]
- "Un capítulo sobresaliente, Dan!"[55]

Hay que hacer la pregunta: ¿*Realmente* promueve Rick Warren el movimiento de la iglesia emergente? Es una pregunta válida, en vista del hecho de que el movimiento de la iglesia emergente está saturado de la espiritualidad contemplativa y otras prácticas metafísicas. En vista de que él escribió el prefacio al libro ejemplar de la iglesia emergente, podemos deducir que la respuesta tiene que ser ¡sí!

Podemos comprobar esta conclusión, al observar el boletín semanal que va a pastores por todo el mundo via internet. El ejemplar del 6 julio 2005 fue dedicado totalmente al movimiento de la iglesia emergente, desde su artículo principal titulado "Compartir la verdad eterna con una cultura siempre emergente". Una fuente recomendada en esta carta era una organización llamada *The Ooze (El cieno)*, que es un foco de artículos, libros, y contactos para la espiritualidad contemplativa y emergente. Spencer Burke, el director de la organización, promueve su propio libro, *Making Sense of the Church (Sacando el sentido de la iglesia)* en el website de *The Ooze*. En este libro, Burke dice:

> Estaba impresionado por la increíble sabiduría que se podría encontrar fuera de la lista de lectura evangélica "aprobada". Un monje trapista [Thomas] Merton me dio

una nueva apreciación del significado de comunidad. Su *New Man and New Seeds of Contemplation (Nuevo hombre y nuevas semillas de la contemplación)* tocó mi corazón en maneras que otros libros religiosos no lo habían hecho. No mucho tiempo después, mi modo de pensar fue expandido de nuevo, esta vez por Thich Nhat Hanh—monje budista . . . *Living Buddha, Living Christ (Buda viviente, Cristo viviente)* me dio entendimiento de Jesús desde *una perspectiva oriental*.[56] (Énfasis Yungen)

Esta sola cita es una indicación del punto de vista que satura el website *The Ooze*. ¿Por qué recomendaría Warren este website si no estuviera de acuerdo con esta filosofía? El sabe que casi 150.000 pastores reciben su boletín semanal y que muchos compartirán la información con sus congregaciones. Es posible entonces que millones de personas alrededor del mundo pueden recibir la influencia del boletín de Warren cada semana. En ese mismo boletín Warren puso una declaración de varios líderes de la iglesia emergente, incluyendo Brian McLaren, Dan Kimball, Tony Jones, Spencer Burke, y Doug Pagitt. Este último es pastor de la iglesia Solomon´s Church en la ciudad de Minneapolis, Minnesota, y promueve el yoga *Cristiano*. En su libro, *Church Re-Imagined (La iglesia re-imaginada),* Pagitt dedica la mayor parte de un capítulo al tema, hablando de esto en forma muy positiva, promoviendo su práctica, y dando instrucción específica.

En esencia Rick Warren ha llegado a ser un canal para diseminar el mensaje contemplativo por todo el mundo. El dijo más o menos esto cuando fomentó el movimiento de formación espiritual en *The Purpose Driven Church (La iglesia con propósito).*

Posiblemente lo que más demuestra la afinidad de Warren para la espiritualidad contemplativa es su apoyo de, y relación con, el autor y futurista Leonard Sweet. Alguien ha clasificado a Sweet como "uno de los pensadores más importantes y desafiantes de la iglesia".[57] El es conferencista popular, y muchos de sus libros se publican por la editorial Zondervan (que también publica los libros de Warren).

La relación entre los dos hombres incluye una serie de audio casetes de 1994 titulada *The Tides of Change (Las mareas de cambio).*

En esta serie, Warren y Sweet hablan de "nuevas fronteras" y "una nueva espiritualidad" en el horizonte.

Más adelante, para el libro de Sweet de 2001, *Soul Tsunami (Tsunami del alma)*, Warren da palabras de aprobación y apoyo en ambas tapas. Allí por ejemplo Warren dice:

> Leonard Sweet . . . sugiere maneras prácticas para comunicar la verdad inmutable de Dios en nuestro mundo cambiable.[58]

Algunas de estas "maneras prácticas" incluyen el uso del laberinto y el visitar un centro de meditación.[59] Sweet también dice, "Es tiempo para una Reforma Posmoderna",[60] añadiendo que "El viento de un despertar espiritual está soplando encima de las aguas".[61] El dice que los tiempos están cambiando y que usted debe "re-inventarse para el siglo 21 o morir".[62]

Para mejor entender la espiritualidad de Sweet, quiero enfocar un libro que él escribió algunos años anteriores de la producción de la serie *The Tides of Change* en audio, llamado *Quantum Spirituality (Espiritualidad quántica)*. Recomiendo que el lector eche una mirada personal al libro—Sweet tiene puesto el libro en su website www.leonardsweet.com en un formato fácil de imprimir, demostrando como él todavía promueve este mensaje.

Los reconocimientos de *Quantum Spirituality* identifican claramente su clase de espiritualidad; Sweet nombra a inter-espiritualistas como Matthew Fox (autor del libro *The Coming of the Cosmic Christ/ La venida del Cristo cósmico)*, el sacerdote místico episcopal Morton Kelsey, Willis Harman (autor de *Global Mind Change/Cambio global de opinión)* y Ken Wilbur (uno de los principales intelectuales de la Nueva Era), y los agradece por ayudarle a encontrar lo que él llama una "Nueva Luz".[63] Sweet añade que él confía en el "Espíritu que guió al autor de *The Cloud of Unknowing (La nube del no saber)*".[64]

En el prefacio del mismo libro, Sweet da línea sobre línea de sugerencias como las "antiguas enseñanzas" del Cristianismo tienen que remplazarse por las nuevas enseñanzas de "la Nueva Luz". Sin embargo, estas nuevas enseñanzas, él cree, se sacarán de las "enseñanzas antiguas" (de los Padres del Desierto). Este "movimiento de Nueva Luz" dice Sweet es "un compromiso radical de fe que está listo a bailar a un *nuevo ritmo*".[65]

Por todo el libro Sweet promueve el uso de términos como *conciencia de Cristo* y *el yo superior*, y sin rodeos apoya abiertamente la ideología Nueva Era:

> [La espiritualidad quántica es] una estructura de formación humana, una canalización de las energías de Cristo por medio de la experiencia mente-cuerpo.[66]

La Biblia no describe a Jesucristo como una "energía que se canaliza" dentro y a través de nosotros. Realmente, esto es lenguaje Nueva Era. Lo maravilloso del Evangelio en las Escrituras es que Jesucristo es un Dios personal que nos ama y que nos permite una relación con el Padre por medio de la fe en El. Es ahí donde se equivocan los contemplativos. Ellos creen que alcanzan a Dios por medio de la oración meditativa.

Sweet le dice a sus lectores que la humanidad y la creación son unidas en sí, y que tenemos que darnos cuenta de ello. Una vez que la humanidad llegue a entenderlo, dice Sweet que:

> Así, y solo así, un movimiento de la Nueva Luz de fe que "hace mundos" podrá ayudar a crear el mundo que ha de ser. Así, y solo así, los terrícolas podrán descubrir el significado . . . de las últimas palabras dichas [por Thomas Merton]: "Ya somos uno. Pero nos imaginamos que no lo somos. Y lo que tenemos que recobrar es nuestra unidad original".[67]

Leonard Sweet es lo que se podría llamar *un Cristiano al estilo Alice Bailey*, porque es obvia su punto de vista sobre el rol de misticismo en la iglesia. El dice:

> El misticismo, antes echado a un lado de la tradición Cristiana, ahora se encuentra cerca al centro de la cultura posmoderna . . . En las palabras de uno de los más grandes teólogos del siglo veinte, el dogmatista y filósofo jesuita de religión, Karl Rahner: "El Cristiano del mañana será un místico, alguien que haya experimentado algo, de

otro modo no será nada." [El misticismo] es la metafísica alcanzada por medio de experiencias de mente-cuerpo. El misticismo empieza con la experiencia; termina siendo teología.[68]

Es este mismo misticismo (i.e. la oración contemplativa) que yo creo que Rick Warren fomenta. Warren expresa su apoyo de Sweet en su website pastors.com. Casi una docena de veces menciona a Sweet en forma positiva, también incluye un artículo *sobre* Sweet, y tiene otro artículo escrito *por* él.

No se puede servir al hombre y a Dios a la vez

Warren promueve la oración contemplativa por medio de sus recomendaciones a numerosos autores y maestros contemplativos y también empuja su punto de vista aún más fuertemente al utilizar contemplativos para enseñar a personas que están en su movimiento Con Propósito.

Durante los últimos años, una organización orientada hacia la juventud llamada Especialidades Juveniles ha patrocinado un evento anual llamado la Convención Nacional de Pastores. Cada año el evento presenta conferencistas contemplativos como Richard Foster, Brennan Manning, Ruth Haley Barton, y otros. Los asistentes pueden participar en un laberinto, sesiones de oración contemplativa nocturnas, y talleres sobre la oración contemplativa, la iglesia emergente, y el yoga. En 2004, Warren fue el conferencista principal para el evento, y de hecho habló justo después de un taller de yoga.[69]

Algunos pueden protestar que esto no es prueba de afinidad, y que Warren tal vez no sabía que estas actividades (el yoga, el laberinto, etc.) iban a tomar lugar en la conferencia. Es posible. Pero el siguiente año (2005), Warren invitó a líderes *precisamente* de Especialidades Juveniles a enseñar en su nueva conferencia Ministerio Juvenil Con Propósito.[70] Si no estuviera de acuerdo con la posición espiritual de Especialidades Juveniles, no habría invitado a sus líderes a sus propios eventos. El compromiso de Warren con Especialidades Juveniles es evidente. También el pastor de jóvenes de Saddleback, Doug Fields, ha participado como conferencista en varios eventos de Especialidades Juveniles. En su boletín de internet del 1º de febrero 2006 Warren promovió Especialidades Juveniles otra vez, llamándolo un recurso para ministerios de jóvenes. "Recursos" en el website de Especialidades Juveniles esa semana incluyó libros como T*he Sacred Way (La senda sagrada)* por autor emergente Tony Jones, *Soul Shaper: Exploring Spirituality and Contemplative Practices in Youth Ministry (Formación del alma: Explorando la espiritualidad y prácticas contemplativas en el ministerio de jóvenes)*, también por Jones, y varios estudios *bíblicos* por el presidente de Especialidades Juveniles, Mark Oestreicher. Comentarios recientes hechos por Oestreicher en su blog de internet son preocupantes y sin duda confusos para muchos jóvenes:

"El Cristianismo ES una religión oriental."[71]

"El yoga es sólo algo para estirarse e ir mas despacio."[72]

"Si una budista usa un ejercicio de la respiración para dar algo de paz a su vida, bendiciones. Pero esto no debe influir si decida o no enfocar mi aliento dado por Dios."[73]

Especialidades Juveniles también promueve un libro titulado *Enjoy the Silence (Disfrute el silencio)* por Maggie y Duffy Robbins. Maggie Robbins fue capacitada en un curso de cinco años por la escuela Kairos School of Spiritual Formation. Kairos enseña la oración contemplativa a la gente y tiene una lista de lectura para el curso que incluye Thomas Keating, Henri Nouwen y Thomas Merton. Duffy Robbins es miembro asociado de la facultad de Especialidades Juveniles y orador para la Conferencia del Ministerio Juvenil con Propósito.

Rick Warren llamó la oración contemplativa un "tema caliente"—así que debe saber lo que involucra. Con tantas conexiones con la oración contemplativa, parece que no solo la identifica sino que también la promueve. A causa de su muy alto nivel de influencia, podrá promover la oración contemplativa más de lo que Richard Foster o Thomas Merton hubieran podido esperar.

En la primavera del 2005 alguien me entregó un libro llamado *A Life with Purpose (Una vida de propósito)* por George Mair. El libro está escrito como un recuento positivo de la vida de Rick Warren. De hecho, el subtítulo en la portada dice: America's Most Inspiring Pastor (El pastor americano más inspirador). Es obvio que el autor tenía una admiración grande de Warren. Durante el tiempo que escribía el libro, Mair pasaba muchos domingos por la mañana en los servicios de la iglesia Saddleback, escuchando a Warren y dando dinero [al ministerio]. Sin embargo, cuando Warren supo del libro, lo criticó públicamente. Además, la iglesia Saddleback envió cartas por internet a un número desconocido de personas, desacreditando el libro de Mair.[74]

Creo personalmente que el esfuerzo de Warren para desacreditar el libro era un intento para esconder algunas de sus declaraciones. Lo que no percataba George Mair era que mientras buscaba ofrecer un testamento de alabanza a Warren, su recuento franco reveló también algunas cosas sobre el pastor que antes habían pasado sin detectarse por la gente común. Por ejemplo, Mair explica como el profeta de la Nueva Era, Norman Vincent Peale, en parte fundamentó el movimiento de crecimiento de iglesia; además, "muchas de las afirmaciones alentadoras provenían de un 'maestro desconocido de ciencias ocultistas' llamada Florence Scovel Shinn".[75] Refiriéndose a los métodos que Peale enseñaba y su "unión de la psicología y la religión",[76] Mair dice "Saddleback lleva claramente el sello del Reverendo Norman Vincent Peale".[77]

Fue a través del libro de Mair que yo descubrí las conexiones que Warren tiene con el simpatizante de la Nueva Era, Ken Blanchard. En noviembre de 2003, Rick Warren anunció a su congregación de Saddleback su plan de paz global, P.E.A.C.E. En el mismo sermón, Warren presentó a Ken Blanchard a la congregación, y mostró un video de su visita a Saddleback unos días atrás. Warren informó a su grande congregación que Blanchard había:

> . . . firmado que ayudaría con el Plan P.E.A.C.E. y que él va a ayudar a capacitarnos en el liderazgo y como entrenar a otros a ser líderes alrededor del mundo.[78]

"*El Pastor de Estados Unidos*" 173

Entonces, ¿quién es Ken Blanchard? Ciertamente si Rick Warren confía lo suficiente en Blanchard como para utilizarle en la capacitación de líderes alrededor del mundo y ayudar con su plan de paz global P.E.A.C.E., entonces debe ser que Warren confía en la espiritualidad de Blanchard.

Blanchard es el autor del best-seller *The one Minute Manager (El ejecutivo al minuto)*, un libro sumamente popular, conocido igualmente en el mundo Cristiano como el secular. El también es el fundador de una organización llamada *Lead like Jesus (Lidere como Jesús)*. Blanchard llegó a ser Cristiano a mitad de la década de los 80, pero es interesante observar la clase de libros que él promueve o para los cuales ha escrito prefacios, también ver sus comentarios y las organizaciones que él apoya. En su libro del 2001 titulado What Would Buddha Do at Work? (¿Qué haría buda en el trabajo?) Blanchard en el prefacio les dice a sus lectores:

> Buda señala el camino y nos invita a comenzar nuestro viaje a la iluminación. Yo . . . les invito a empezar (o seguir) su viaje a un trabajo iluminado.[79]

También encontramos a Blanchard escribiendo el prefacio de un libro de Jim Ballard llamado *Mind Like Water (Una mente como agua)*. En el libro, Ballard describe métodos para practicar la meditación oriental/Nueva Era. Ballard dice:

> Me matriculé para lecciones de meditación del yoga . . . fundado por Paramahansa Yogananda [gurú hindú] . . . Yo aparentemente había alcanzado un nivel de conciencia más allá de lo usual . . . Yo sigo considerando la meditación la cosa más importante que yo hago.[80]

Sin embargo, de este libro, Blanchard escribe con palabras entusiastas:

> El maravilloso libro de Jim Ballard, *Mind Like Water* . . . espero que usted e incontables otros lectores encuentren en *Mind Like Water* algunas maneras para calmar su mente y elevar su conciencia.[81]

A propósito, Ballard es uno de los entrenadores para las compañías de Ken Blanchard. Esto no debe sorprender a nadie, ya que casi todos los prefacios y palabras de apoyo de Blanchard han sido para libros escritos por clarividentes, místicos, budistas y otros con filosofías como la de Ballard. Es importante notar que Blanchard nunca demuestra duda sino aceptación total. Por ejemplo, nunca califica su apoyo diciendo algo como "Aunque no estoy de acuerdo con las técnicas de meditación Nueva Era de este libro, creo que el autor tiene algunos puntos de ayuda en el manejo de negocios (su área fuerte)". Al contrario, sus alabanzas nunca contienen nada negativo, sino que al contrario recomiendan frecuentemente las técnicas y prácticas de la meditación.

Algunos dirían que Blanchard escribió estos comentarios cuando era nuevo creyente; pero al observar los objetos de su admiración a través de los años, se nota que al pasar los años desde que él dijo ser Cristiano, sus preferencias han vuelto aún más radicales. Por ejemplo, en el verano del 2005, se publicó un libro titulado *In the Sphere of Silence (En la esfera del silencio)*. El libro es un manual metafísico de meditación (i.e. estados alterados de conciencia). El autor Vijay Eswaran enseña en su libro lo siguiente:

> La Esfera del Silencio, si se practica en forma correcta, es una herramienta muy poderosa. No está orientado a cierta religión, sino se acepta universalmente y se practica por casi todas las creencias en el planeta. Es a través del silencio que usted encuentra su ser interior.[82]

El el website del autor, Blanchard da este apoyo entusiasta de *In the Sphere of Silence*:

> El liderazgo eficaz es más de lo que hacemos; el empieza por dentro. Grandes Líderes pueden encontrar sabiduría interior y fortaleza al cultivar el hábito de la soledad. Este libro es una maravillosa guía de cómo entrar al reino del silencio y acercarse más a Dios.[83]

A principios del 2006, salió al mercado un libro titulado *The 10-Minute Energy Solution (La solución de energía de 10 minutos)* por Jon Gordon. El libro está lleno de sugerencias de cómo mejorar los niveles de energía por la meditación, el yoga, ejercicios de respiración, y otras técnicas semejantes. Por todo el libro, Gordon cita favorablemente al Dalai Lama, meditador Daniel Golemen, Thich Nhat Hanh, Marilyn Ferguson y Wayne Dyer de la Nueva Era, y también de *A Course in Miracles (Un curso de milagros).**

Gordon promueve el panenteísmo (Dios en todo) diciendo cosas como "Usted provino de esta fuente [hablando de Dios] y usted es esta fuente".[84]

En el dorso de la tapa del libro, Blanchard dice:

> Jon Gordon es un experto en enseñar a la gente el poder de la energía positiva. Si usted quiere aumentar su gozo y eficacia, a la vez que mejora su nivel de energía, lea este libro.[85]

Pero posiblemente la prueba más contundente del involucramiento de Blanchard con la Nueva Era es su rol con una organización llamada The Hoffman Institute, sede del Hoffman Quadrinity Process. No solo ha dado apoyo entusiasta al programa, diciendo (al participar), que esto "hizo vivir mi espiritualidad",[86] sino que también es actualmente miembro de la junta del Hoffman Institute, con varias personas de la Nueva Era. Esta organización fue fundada por un adivino y es basada sobre el panenteísmo (i.e. Dios está en todo) y la meditación. En el libro *The Hoffman Process (El proceso de Hoffman)*, la perspectiva mística del instituto se explica claramente:

> Yo soy usted y usted es yo. Somos partes de lo todo . . . Usted puede usar una breve meditación para recordar esta conexión con todos los demás en este mundo suyo . . . Mientras respira, sienta ese aliento saliendo de su esencia central . . . Cuando está abierto a la vida, usted empieza notar lo *divino en lo todo*.[87] (Énfasis Yungen)

---

*Una obra de médium

Como Leonard Sweet, Ken Blanchard es otro Cristiano [tipo]Alice Bailey, o lo que algunos llaman simpatizante de la Nueva Era. El dice conocer a Cristo, pero sus conexiones y afinidad con la Nueva Era son obvias.

Dado que Blanchard simpatiza con la Nueva Era, ¿cómo puede *guiar a la gente a ser como Jesús*? Rick Warren no solamente ha permitido a Blanchard a "firmar su apoyo" para su plan de paz global P.E.A.C.E., sino que también Warren era miembro de la junta de Blanchard de la organización *Lidere como Jesús* en ese entonces, juntamente con los que fomentan la meditación, como Laurie Beth Jones y Mark Victor Hansen (co-autor de *Sopa de pollo para el alma*). En el website de *Lidere como Jesús*, en una introducción anterior a la lista de miembros de la junta, lo siguiente aparece:

> . . . guiado por una junta de hombres y mujeres que han descubierto el poder y el potencial de liderar como Jesús. Estos miembros de junta provienen de todo el país y de todas las áreas de la vida, pero comparten una meta común: asegurar que el movimiento de Liderar como Jesús se extienda por todo los Estados Unidos y hasta lo extremo de la tierra.[88]

Hay dos preguntas que se pueden hacer aquí. Primero, si Rick Warren ha sido parte de una junta que está guiando a Ken Blanchard, ¿cómo es posible que Blanchard pueda apoyar todos esos libros de la Nueva Era y participar en sus actividades? Con más de veinte miembros en esa junta, muchos de los cuales profesan ser Cristianos incluyendo a David McQuiston (Enfoque a la Familia)*, sería lógico que alguien le dijera a Blanchard que un libro titulado ¿Qué haría buda en el trabajo? no debe recibir el apoyo de un Cristiano. La segunda pregunta sería, ¿qué "meta común" tiene Rick Warren con Ken Blanchard, Mark Victor Hansen y Laurie Beth Jones? Jones, autora de Jesús CEO (Jesús

---

*Según un representante de Enfoque a la Familia, McQuiston ya no está con ellos. Se les informó que su nombre seguía figurando como miembro de la Junta Lead Like Jesus, pero por lo que sé, ningún cambio se ha hecho.

ejecutivo), hace los siguientes comentarios que claramente revelan sus creencias:

> Mi misión personal y visión es Reconocer, Promover, e Inspirar la Conexión Divina dentro de Mí y de Otros.[89]
> Jesús constantemente visualizaba el éxito de Sus esfuerzos.[90]
> Jesús estaba lleno de auto-conocimiento y de auto-amor. Sus declaraciones de "Yo soy" fueron lo que él llegó a ser.[91]

Más recientemente, en otro libro escrito por Jones, ella dice que Jesús "deseaba que toda persona viera su conexión con cada uno y con Dios."[92] y concede que ha sido "desafiado por el concepto de la meditación" llevándole a su decisión de "experimentar el profundo silencio de la meditación—la oración no dirigida".[93] En su libro *The Path (La senda)*, Jones cita favorablemente a un maestro de budismo zen (Thich Nhat Hanh) y a un poeta sufi. Citando al poeta, Jones dice:

> "El universo se somete a una mente que está quieta." Y para realmente encontrar La Senda, cada uno de nosotros tenemos que soltar nuestras mentes, y empezar desde un punto de asombro y apertura—de estar dispuesto a *no* conocer. Tenemos que recibir antes de empezar a dar.[94]

Rick Warren y Ken Blanchard también han compartido plenarias como conferencistas en eventos de *Lidere como Jesús*, en los Retiros de Líderes de Willow Creek [iglesia] y en otros seminarios. En 2004 en Saddleback se celebró un seminario llamado *Taller de capacitación para capellanes sobre la predicación y una vida con propósito*.

Era un seminario para capacitar a capellanes del Ejército [Fuerzas Armadas]. Warren fue uno de los conferencistas y los recursos del seminario incluyeron a obras de Blanchard.

Justo antes de salir la segunda edición en inglés de *Un tiempo de apostasía*, Blanchard publicó un libro titulado *Lead Like Jesus (Lidere como Jesús)* [igual al nombre de su fundación y website]. El libro, apoyado por Rick Warren, presenta "hábitos" que según Blanchard necesitan cultivarse por líderes. Uno de éstos es el hábito que él llama soledad, que él dice debe practicarse durante cuarenta y cinco minutos. En vista de los prefacios que Blanchard ha escrito, es fácil entender su sentido, cuando dice lo siguiente:

> Antes de enviar a la gente para su tiempo de soledad, solemos pedir que reciten con nosotros Salmo 46:10 así: Estad quietos, y conoced que yo soy Dios. Estad quietos y conoced. Estad quietos. Estad. Cuando la gente vuelve después de su tiempo de soledad, tienen grandes sonrisas en las caras. Aunque algunos tienen dificultad en aquietar su mente, dicen que es una experiencia poderosa. La realidad es que muchos de nosotros pasamos muy poco tiempo en la soledad. Pero si no lo hacemos, ¿cómo puede Dios tener una oportunidad para hablar con nosotros?[95]

Durante la instrucción de Blanchard de cómo entrar en la soledad, él anima a los participantes a practicar un ejercicio de *palmas abajo, palmas arriba,* que es otro ritual o práctica común entre los contemplativos. Cuando Rick Warren fomenta el libro *Lidere como Jesús* de Blanchard, está fomentando su clase de espiritualidad también.

Por el deslizadero

Sé que hay serias ramificaciones de los temas presentados aquí. Estoy diciendo que Rick Warren es parte del esfuerzo para meter la oración contemplativa dentro del Cristianismo corriente. Recordemos que Warren se refiere en forma favorable a Dallas Willard y Richard Foster en *La iglesia con propósito*. El pone a Willard en el mismo nivel que Foster el movimiento de formación espiritual (o sea, el movimiento de la oración contemplativa). En el libro de Willard, *El espíritu de las disciplinas* (un título muy similar al título del libro *La celebración de disciplina de Foster*), Willard cita a Merton y Nouwen, y alaba la práctica del silencio:

> En el silencio aislamos nuestras almas de "sonidos", sean sonidos de ruidos, de música, o palabras . . . Mucha gente *nunca* ha experimentado el silencio y ni sabe que *no* sabe qué es.[96]

Como Foster, Willard ve esta *disciplina espiritual* como la forma más poderosa de comunicación con Dios. El sostiene que:

> Es una disciplina poderosa y esencial. *Sólo el silencio* permitirá que haya una concentración en Dios que transforma la vida.(Énfasis Yungen)[97]

Dallas Willard, como Rick Warren, es Bautista del Sur. Esto demuestra hasta qué punto el cambio de paradigma está tomando lugar dentro de la denominación evangélica más grande de los Estados Unidos. El alineamiento entre el movimiento Con Propósito y el movimiento de la formación espiritual tiene un significado monumental, que afectará a generaciones futuras, si el Señor todavía tarda Su regreso.

Aunque puede parecer que esto suena dramático o alarmista, pienso mi posición es justificable. Si está considerando cómo evaluar el apoyo de Foster, Willard, Warren, etc. de la *disciplina del silencio*, favor de considerar lo siguiente: en el dorso de la portada de *El espíritu de las disciplinas*, hay una calurosa alabanza del libro que dice:

Un llamado profundo al discipulado basado en las disciplinas espirituales nos despierta a una verdad olvidada, que la transformación a la semejanza de Cristo se realiza a través del tomar el "yugo fácil" de las disciplinas.[98]

En el momento de escribir estas palabras, su autora estaba también escribiendo sus propios libros sobre el valor de la espiritualidad contemplativa. Estaba adentrándose en la tradición *Cristiana* mística con todo su corazón y alma. ¡Esta persona es nadie menos que Sue Monk Kidd! (Ver el capítulo anterior)

Al decidir el lector si la posición de Rick Warren de apoyar la posición contemplativa tiene algo de significado, recuerde las palabras de Sue Monk Kidd que, en sus conclusiones, hace eco de la posición de Thomas Merton:

> Estoy hablando de reconocer la verdad escondida, que somos uno con *todas las personas*. Somos parte de ellas

y ellas son parte de nosotros . . . Cuando encontramos a otra persona . . . debemos caminar como si pisáramos *tierra santa*. Debemos actuar como si *Dios* viviera allí. (Énfasis Yungen)[99]

¡Estas palabras son alarmantes, cuando consideramos que ella empezó como maestra de escuela dominical!

En el momento que Rick Warren aceptó la invitación de Ken Blanchard en noviembre 2003, Blanchard era miembro de la junta de una organización ocultista. Piense en esto. ¡No era solamente miembro del Instituto Hoffman sino parte de su junta! Este es el hombre que supuestamente iba a capacitar a los líderes de Warren. Tres años después, Blanchard *todavía* está en la junta.

La espiritualidad contemplativa, como he demostrado con abundancia de detalles, es un deslizadero que lleva a la interespiritualidad y el engaño que la divinidad está dentro de cada ser humano, así haciendo innecesario el mensaje de la Cruz y anulando la verdad del Evangelio. Es la última tragedia donde la esperanza del mundo ha sido robada de los corazones de los hombres mientras dormían.

Y tardándose el esposo, cabecearon todas y se durmieron.
Mateo 25:5 (1–5)

Nueve

¿El Cristiano del Futuro?

Dentro del mundo evangélico, la oración contemplativa se promueve y es aceptado cada vez más. Como resultado, está perdiendo su aspecto esotérico y ahora muchos lo ven como la norma del futuro. No se puede ignorar la presentación positiva que recibe de parte de los medios de comunicación Cristianos. En la respetada revista Cristiana popular, *Today's Christian Woman (La mujer Cristiana de hoy)*, sus títulos principales piden q*ue se acerque más a Dios.* El autor de un artículo típico dice, "Igual a un número creciente de evangélicos, he buscado dirección espiritual porque sé que necesito conocer mejor a Dios".[1] Pero sin excepción, cada persona a quien la escritora cita es una contemplativa convencida, como por ejemplo Ruth Haely Barton, autora de *Invitation to Solitude and Silence (Una invitación a la soledad y el silencio)*. Barton recibió su preparación en el Shalem Institute (fundado por Tilden Edwards), y esta entidad fue recomendada a los lectores como recurso. Sin embargo, en vista del contenido de muchas declaraciones en el website de Shalem Institute, ¿cómo es posible considerar a Shalem algo aceptable para creyentes? Veamos algunos ejemplos:

> En el Cristianismo y otras tradiciones que entienden que Dios es presente en todo lugar, la contemplación incluye una reverencia para el Misterio Divino, "encontrar a Dios en todas las cosas," o "ser abierto a la presencia de Dios, donde sea que aparezca".[2]

> [Thomas] Merton enseñó que hay una sola manera para desarrollar este lenguaje radical de oración: en el silencio.[3]
>
> El horario del grupo incluye... repeticiones, dos períodos de sentarse en el silencio, un intervalo de caminar meditando, y un tiempo opcional de compartir.[4]

En otro artículo de la revista, Ruth Haley Barton, antes Directora Asociada de Formación Espiritual en la iglesia Willow Creek Community Church, hace eco de Sue Monk Kidd de muchas maneras, incluyendo su idea de la condición del alma humana o su malestar general. Barton recuenta:

> Pocos años atrás, empecé a notar un caos interior en mi alma... No importa cuánto oraba, leía la Biblia, y escuchaba buena enseñanza, no pude calmar el grito interno creado por preguntas sin respuestas.[5]

El siguiente escenario que relata Barton podrá ser la norma para la iglesia evangélica del futuro, si este movimiento sigue su impulso actual.

> Busqué un director espiritual, alguien bien versado en los caminos del alma... por fin esta señora sabia me dijo, ... "Lo que necesita es la quietud y el silencio para que el sedimento pueda asentarse y el agua aclararse."... Decidí aceptar esta invitación a mover más allá de mi adicción a las palabras.[6]

Cuando dice "adicción a las palabras" quiere decir las maneras normales de orar. Ella todavía usa palabras, pero solo tres: "Aquí yo estoy". Esto es nada más que la N*ube de no saber* o la *oración del corazón*.

Como Richard Foster, Barton argumenta que Dios no puede alcanzarse debidamente sin el silencio. Al referirse a 1 Reyes 19, cuando Elías se escondió en una cueva, Barton recomienda lo siguiente:

> Dios nos ama lo suficiente como para esperar a que Le aproximemos abiertamente. La experiencia de Elías demuestra que Dios no nos grita para captar nuestra

atención. Así aprendemos que nuestra disposición a escuchar en silencio abre un espacio quieto donde podemos oír Su voz, una voz que anhela hablarnos y ofrecernos dirección para nuestro próximo paso.[7]

Lo que Barton no menciona aquí es que Elías era defensor valiente de una fe en un solo Dios único—Jehová (como se ve por su encuentro con los 450 profetas de Baal), y él nunca entró en un estado alterado de silencio en su encuentro personal con Dios.

Barton ya no enseña en Willow Creek. Ella salió de allí para empezar su Centro de Transformación, y ahora enseña la formación espiritual a pastores y otros líderes Cristianos. Su entidad es solo una de las muchas que crean una nueva clase de Cristiano utilizando la oración contemplativa.

La iglesia emergente

El movimiento de la iglesia emergente ha estado con nosotros durante bastante tiempo ahora, primero en la periferia, pero ahora avanza audazmente a la vanguardia. Brian McLaren, uno de los líderes de la iglesia emergente, fue nombrado recientemente por la revista *Time* como uno de los 25 líderes evangélicos más influyentes del país [EE. UU.] La iglesia emergiendo (o emergente) como implica el término, ofrece a la generación joven (llamada los pos-modernos) una manera diferente de vivir la vida Cristiana. Para muchos *emergentes*, aún el método de acercamiento amistoso por las iglesias es visto como muy deficiente en cuanto a lo que se necesita para dar un sentido de lo sagrado.

Numerosos libros han salido que explican y promueven los objetivos de esta supuestamente nueva forma de espiritualidad. Como expliqué en el capítulo anterior, uno de los libros más populares es *The Emerging Church (La iglesia emergente)* por Dan Kimball. Este libro explica cómo piensan y sienten los pos-modernos a diferencia de las generaciones anteriores. Kimball dice:

> La base de aprendizaje ha cambiado de pensamiento lógico, racional, y sistemático, al reino de la experiencia.

> La gente anhela más y más lo místico y espiritual en vez de una fe de fondo moderno basada sobre evidencias y hechos.[8]

Lo que el movimiento emergente busca para acomodar a estos jóvenes Cristianos hambrientos de experiencias se llama *el Cristianismo clásico (original)*. El significado de este término es obvio. Clásico se refiere a algo bueno del pasado. Entonces, esta clase de Cristianismo recoge prácticas o conocimiento de la antigüedad. Como se puede deducir, éstas son las disciplinas extraídas del misticismo. Kimball escribe:

> Las generaciones emergentes, en su búsqueda de formas probadas, antiguas, auténticas de conectarse con Dios, son muy atraídas a estas disciplinas antiguas y rituales espirituales históricos. Su disposición a participar es mucho más fuerte de lo que muchos de nosotros pensábamos.[9]

Tony Jones, otra voz central dentro de este movimiento, escribe y comparte ampliamente sobre la iglesia emergente. En su libro, *The Sacred Way (La senda sagrada)*, se encuentra otra vez el tema que constantemente surge entre los que promueven la oración mística:

> Fui criado dentro de una familia buena, del Medio-oeste [EE.UU.] que asistía a una iglesia . . . Yo tenía más conocimiento mental sobre la fe, la religión, o lo que quiera llamarla, que la persona promedio debe tener, pero realmente no podía lograr ponerla en práctica . . . Tal vez en alguna parte de la línea de ellos [de los Cristianos durante los últimos 2000 años] algunos habían encontrado maneras de conectarse con Dios que podrían ayudar a personas como yo.[10]

Después de años de frustración, Jones buscó el pensamiento contemplativo en un esfuerzo para acercarse más a Dios y escuchar Su voz. En su libro él dedica capítulos enteros a temas como la *Nube de no saber*, la oración centrada, y la oración del corazón. El explica:

> El método básico promovido en *La nube* va más allá del pensamiento a un lugar de quietud total con el Señor . . . el creyente primero tiene que conseguir un estado de silencio y contemplación, y después Dios obra en el corazón del creyente.*11*

Si esto suena semejante a la visión de Foster para el Cristianismo, es porque lo es. En un artículo principal de la revista *Christianity Today* titulado "La mística de lo emergente", Brian McLaren, el hombre llamado el "líder de facto" del movimiento, nombró a Richard Foster como uno de los "mentores claves para la iglesia emergente".*12*

McLaren mismo es un ejemplo claro de nuestro rumbo si la oración contemplativa sigue recibiendo aceptación y diseminación. El obispo episcopal Alan Jones, en su libro titulado *Reimagining Christianity (Reimaginando el Cristianismo)*, insiste que es esencial que la iglesia vaya tras la oración mística. El explica esto en el contexto de:

> . . . la vida de la oración contemplativa . . . Amada y en comunión con todas las cosas, el alma nace a través del silencio secreto de Dios. Este silencio que es el corazón del misticismo no solo es el lugar de reunión de las grandes tradiciones sino también donde todos los corazones pueden reunirse. *13*

El resultado de este punto de reunión del silencio es, por supuesto, la inter-espiritualidad, como dice Jones:

> Pero otra línea antigua del Cristianismo enseña que estamos todos recogidos por el Misterio Divino que llamamos Dios, que el *Espíritu está en toda persona*, y que hay profundidades de interpretación sin sondearse todavía . . . En la catedral "partimos el pan" para los que siguen el camino de Buda y que andan la senda de los hindúes.*14* (Énfasis Yungen)

Esta clase de pensamiento ha sido muy rechazado en tiempos pasados por los de la iglesia evangélica. La meta era evangelizar a los hindúes y los budistas, llevándoles al Cuerpo de Cristo por fe en Jesucristo. Pero Brian McLaren simpatiza más con la posición de Jones de un Cristianismo inter-espiritual. McLaren da palabras de apoyo al dorso de la portada de *Reimagining Christianity*, diciendo:

> Anteriormente las instituciones Cristianas y sistemas de dogma sostenían la vida espiritual de Cristianos. Ahora cada vez más la espiritualidad misma es lo que sostiene todo el resto. Alan Jones es pionero en re-imaginar una fe Cristiana que emerge de la espiritualidad auténtica. *Su obra me estimula y me anima profundamente.*[15] (Énfasis Yungen)

Esta "espiritualidad auténtica" es la misma espiritualidad que empuja el movimiento de la iglesia emergente. Como se puede ver, esta filosofía resta importancia a la doctrina bíblica y enfatiza el reino de la experiencia mística.

Mike Perschon, autor colaborador para Especialidades Juveniles, escribe sobre su búsqueda de la vida mística:

> Empecé a utilizar la frase "oración de oír" cuando hablaba de mis propias experiencias de la meditación. Construí un cuarto de oración—un pequeño santuario en un closet del sótano lleno de libros sobre disciplinas espirituales, la oración contemplativa, y el misticismo Cristiano. En este espacio encendía velas, quemaba incienso, colgaba rosarios, y escuchaba grabaciones de monjes benedictinos. Meditaba durante horas sobre palabras, imágenes, y sonidos. Llegué al punto de poder alcanzar *patrones de cerebro alfa*, el estado en que ocurren sueños, a la vez que uno está despierto y meditando.[16] (Énfasis Yungen)

Cuando oigo un Cristiano expresarse así, siento una profunda preocupación, porque sé qué quiere decir "alfa". En el libro de Laurie Cabot, *The Power of the Witch (El poder de la bruja)*, alfa es un término que ella utiliza extensamente para significar la meditación o el silencio. De hecho, ella no lo esconde sino explica:

> La ciencia de la Brujería se basa sobre nuestra habilidad de entrar en un estado alterado de conciencia que llamamos "alfa". En alfa, la mente se abre a formas inusuales de comunicación, como la telepatía, clarividencia, y el pre-conocimiento. Allí podemos también experimentar sensaciones fuera del cuerpo y la psicokínesis, o *recibir información mística visual* que no viene a través de los cinco sentidos. En alfa los filtros racionales que procesan la realidad ordinaria son debilitados o quitados, y la mente es receptiva para realidades inusuales.[17] (Énfasis Yungen)

La importancia de esta práctica se explica claramente en todo el libro de Cabot. Sin este estado no hay "poder" como ella explica:

> Alfa es el trampolín para toda obra psíquica y mágica. Es el corazón de la Brujería . . . tiene que dominarlo antes de proceder a cualquier otro hechizo, ritual, o ejercicio de este libro.[18]

La mayoría de los del movimiento emergente protestarían enérgicamente: "Momentico—Perschon no está involucrado en la brujería. El es un fiel Cristiano buscando andar de cerca con el Señor. El odia todo lo que tenga que ver con la oscuridad o el ocultismo. ¿Cómo *se atreve* a compararlo con Laurie Cabot?" Pero Cabot, en una de sus declaraciones, repite lo que he dicho en todo este libro, cuando dice:

> Los místicos en toda tradición religiosa hablan de estados de alfa de la conciencia y la atracción de la Luz Divina, aunque lo hacen con sus propias metáforas e imágenes. Pero en sus propias maneras han aprendido cómo entrar en alfa cuando oran o adoran. Ellos aprenden cómo llegar a ser iluminados.[19]

Para una explicación de la brujería o Wicca, favor de volver a mirar el primer capítulo de este libro. Bajo el subtítulo "¿Por qué lo llaman la Nueva Era?" hay una cita que dice "ver a Dios como el 'Todo en Todo'".[20] Esto es el punto de vista de Dios ocultista que tiene Wicca.

En un libro titulado T*he Contemplative Experience (La experiencia contemplativa)*, el autor presenta el punto de vista que podría ser expresado por cualquier contemplativo a lo largo de los últimos 1.700 años. Refiriéndose a Bernardo de Clairvaux, el escritor dice:

> Se dio cuenta que Dios penetra la totalidad de la creación. Su experiencia era que Dios es la "piedra en las piedras, el árbol en los árboles", y de la misma manera el punto central de su propia alma. *Dios reside en el corazón de todo lo que existe.*[21] (Énfasis Yungen)

Ahora mismo, el movimiento de la iglesia emergente está ganando amplio terreno en el Cristianismo. Y con su énfasis en la metafísica y falta de énfasis en la doctrina bíblica, tendrá resultados dañinos en las vidas espirituales de incontables cantidades de gente. Las editoriales Cristianas cada año imprimen docenas de libros escritos por líderes de la iglesia emergente. Baker Books ha sacado libros por los promotores contemplativos Calvin Miller, James Wakefield (sobre lectio divina) y Robert Webber. En la primavera del 2007, Baker publicó un libro titulado *Emergent Manifesto (El manifiesto emergente)* editado y escrito por los principales autores de la iglesia emergente. Zondervan es especialmente ferviente en publicar libros que promueven la iglesia emergente. Su lista de autores incluye Henri Nouwen, Tony Jones, Dan Kimball, entre otros.

Universidades Cristianas, seminarios, y aún colegios de bachillerato Cristianos incluyen cada vez más estos libros en sus cursos. Un líder de la iglesia emergente especialmente popular entre grupos de jóvenes y en colegios segundarios Cristianos es Rob Bell, pastor de la iglesia Mars Hill Bible Church de Michigan y autor de *Velvet Elvis*.

También es el creador de los mini-cines llamados *Noomas* (de la palabra griega pneuma, que significa espíritu o aliento). Bell es muy claro sobre sus afinidades con lo místico cuando dice, "Estamos redescubriendo el Cristianismo como una religión oriental, como un estilo de vida".[22] Bell reveló más sobre sus bases espirituales cuando invitó a una monja dominicana del centro dominicana de Marywood, Michigan, a compartir en un culto de la iglesia de Mars Hill.[23] El

Centro Dominicano tiene un *Centro de espiritualidad*, que ofrece una amplia variedad de oportunidades contemplativas, incluyendo Reiki, un programa de Formación Espiritual, un curso para directores espirituales, laberintos, espiritualidad céltica, entre otros temas. Bell compartió en este servicio cuánto esa monja le había enseñado en su caminar espiritual. Es una revelación preocupante, en vista de la influencia que Bell tiene con cantidades de jóvenes.

Los laberintos

En la medida que más y más iglesias se involucran en la espiritualidad contemplativa, también se implementan muchas prácticas antiguas. Un ejemplo es el laberinto, una estructura de pasillos que se usaba antigüamente, miles de años atrás. Esta práctica se introdujo al Cristianismo moderno y se lanzó a la popularidad mayormente por los esfuerzos de la Dra. Lauren Artress,* autora de *Walking a Sacred Path: Rediscovering the Labyrinth as a Spiritual Tool (Caminando una senda sagrada: Redescubriendo el laberinto como herramienta espiritual).*

El laberinto en este caso no tiene varios caminos que llegan al centro de la formación como es típico, sino un mismo camino que entra y sale del centro. En el budismo, el laberinto se llama una mandala o diseño sagrado.

Una ilustración de un laberinto

---

*La Dra. Artess es Canóniga de la iglesia Grace Cathedral en San Francisco, California

Los que caminan el laberinto generalmente practican la oración centrada o contemplativa, repitiendo cierta palabra o frase mientras caminan, con la esperanza de que al llegar al centro de la estructura, hayan *centrado* y encontrado la *divinidad dentro*. Estos laberintos están surgiendo por todos lados, incluyendo muchas iglesias evangélicas.

¿Pero es esta *divinidad* realmente Dios? Escuchemos las palabras de una mujer llamada Judith (del Grace Cathedral de la ciudad de San Francisco, California) que describe su propia experiencia con el laberinto:

> Con facilidad pasé por la senda curva. Recuerdo que me sentí liviana, haciendo oraciones de agradecimiento a todos los espíritus que habíamos llamado durante nuestro ritual . . . Primero vi una formación reluciente, ondulado, de rectángulos—vórtices de energía encima del laberinto. Y después vi seres de color azul claro, sin caras pero humanos en su forma, en procesión solemne como si estuvieran en su propio laberinto . . . me sentí maravillada al compartir el espacio con estos seres—ángeles, guardianes, del laberinto. El laberinto era un portal para mi entrada al mundo invisible que parece acompañarnos siempre.[24]

Muchos que promueven el uso del laberinto dicen que cualquier persona puede caminar el laberinto y alcanzar la divinidad, no importa la religión que tenga o sin religión.

Pero si esto fuera verdad, significaría que para llegar a Dios, no se necesitaría a Jesucristo. Las Escrituras claramente dicen que Jesús es el único mediador entre Dios y el hombre. Según la experiencia de Judith, ella entró en contacto con seres espirituales, no con esta verdad.

> Porque hay un solo Dios, y un solo mediador entre Dios y los hombres, Jesucristo hombre. (1 Timoteo 2:5)

Al mirar alrededor nuestro, encontramos que no solo la iglesia emergente está utilizando el laberinto. Universidades Cristianas como Simpson College de Redding, California, están instalando caminos de oración (i.e. laberintos) en sus planteles; y muchas denominaciones diferentes, incluyendo los Bautistas y Presbiterianos están participando también. Una mirada a Google demuestra que el uso de laberintos se extiende más y más. En marzo del 2004, había alrededor de 116.000 páginas web con la palabra "laberintos". Ahora, solo pocos años después, hay casi un millón y medio de páginas web.

Antiguas prácticas para la juventud

La revista *Group Magazine*, una fuente popular de recursos para líderes de jóvenes, en su edición de julio-agosto 1999, mostró en su portada una jovencita, con ojos cerrados, haciendo oración contemplativa. El artículo, "Ministerio juvenil antiguo-futuro", empieza con la siguiente descripción:

> Es un domingo cerca de las 5:00 de la tarde . . . Siete adultos están sentados alrededor de una "vela de Cristo" en el salón de jóvenes. Nadie habla, ni se ríe. Durante 10 minutos, el único sonido es la respiración de ellos . . . Ahora son las 7:00 p.m., una hora después del comienzo de la reunión de jóvenes por la noche. Hay 18 bachilleres y cinco adultos sentados en un santuario iluminado por velas. Una cruz dorada está en la mesa . . . Los asistentes repiten juntos "la oración de Jesús", una antigua práctica meditativa.[25]

El artículo presenta dos organizaciones Cristianas, Especialidades Juveniles y el Seminario Teológico de San Francisco (Iglesia Presbiteriana, EE.UU.), que se unieron en 1996 para desarrollar un programa juvenil que utiliza prácticas contemplativas.[26] Mark Yaconelli, hijo del antiguo director de Especialidades Juveniles, el finado Mike Yaconelli, fue contratado para dirigir el Proyecto Ministerio Juvenil y Espiritual. El artículo hace claro que el uso de la repetición de una palabra sagrada es al corazón de este proyecto. Estas dos organizaciones patrocinaron el proyecto en dieciséis iglesias de diferentes denominaciones. El artículo revela que en todas estas congregaciones de ensayo, los jóvenes de bachillerato estuvieron "ansiosos de aprender las prácticas de la espiritualidad contemplativa".[27] El pastor asociado de una de las iglesias proclamó, "No debemos sorprendernos que esto funcione tan bien. Es lógico. Si se prepara el espacio, el espíritu vendrá".[28] Según la declaración de misión del proyecto, este modelo "inmediatamente estará a la disposición de ministerios juveniles por toda la nación".[29]

¿Qué tan extendido se encuentra este programa ahora? En 1997, el Proyecto recibió una subvención de Lily Endowment para ensayar un "modelo de formación espiritual". Además:

> Líderes de ministerios juveniles fueron capacitados para reunirse continuamente para compartir su fe, la oración contemplativa, y discernimiento comunal . . . las comunidades fueron animadas a que después enseñaran a jóvenes el entendimiento contemplativo a través del silencio, la soledad, y una variedad de ejercicios contemplativos . . .
>
> Guías de formación espiritual, basadas sobre la experiencia del Proyecto, fueron puestas en práctica en convenciones y conferencias de ministerios juveniles . . . Los medios de comunicación como Wall Street Journal, Knight Rider News Service, CBS radio y ABC World News Tonight informaron al público sobre varios aspectos del Proyecto.[30]

Desde el comienzo del proyecto, Especialidades Juveniles ha llegado a ser una potente fuerza para promoverlo, y tiene un impacto mayor sobre la obra evangélica de jóvenes por toda Norteamérica. Patrocinan varios eventos anuales incluyendo la Convención Nacional de Ministros Juveniles, el CORE, y la Convención Nacional de Pastores.*

Títulos de cursos para la conferencia incluyen "La creación de espacios sagrados", "Adoración emergente", y "Encuentros con Dios: Ejercicios espirituales que transforman estudiantes". Además, cada año, Especialidades Juveniles patrocina más de 100 seminarios que alcanzan a miles de jóvenes por todo el mundo—todos con sus enseñanzas actuales sobre la espiritualidad.

---

*Desde la Convención Nacional de Pastores de 2006, la casa de publicación Zondervan ha sido el nuevo anfitrión.

La atracción y aceptación que Mike Yaconelli ha recibido sobre la oración contemplativa es muy semejante a la historia de Sue Monk Kidd. En su libro, *Dangerous Wonder (Asombro peligroso)*, Yaconelli comparte qué tan perdido se había sentido después de veinticinco años de ministerio. En su "desespero" él cogió un libro por Henri Nouwen (*In the Name of Jesús/En el nombre de Jesús*) y dijo que él oyó la "voz de Jesús . . . escondida en las páginas del libro de Henri" y encontró que querría "estar escuchando de nuevo la voz de Jesús".[31]

En el libro de Nouwen, podemos encontrar el método que condujo a que Yaconelli dijera haber encontrado la *voz de Jesús*:

> A través de la disciplina de la oración contemplativa, líderes Cristianos tienen que aprender a oír vez tras vez la voz de amor, y encontrar allí la sabiduría y el valor para enfrentar cualquier asunto que se les presente . . . Para que el liderazgo Cristiano sea verdaderamente fructífero en el futuro, se requiere un mover desde lo moral hasta lo místico.[32]

Nouwen creía que *la sabiduría y el valor* se conseguían por medio del silencio, cuando en realidad se encuentran en la Palabra de Dios. Yaconelli tomó a pecho la amonestación de Nouwen, y empezó a promover ese método de oración a través de su propia organización. Si este cambio de paradigma místico llega a cumplirse completamente, ¿cómo será el Cristiano del futuro? Si los Cristianos llegan a asemejar espiritualmente a Nouwen, los encontraremos meditando con budistas igual a Nouwen, llamándolo el "diálogo del corazón".[33] También los encontraremos escuchando grabaciones sobre las *siete chacras*[34] (la base de Reiki) como hacía Nouwen; y por encima de todo, los encontraremos deseando ayudar a la gente a "proclamar su propio camino a Dios"[35] (ver el universalismo en el capítulo 3) como hizo Nouwen. El había escrito que su soledad y la soledad de sus amigos budistas podrían "saludarse y apoyarse mutuamente".[36] En esta sola declaración, se encuentra la falla fundamental del movimiento de la oración contemplativa—el adulterio espiritual.

El budismo proclama que no hay nada fuera de cada uno de nosotros que se necesita para conseguir la salvación. Cierto maestro budista escribió, "El pensamiento budista declara que lo que últimamente se requiere para la auto- realización es la perfección de ser lo que se encuentra en quien ya somos".[37] Un Cristiano es el que acepta a Jesucristo como su Salvador personal. Entonces, el aceptar el camino budista es negar al que Se dio a Sí Mismo por nosotros. Por lógica es imposible proclamar que el Cristianismo y el budismo son igualmente verdad, porque cada uno representa una manera diferente para conseguir la salvación. Jesús dijo, *"Yo soy la puerta; el que por mí entrare, será salvo"*,(Juan 10:9). Es imposible amar y seguir las enseñanzas de *ambos,* de Buda y de Jesús—porque en realidad se tiene que escoger entre el confiar en una auto-deidad, o confiar en Jesucristo como Señor y Salvador.

La única manera para que la oración contemplativa de Nouwen pudiera apoyar el punto de vista budista sería si comparte el mismo misticismo, que es el punto que busco comprobar en este libro. Creo que los hechos hablan por sí solos. Una vez que esto está claro, es fácil ver también que es el *mismo misticismo* que muchos buscan implantar en el corazón del Cristianismo evangélico.

Se puede preguntar, ¿Cómo pueden organizaciones Cristianas serias justificar y apoyar prácticas meditativas que claramente asemejan la meditación oriental? Explicamos en otras partes de este libro, una terminología Cristiana se ha asignado a estas prácticas. Solo se necesita que unos pocos líderes Cristianos con popularidad nacional abracen una enseñanza que *suena* Cristiana, para hacer grandes cambios en la iglesia. Además, tenemos muchos Cristianos confiados que no utilizan las Escrituras para examinar las aseveraciones de otros. El edificar un método de oración alrededor de un verso tomado fuera de contexto es presuntuoso, aun en el mejor de los casos. Ahora más que nunca, es crucial que Cristianos se dediquen a un estudio bíblico serio y que usen discernimiento sobre este asunto.

En el clima espiritual actual, una práctica mística unificadora de oración llena el paradigma necesario para unir las distintas religiones del mundo—¡el movimiento de la oración contemplativa es tal práctica! Yo creo que este movimiento está descendiendo hacia una espiritualidad que puede terminar en la gran apostasía. Para que esto llegue a pasar, como dice la Biblia, habrá "espíritus engañadores" que forman una espiritualidad casi imposible de distinguir de la verdad. Entonces, cada Cristiano debe discernir si el movimiento de la oración contemplativa es una manera de andar más de cerca con Dios o un engaño que socava el mismo Evangelio.

La oración contemplativa está próxima a extenderse por todo el mundo; ya ha encontrado aceptación en cada cultura y aun ha encontrado la manera de meterse dentro de los escritos de líderes evangélicos prominentes de confianza.

Pastores equivocados

Con mucha consternación he observado como líder tras líder Cristiano sucumbe al aliciente de la espiritualidad contemplativa. Podría utilizar otro capítulo entero advirtiendo sobre este peligro. Dos de estos líderes sobresalen, porque han influido el Cristianismo durante un tiempo largo. Temo que en los años por venir, muchos otros van a seguir a estas dos personas.

David Jeremiah, pastor de la iglesia Shadow Mountain Community Church, ha gozado de una audiencia muy amplia a través de su programa radial *Turning Point (Punto decisivo)*. El ha tenido la reputación de predicar el Evangelio, y ciertamente conoce bien el movimiento de la Nueva Era. En 1995, Jeremiah escribió un libro titulado *Invasion of Other Gods:the Seduction of New Age Spirituality (La invasión de otros dioses: La seducción de la espiritualidad Nueva Era)*. Su libro presentó una advertencia muy necesaria y excelente para alertar a la iglesia sobre la Nueva Era. Sin embargo, la espiritualidad contemplativa parece haber pasado el radar de Jeremiah sin detectarse, hasta el punto que parece que él la promueve. Si así es el caso, entonces los que le han admirado y seguido podrán estar expuestos a este peligro también.

En 2003 Jeremiah escribió un libro llamado *Life Wide Open (Viva la vida sin límites)*. El subtítulo es *Unleashing the Power of a Passionate Life (Libere el poder de una vida apasionada)*. En la introducción, Jeremiah dice a sus lectores:

> Un limitado puñado de nosotros hemos descubierto lo que el resto pagaría un ojo de la cara para saber: ¿Cómo podemos instilar *entusiasmo* real, vivo, en esta vida?[38]

Jeremiah dice que su libro es "un mapa para la vida de pasión y propósito",[39] y que esto "transformará totalmente la manera en que usted ve su existencia y su propósito".[40] El dice a sus lectores que "[Dios] tiene prisa para ayudarle a encontrar las cosas buenas que esperan a todo ser en esta tierra".[41] El añade:

> [Dios] ahora mismo está en la periferia de su alma, ayudándole a leer esta página y aplicando su vida a sus ideas, mientras susurra "¡Sí! ¡Léelo con toda atención! ¡Hacia allá es adonde vamos!" ¿Puede oír su voz? ¿Puede sentir los cambios que están llegando como lluvia de primavera?[42]

Como este libro procede de un líder Cristiano de confianza, se espera que David Jeremiah presentara a los lectores un camino orientado en el Evangelio. También se espera que ese "pequeño puñado" de personas que ha "descubierto lo los demás de nosotros pagaríamos muy caro para saber" tuviera bases valiosas en las verdades del Evangelio. Sin embargo, *Life Wide Open* no llena esta expectativa. En el libro, Jeremiah nombra gente contemplativa, Nueva Era, emergente, y místicos incluyendo: Sue Monk Kidd (presentada en capítulos anteriores), Peter Senge (defensor de la meditación al estilo budista), hermano Lawrence, Eugene Peterson, Erwin McManus (líder de la iglesia emergente), y Calvin Miller.

Jeremiah no solo citó a Miller en su libro *Into the Depths of God /En lo profundo de Dios*, (pro-contemplativo), sino que también le citó favorablemente cuando Miller desprecia himnos como "Castillo fuerte es nuestro Dios" o "La Roca Eterna" diciendo que es "música de consuelo para santos de piernas endebles".[43] Aunque las palabras de Jeremiah referente a himnos apreciados no tienen nada que ver con la oración contemplativa, creo que demuestran perfectamente como podría ser el Cristiano del futuro. Es muy preocupante el hecho de Jeremiah escoger a Miller como ejemplo a seguir. En *Into the Depths of God*, Miller anima a los lectores a practicar la oración centrada y explica que ésta es una unión entre el hombre y Dios:

> El centrar es la fusión de dos "seres"—de nosotros y de él (Dios). El centrar es unión con Cristo. No es una unión que erradica el ser del uno o el otro sino una que eleva a ambos.[44]

Into the Depths of God es una exhortación de practicar la espiritualidad contemplativa, y está saturado de citas de Thomas Merton y otros contemplativos. Miller habla de la "maravillosa relación entre el éxtasis [estado místico] y la transcendencia [de Dios]", y dice que "el éxtasis debe aumentar nuestro deseo para el Cielo".[45] Este estado de "éxtasis" es el mismo estado que Thomas Merton comparó con un viaje de LSD, y que le hizo decir que deseaba ser el mejor monje budista que le fuera posible.

En *Life Wide Open*, David Jeremiah, en la parte subtitulada "Entusiasmado sobre el futuro", cita el simpatizante del budismo Peter Senge. Jeremiah cita a Senge cuando comenta sobre el envejecimiento y perdida de vista en su libro *The Fifth Discipline (La quinta disciplina)*. La disciplina que Senge explica en su libro es la creencia que podemos crear nuestra propia realidad, muy semejante a la filosofía del proceso Hoffman Quadrinity que Ken Blanchard fomenta. Serge dice:

> En su fondo, todas las tradiciones contemplativas del mundo, de las cuales hay una variedad extraordinaria, provienen de una misma fuente... Antes de existir todas las religiones de los últimos 3.000 años o más, había una religión común que era compartida por la gente indígena alrededor del mundo.[46]

Ciertamente es desconcertante observar como David Jeremiah utiliza a Peter Senge y Calvin Miller como ejemplos de los que tienen "secretos" para nosotros; pero lo que más me preocupa es que Jeremiah cita favorablemente a Sue Monk Kidd. Como he explicado, Monk Kidd empezó siendo una maestra de la escuela dominical de los Bautista del Sur y terminó siendo una practicante de la oración contemplativa. Sin embargo, Jeremiah cita palabras del libro de Monk Kidd, *When the Heart Waits*, de manera que le da a ella credibilidad con los lectores de Jeremiah. En este libro, ella describe el proceso para encontrar su *verdadero yo* a través de los escritos de Thomas Merton y otros místicos. Todo esto le llevó últimamente a tener las siguientes creencias, que ella describe en su libro *The Dance of the Dissident Daughter (El baile de la hija disidente)*:

> Al profundizarme en la experiencia femenina espiritual, ese otoño fui iniciada dentro de mi cuerpo más íntimamente. Llegué a conocerme como la encarnación de la Diosa.[47]
>
> El despertar místico en todas las grandes tradiciones religiosas, incluyendo el Cristianismo, involucra llegar a una experiencia de unidad o no dualismo. En Zen se conoce como samadhi... la Transcendencia e inmanencia no son separados. El Divino es uno. El bailarín y todos los bailes son uno.[48] El día de mi despertar fue el día que yo vi y sabía que yo vi todas las cosas en Dios, y Dios en todas las cosas.[49]

When the Heart Waits es tan lleno de la espiritualidad contemplativa que cabe perfectamente entre los libros abiertamente Nueva Era. Hace poco estuve en una librería Nueva Era en Portland, Oregon, cuando hacía una labor de investigación. La librería tenía un estante "Bestseller" lleno de una variedad de libros sobre la Nueva Era y la metafísica. En este mismo estante se encontró *When the Heart Waits*. Me pareció irónico notar que en el estante justo debajo del libro de Monk Kidd había un libro sobre el trabajo de médiums supuestamente *escrito* por un espíritu guía llamado *Abraham*.

¿Cómo puede David Jeremiah alabar lo que él llama un buen ejemplo de una "pasión para Dios" y "algo que queremos abrazar con corazón y alma", que precede de un libro como *When the Heart Waits*? Jeremiah en su libro *Life Wide Open* cita a Monk Kidd cuando dice:

> Un viaje espiritual es muy semejante a un poema... usted lo baila, lo canta, lo llora, lo siente en la piel y en los

huesos . . . lo vive en el corazón y el cuerpo tanto como en el espíritu y la cabeza.⁵⁰

Pero lo que Monk Kidd siente en su piel y huesos y en su corazón y cuerpo no es el Evangelio Cristiano. ¿Cómo puede Jeremiah animar a sus lectores a abrazar la espiritualidad y la pasión de Monk Kidd, que le mandó en su viaje espiritual directamente a los brazos de Thomas Merton, alguien "saturado de sufismo"? (Ver capítulo dos).

Al leer el libro de Jeremiah, *Life Wide Open*, solo es posible llegar a esta conclusión: que Jeremiah ha sido influido por la misma cosa contra la cual él había advertido en 1995, cuando escribió de la Nueva Era en su libro *La invasión de otros dioses*. En este libro, Jeremiah dice del movimiento de la Nueva Era:

> Esta cosmovisión dice que Dios está en todo, entonces lo que existe, sea persona, cerdo, o encurtido, es parte de Dios. El problema con esta creencia es que la Palabra de Dios enseña que todo *no* es Dios. Dios está fuera de la creación.⁵¹

También añade:

> Mucha gente cree que Dios se revela a través de una experiencia mística . . . la Biblia dice que hay una sola manera para que la persona se salve, y es por medio de Jesucristo.⁵²

En un capítulo que él llama "La invasión del oriente", Jeremiah advierte:

> Millones de Americanos se han involucrado en las prácticas hindúes como el yoga, la meditación, el desarrollar estados alterados de conciencia, buscando "la iluminación" hindú, y varias prácticas ocultistas . . . necesitamos . . . .reconocer sus peligros . . . el llamado de sirena de la Nueva Espiritualidad puede estar entrando sigilosamente en su hogar cuando usted pensaba que las puertas estaban con candado. ¿Reconocerá sus pasos furtivos?⁵³

Pregunto al Pastor Jeremiah, ¿Reconocerá *usted* la Nueva Espiritualidad que ha entrado sigilosamente en sus libros más recientes?

En las propias narices de Jeremiah, los contemplativos han entrado en sus escritos; y ahora mismo por medio de su nivel de influencia, pueden entrar también en las vidas de incontables otros.

Jeremiah parece haber llevado su interés en lo contemplativo a un paso más adelante. En 2005 le invitaron como orador para la conferencia *Lidere como Jesús* de Ken Blanchard, programado para la iglesia de Max Lucado en Texas. Laurie Beth Jones (capítulo ocho) también fue invitada. Posteriormente la conferencia fue cancelada a causa del huracán Katrina. Sin embargo, cuando mi editorial contactó a *Lidere como Jesús*, le informaron que David Jeremiah y Ken Blanchard iban a trabajar juntos en futuros proyectos. Antes de la cancelación de la conferencia, Jeremiah escribió a mi editorial, diciendo que creía que Blanchard era un Cristiano consagrado, y además:

> [Blanchard] me dijo que su próxima conferencia tomaría lugar en la iglesia de uno de mis amigos, Max Lucado, y me honraban con la invitación de ser uno de los conferencistas.

Oro que Jeremiah obedezca su propia advertencia de 1995, y que se de cuenta que la espiritualidad contemplativa y la Nueva Era son idénticos. Mientras tanto, su propia iglesia puede estar virando hacia la misma dirección. En el website de la iglesia Shadow Mountain Community Church, en un boletín informativo del ministerio de los hombres de 2003, el pastor John Gillette menciona la vida contemplativa y anima a los hombres de la iglesia a seguir esta dirección, diciendo que Jesús practicaba el silencio. Cuando mi editorial contactó a este pastor y le preguntó cuáles autores recomendaba, ¡contestó nombrando su "libro favorito"—*Celebration of Discipline (La celebración de disciplina)*!

Lo irónico de la situación es que en 1996, durante un viaje al sur de California, intenté entregar un video al Dr. Jeremiah, advirtiéndole sobre los peligros de la oración mística. Yo mismo tenía una copia de *Invasion of Other Gods*, y vi a Jeremiah como mentor y aliado. Entregué el video a su secretaria, pero nunca recibí respuesta de él. Se puede preguntar ¿qué habría pasado con el video? Supongo que la información que he compartido aquí sea la respuesta. Pero con el libro *When the Heart Waits*, Jeremiah estaba cara a cara con el ocultismo.

Es posible que algunas personas verán mis críticas como divisivas y que juzgo mal. ¿Por qué he tenido que nombrar a ciertas personas, muchas de las cuales son muy amados y admirados por millones de Cristianos? Quiero aclarar que solo he buscado nombrar a los que realmente promueven o apoyan la espiritualidad contemplativa en forma pública y así están en la posición de engañar a mucha gente. Además, he limitado mis críticas a enfocar sus enseñanzas, y he evitado comentarios o conclusiones sobre su carácter, vida personal, o motivos. Sólo he buscado demostrar qué tan extendido ha llegado a ser el movimiento contemplativo en la iglesia Cristiana en total.

Hay otro hombre que tengo que mencionar, porque él también es aceptado por muchos como maestro digno de confianza. Charles (Chuck) Swindoll tiene un programa de radio popular llamado *Insight for Living*. En una transmisión de septiembre 2005 Swindoll citó en forma favorable a Henri Nouwn y a Richard Foster, pero no fue hasta que, en el mismo año, yo viera su libro *So You Want To Be Like Christ:Eight Essentials to Get You There (Quiere ser como Cristo:Ocho pasos esenciales para cumplirlo)*, que me di cuenta que Swindoll había sido influenciado por autores contemplativos. En el libro, Swindoll cita no solo a Richard Foster y a Henri Nouwen, sino también Eugene Peterson y Dallas Willard. El declara que sintió "una necesidad genuina . . . para cultivar una intimidad con el Todopoderoso".[54] El dice, "Hay un anhelo profundo entre Cristianos y no Cristianos"[55] para una intimidad con Dios; esta intimidad con Dios debe ser nuestra meta, y "la disciplina es el medio a este fin".[56] Capítulo tres del libro se titula "El silencio y la soledad". Allí, él dice a sus lectores que hay "secretos . . . que profundizarán nuestra intimidad con Dios",[57] para que podamos ver "lo que otros pasan por alto".[58] Al intentar explicar estos secretos, se refiere a la Escritura nombrada con tanta frecuencia por los contemplativos, Salmo 46:10: "Estad quietos, y conoced que yo soy Dios". El también dice:

> Al seguir nuestro camino hacia la intimidad con el Todopoderoso, el Salmo 46:10 nos llama a la disciplina del silencio... ¿Qué pasa cuando usted y yo nos entregamos a períodos de silencio absoluto y sin interrupción?[59]

Swindoll se refiere a una entrevista entre la madre Teresa (contemplativa e inter-espiritualista) y el antiguo presentador radial de entrevistas Dan Rather, cuando ella explicó a Rather el concepto del silencio. Swindoll entonces exhorta a sus lectores a "descubrir sus secretos para sí mismos".[60] Sin embargo, él evita describir el método en sí, de la oración contemplativa, diciendo, "Usted puede descifrarlo por sí solo", llamándolo el "misterio de piedad"[61] (que en realidad es una referencia en la Biblia a la deidad de Jesucristo, no al silencio, 1 Timoteo 3:16). El lleva el caballo al agua como dice el proverbio, citando favorablemente a Foster, Nouwen, y Willard a todo lo largo del libro.

Swindoll llega al punto de sugerir que sin el silencio, no podemos *realmente* conocer a Dios, y añade:

> Tiempos sostenidos de silencio son *indispensables* para que esto [ser como Cristo] ocurra... Le animo a descubrir esto por sí mismo.[62] (Énfasis Yungen)

El termina citando a Henri Nouwen en su libro *The Way of the Heart* y después reflexiona diciendo, "No creo que una persona puede llegar a tener profundidad [intimidad con Dios] sin la quietud y el silencio".[63]

Esta declaración revela un concepto equivocado. No es el silencio que nos acerca a Dios y nos permite ser "una persona profunda" como insisten Swindoll y los contemplativos. Las Escrituras claramente enseñan que es sólo por la sangre expiatoria de Jesucristo que podemos tener acceso a El. No podemos ni añadir a ello ni restar nada. Cuando nacemos de nuevo, estamos unidos a El tanto como es posible estar. La expiación por medio de la sangre de Jesús es la única forma de poder llegar a la presencia de Dios. El Antiguo Testamento habla del propiciatorio, donde dice el Señor, "de allí me declararé a ti, y hablaré contigo" (Éxodo 25:22). ¡Qué asombroso! Un Dios Santo se reúne con el hombre, pero sólo cuando hay una expiación por sangre. Hebreos 10:19–22, refiriéndose al Antiguo Testamento, dice que Jesús, por Su sangre, es el cumplimiento de la ley. Cuando Jesús murió, el velo fue rasgado, y por medio de Cristo (por el nuevo pacto), la entrada al Lugar Santísimo fue abierta para TODO aquel que cree. No necesitamos entrar en un trance meditativo para estar en la presencia de Dios.

Algunos dice que Swindoll, cuando habla de silencio, solo se refiere a un tiempo de quietud lejos de los afanes de la vida. Pero si esto fuera cierto, ¿por qué distingue entre el silencio y la soledad? Se refiere a la soledad como el apartarse del ruido exterior, pero clarifica que el silencio es una quietud interna como la que describe Henri Nouwen en *The Way of the Heart*.

Aunque en este punto Swindoll no enseña netamente el uso de mantras o estados alterados [de conciencia], su apoyo de contemplativos y la repetición de palabras indica que él se está moviendo hacia el campo contemplativo. Típicamente los que empiezan a seguir los autores que nombro en este libro, y empiezan a promover el silencio, prosiguen un viraje descendiente que termina en el misticismo pleno y el engaño. Es crucial entender que el libro de Nouwen, *The Way of the Heart*, es un verdadero manual sobre la práctica de la oración contemplativa. Por ejemplo, en su presentación radial de 2005, Swindoll leyó una porción de *The Way of the Heart* donde Nouwen se refiere al silencio de la mente, contrapuesto al silencio de no hablar.

Estad quietos y conoced . . .

La evidencia dela creciente popularidad de la espiritualidad contemplativa dentro del Cristianismo existe por todos lados. En abril del 2006, Fox Home Entertainment produjo un DVD titulado *Be Still (Estad quieto)*. Fox describe la película así:

> . . . una película extraordinaria que demuestra la reflexión contemplativa como parte vital de nuestro diario vivir . . . presenta una sección útil de "cómo" la oración contemplativa puede utilizarse por cualquier persona en

cualquier momento para mejorar su vida. (Tomado del website de Fox)

La película, como había de esperar de una producción de esta naturaleza, presenta prominentes promotores del pensamiento contemplativo como Richard Foster, Calvin Miller, Jan Johnson,* y Dallas Willard. Pero fue sorprendente ver otros dos líderes Cristianos bien conocidos participando en el proyecto—Beth Moore y Max Lucado.

Los estudios bíblicos de Moore se utilizan extensamente por mujeres Cristianas, y sus libros se encuentran en la mayoría de las librerías Cristianas. Ella es entusiasta, erudita, y sus materiales considerados dignos de confianza y de mucha ayuda. ¿Qué hace ella, con una presentación que promueve la oración contemplativa? De este tema, Richard Foster dice:

> Lo maravilloso de la oración contemplativa es que puede encontrarse en cualquier parte, en cualquier lugar y momento, por cualquier persona. Llegamos a ser un santuario portátil, de modo que estamos viviendo nuestra vida, donde sea, conscientes de la bondad de Dios, de la presencia de Dios.[64]

Si lo que dice Foster es cierto, que cualquier persona puede practicar la oración contemplativa y llegar a ser un santuario portátil (una casa donde habita Dios), entonces la Biblia se equivoca cuando dice que Dios vivirá sólo con la persona que ha nacido de nuevo por medio de Jesucristo. Recordemos lo que Jesús dijo a Nicodemo, "el que no naciere de nuevo, no puede ver el reino de Dios" (Juan 3:3).

Los escépticos podrían decir, *"Bueno, Foster realmente no quiso decir cualquier—no habla de los inconversos practicando la oración contemplativa."* ¡Pero sí, lo hace! Miremos lo que él dice en su conocido libro, *Celebration of Discipline (La celebración de la disciplina)*:

---

*Ver el capítulo cuatro sobre posición de Jan Johnson sobre lo contemplativo

No necesitamos ser muy avanzados en asuntos de la teología para practicar las Disciplinas. Los que son recién convertidos—o aún los que todavía no han dado sus vidas a Jesucristo—pueden y deben practicarlas.*

Así, cuando Foster dice "cualquier" en el DVD *Be Still (Estad quietos)*, su sentido realmente es cualquier. En el DVD, Foster también cita las palabras del sacerdote jesuita del siglo 18, Jean Nicolás Grou: "Oh Divino Maestro, enséñame este lenguaje mudo que dice tanto".[65] Este "lenguaje mudo" es aquel lenguaje de Thomas Merton, Henri Nouwen, y tantos otros que he nombrado en este libro.

Hay que preguntar ¿es Beth Moore una defensora del lenguaje de oración de los místicos? Pienso que es una pregunta justa, a la luz de su involucramiento en el DVD. Después de salir *Be Still*, algunas personas estaban preocupadas que estuviera en la película. Las cartas y llamadas a su ministerio, Living Proof Ministries, causaron que Moore presentara una declaración, donde dijo:

> Desde su producción [el DVD *Be Still*], he estado confundida por algunas preguntas si soy o no promotora de clases de oración que contienen elementos de la meditación oriental. No solo respondo que no, el pensamiento nunca se me había ocurrido . . . no estoy involucrada en ninguna clase de movimiento de la iglesia emergente ni tampoco ninguna clase de movimiento de oración mística.[66]

Unas pocas semanas después de la declaración inicial de Moore, su ministerio presentó una segunda respuesta, que afirmó su apoyo al DVD: "[Nosotros] creemos que una vez que usted haya visto el video *Be Still*, estará convencido que no hay problema con su expresión de Verdad". La carta por internet ofreció enviar a toda persona una copia prestada del DVD para "asegurar . . . que no haya problema con la participación de Beth en el video *Be Still*".[67]

Celebration of Discipline, Edición revisada 1988, pág. 2

Living Proof envió este email unas semanas después de que mi editorial contactara su oficina y le enviara una copia de *A Time of Departing (Un tiempo de apostasía)* expresando nuestra preocupación. Según sé, ninguna respuesta llegó de Beth Moore o su ministerio sobre mi libro y la advertencia contra la oración contemplativa.

La posición de Moore sobre este tema puede encontrarse en su libro *When Godly People Do Ungodly Things (Cuando gente piadosa hace cosas impías)*. En este libro, Moore revela su entusiasta afinidad con Brennan Manning al citarle favorablemente por todo el libro y dice, " Dios ha permitido que Manning lleve a los confundidos de nuestra generación de creyentes un regalo sin paralelo".[68] Del libro de Manning, *Ragamuffin Gospel (El evangelio de los andrajosos)*, Moore dice que es "entre los libros más admirables"[69] que jamás había leído. ¡Pero en ese libro, Manning alaba a Basil Pennington* (porque lo introdujo a la oración centrada) y a numerosos otros contemplativos, incluyendo a Sue Monk Kidd!

En una sección del libro de Moore sobre la *oración incesante*, Moore dice:

> He notado la terminología del hermano Lawrence, que llamó el orar sin cesar el *practicar la presencia de Dios*. De hecho, el practicar la presencia de Dios ha sido mi meta número uno durante este último año.[70]

Moore escogió como modelo de practicante de la oración incesante a alguien considerado entre los contemplativos como modelo de la oración mística. Además en el DVD ella dice:

> Si no estamos quietos delante de El [Dios], nunca conoceremos hasta el fondo de la médula de nuestros huesos que El es Dios. Tiene que haber una quietud.[71]

Si el significado de quietud para ella es simplemente un tiempo quieto para reflexionar o pensar, entonces no hay problema. Pero esto no es lo que promueve el movimiento de la oración contemplativa.

---

*Ver capítulo tres sobre Basil Pennington

Lo que promueve es algo totalmente diferente. La quietud en este contexto es un estado alterado de conciencia, uno que se ha logrado a través de la repetición de palabras o frases. Por la documentación presentada en este libro, creo que está comprobado que, entre ellos, este es el significado de quietud.

Aunque el DVD *Be Still* nunca enseña abiertamente las técnicas de mantra, continuamente utiliza el término "oración contemplativa" a lo largo de la película, y fomenta en su audiencia una actitud receptiva a las enseñanzas de miles de directores espirituales que *sí*, enseñarán estas técnicas.

No busco perjudicar a Beth Moore, sino demostrar que a pesar de lo que podrían ser sus motivos, una líder principal entre Cristianos conservadores, *sí*, promueve la oración contemplativa.

Viviendo en un tiempo de apostasía

Los promotores del movimiento contemplativo insisten que hay algo vital e importante que ha hecho falta en la iglesia durante siglos. Lo que insinúan es que los Cristianos han necesitado algo para su vitalidad espiritual. Pero si esto fuera cierto, significaría que el Espíritu Santo no hubiera sido totalmente efectivo durante siglos, y que sólo ahora se ha encontrado la llave secreta que abre el poder de Dios para poderle realmente conocer. Estos promotores creen que el Cristianismo ha sido tremendamente limitado sin este ingrediente especial. Esta clase de pensamiento lleva a la conclusión que el Cristianismo bíblico tradicional ha sido solamente una filosofía sin vida, porque hacía falta el factor de la oración contemplativa. Los de este movimiento hacen distinción entre el estudiar y meditar la Palabra de Dios, versus experimentar a Dios; y sugieren que no Le podemos oír ni conocer solo por medio de estudiar Su Palabra u orar en la forma tradicional—es necesario tener el elemento contemplativo.

Pero la Biblia dice claramente que la Palabra de Dios es viviente y activa y que *siempre* ha tenido este poder. Es a través de llenar nuestra mente con Su Palabra que llegamos a amarle, y no por medio de una práctica mística de *detener el fluir del pensamiento* (i.e. la quietud) que nunca se menciona ni una sola vez en la Biblia, aparte de la advertencia contra vanas repeticiones.

En el capítulo tres cité la declaración de Thomas Merton que vio varias religiones orientales "unirse en su vida" (como místico Cristiano). En un nivel práctico y racional, el Cristianismo y las religiones orientales no pueden mezclarse; pero al añadir el elemento místico, pueden unirse de la misma manera que el agua y el aceite no se mantienen separados después de añadir jabón. Para ser más claro, digo que el misticismo *neutraliza* diferencias doctrinales, al sacrificar la verdad de las Escrituras por una experiencia mística. El misticismo ofrece un terreno común, diciendo que *hay divinidad en todo*. Pero sabemos por las Escrituras que "Uno es Dios, y no hay otro fuera de él," (Marcos 12:32).

En un folleto publicado por la iglesia Saddleback Church sobre la madurez espiritual, se encuentra la siguiente cita por Henri Nouwen:

> La soledad empieza con un tiempo y lugar para Dios, y solo El. Si realmente creemos no solamente que Dios existe, sino que también que está presente en forma activa en nuestras vidas—sanando, enseñando, guiando— necesitamos apartar *un tiempo y espacio* para darle nuestra atención no dividida.[72] (Énfasis Yungen)

Cuando entendemos lo que Nouwen realmente quiere decir con "tiempo y espacio" para Dios, podemos ver el engaño y la vaciedad de su espiritualidad. En su reciente biografía de Nouwen, *God's Beloved (El amado de Dios)*, Michael O'Laughlin dice:

> Algunos nuevos elementos empiezan a surgir en el pensamiento de Nouwen cuando él descubrió a Thomas Merton. Merton abrió para Henri una vista atrayente del mundo del pensamiento contemplativo y una manera de ver con nuevos ojos no solo a Dios sino también al mundo ... si alguna vez existía un tiempo cuando Henri Nouwen deseaba entrar en el reino de los maestros espirituales o dedicarse a *un camino espiritual más alto*, fue cuando cayó bajo el hechizo del monaquismo cisterciano y *los escritos de Thomas Merton*.[73] (Énfasis Yungen)

En su libro *Thomas Merton: Contemplative Critic (Thomas Merton:crítico contemplativo)* Nouwen habla de los "nuevos ojos" que Merton le ayudó a tener; él alaba a Merton por "tener tanto impacto" sobre su vida, y que él era el hombre que "le inspiró grandemente".[74] Pero cuando leemos la detallada descripción de Nouwen, algo preocupante sale a la luz. Nouwen explica el peregrinaje espiritual de Merton a la espiritualidad contemplativa. Esto es muy interesante para los que, como yo, han buscado las raíces de las afinidades espirituales de Merton. Resulta, explica Nouwen, que Merton fue influido por el místico de LSD Aldous Huxley, quien le "llevó a un nivel más profundo de conocimiento" y que "era uno de los novelistas favoritos de Merton".[75] Fue el libro de Huxley *Ends and Means (Resultados y medios)* que primero puso a Merton "en contacto con el misticismo".[76] Merton dice:

> El [Huxley] había leído extensa y profunda e inteligentemente toda clase de literatura mística Cristiana y oriental, y había llegado a *la asombrosa verdad* que todo esto, lejos de ser una mezcla de sueños y magia y charlatanismo, era *muy real y muy serio*.[77] (Énfasis Yungen)

Es por eso, como revela Nouwen, que el viaje espiritual místico lo llevó directamente a los brazos del budismo:

> Merton aprendió de él [Chuang Tzu, taoísta] lo que Suzuki [maestro de zen] había dicho de zen: "Zen no enseña nada; solamente nos permite despertarnos y darnos cuenta".[78]

¿Darnos cuenta de qué? De la naturaleza de Buda, la Divinidad que hay en todo. Por eso Merton dijo que si supiéramos lo que hay dentro de cada uno de nosotros, nos arrodillaríamos y nos adoraríamos los unos a los otros. La caída de Merton en el pensamiento contemplativo le llevó a creer que Dios está *en* todas las cosas y que Dios *es* todas las cosas. Esto se ve claramente cuando Merton dice:

> La verdadera soledad es participar en la soledad de Dios—
> Quien está en todas las cosas . . . [79]

Nouwen añade:

> [Chuang Tzu] despertó y le guió [a Merton] . . . al terreno
> más profundo de su conciencia.[80]

Esto ha sido la estrategia de Satanás desde el huerto de Edén, cuando la serpiente le dijo a Eva, "Seréis como Dios", (Génesis 3:4). Este mismo pensamiento es el fundamento de la oración contemplativa.

En sus esfuerzos para llegar a ser místico, Merton encontró la instrucción de un swami hindú, a quien Merton se refirió como el Dr. Bramachari. Bramachari jugó un rol clave en el futuro punto de vista espiritual de Merton. Nouwen lo reveló cuando dijo:

> Entonces él [Merton] se impresionó más cuando este monje hindú le señaló la tradición mística Cristiana . . . Parece realmente providencial que este monje relacionara la curiosidad juvenil de Merton hacia lo oriental y que le hizo sensible a la riqueza del misticismo occidental.[81]

¿Por qué promovería un monje hindú la tradición mística *Cristiana*? La respuesta es fácil: son una misma cosa. Aunque las palabras que se repiten sean diferentes [palabras Cristianas como Abba, Padre, etc. en vez de palabras hindúes] el resultado final es el mismo. Y el monje hindú lo sabía. Bramachari entendió que Merton no tenía necesidad de adoptar el hinduismo para conseguir la misma *iluminación* que él mismo había experimentado bajo la tradición del misticismo hindú. En realidad Bramachari demuestra lo que busco comprobar con *Un tiempo de apostasía*: Que todas las tradiciones *místicas* del mundo básicamente provienen de la misma fuente y enseñan los mismos principios . . . y esa fuente no es el Dios del Antiguo y Nuevo Testamento . . . ¡y ese Dios no es inter-espiritual!

El Cristianismo evangélico se lleva, aún se catapulta, hacia el pensamiento de ver a Dios con *los nuevos ojos* de la oración contemplativa. Entonces, hay que hacer el interrogante, ¿es el silencio de Thomas Merton, el espacio de Henri Nouwen, y la oración contemplativa de Richard Foster la mejor manera de conocer y acercarnos a Dios? O tenemos aquí un sistema espiritual de creencia que es contrario a lo que la Biblia realmente define—que hay un solo camino a Dios y esto es por medio de Su Hijo unigénito, Jesucristo, cuyo sacrificio en la Cruz consiguió nuestra plena salvación. En este libro, he buscado contestar estas preguntas con evidencia contundente extensiva y documentación demostrando los peligros de la oración contemplativa.

Si llega a pasar lo que me preocupa para el futuro, entonces estaremos entrando realmente en un tiempo de apostasía. Mi oración es que usted no se aparte de la fe siguiendo un evangelio diferente y a un Jesús diferente, sino que termine la carrera, y habiendo acabado todo, este firme.

> Por tanto, tomad toda la armadura de Dios, para que podáis resistir en el día malo, y habiendo acabado todo, estar firmes. (Efesios 6:13)

Verdaderamente *hay* esperanza para el Cristiano del futuro. En Cristo, tenemos una esperanza segura, y tenemos Su promesa de Mateo 16:18, que las puertas del Hades no prevalecerán contra nosotros. Sí, habrá un tiempo de apostasía, como dice la Biblia, y podemos estar seguros que una iglesia apóstata ayudará a que aparezca el "hombre de pecado" en el tiempo señalado; pero también habrá la Novia que se ha alistado para el regreso del Señor. Entonces, con estas palabras, estimado lector, me despido y le deseo discernimiento espiritual y seguro fin de viaje.

> Y este es el testimonio: que Dios nos ha dado vida eterna; y esta vida está en su Hijo. El que tiene al Hijo, tiene la vida eterna; el que no tiene al Hijo de Dios no tiene la vida. (1 Juan 5:11–12)

UNA NOTA ESPECIAL DE RAY YUNGEN

Después de leer este libro, si tiene preguntas sobre su relación con Dios, recuerde que el conocer a Jesucristo no es solamente un mero asunto de religión o de espiritualidad, sino es una relación personal con El.

Romanos 10:2 habla de los que tienen "celo de Dios, pero no conforme a la ciencia". Muchos autores contemplativos describen haber sufrido una desolación espiritual antes de buscar en la oración mística una respuesta; por consiguiente, tienen un agudo sentido de fracaso espiritual que los impelen a los brazos abiertos del silencio.

Por contraste, el Evangelio presenta un plan que en forma única es iniciado por Dios.

Las Escrituras dicen claramente que la salvación depende completamente de la gracia de Dios: "Porque por gracia sois salvos por medio de la fe; y esto no de vosotros, pues es don de Dios; no por obras, para que nadie se gloríe", (Efesios 2:8–9). Además, la muerte de Cristo en la cruz por nuestros pecados es evidencia tangible que nos convence que no pudimos ganar ni merecer nuestra salvación. Cuando Jesús dijo "¡Consumado es!" (Juan 19:30), El proclamó en estas dos palabras que nuestra salvación descansa totalmente sobre la obra terminada por Cristo en la Cruz.

Entonces, le aconsejo que se cuide de toda enseñanza que sugiere que la obra de Cristo fue incompleta o inútil, o que ha otros caminos a Dios. Jesucristo dijo "Yo soy el camino, y la verdad, y la vida; nadie viene al Padre, sino por mí", (Juan 14:6).

El Cristianismo es diferente de toda otra religión porque no contiene el principio erróneo que el hombre es básicamente bueno (o divino), y por consiguiente puede ganar su camino al Cielo.

Si nunca ha encontrado la paz de conocer a Cristo, le animo a leer los primeros cinco capítulos del libro de Romanos, y permitir al Espíritu Santo mostrarle el significado de lo que allí se dice y se ofrece. El único requisito es que usted reconozca que es pecador y así que no puede salvarse a sí mismo. Entonces, con sencilla fe, dígale a Dios que ahora confía en Cristo, y solo en El, como su Señor y Salvador.

> Justificados, pues, por la fe, tenemos paz para con Dios por medio de nuestro Señor Jesucristo; por quien también tenemos entrada por la fe a esta gracia en la cual estamos firmes, y nos gloriamos en la esperanza de la gloria de Dios. (Romanos 5:1–2)

GLOSARIO DE TÉRMINOS

Chacras
Los de la Nueva Era creen que hay siete centros de energía en el hombre que se abren durante el efecto kundalini en la meditación.

Conciencia de Cristo
Los de la Nueva Era enseñan que este es el estado de conocimiento alcanzado por medio de la meditación cuando uno se da cuenta que es divino y es uno con Dios y así llega a ser un Cristo o un ser iluminado.

Era de Acuario
Este signo del zodiaco es representado por el portador de agua, Era de la Tierra. El término Nueva Era se refiere a la Era de Acuario que ahora está reemplazando la Era de Piscis. Según los astrólogos, 2000 años representan una era. La Nueva Era dice que la Era de Acuario será un tiempo de utopía.

Espacio sagrado
Un lugar real donde la persona va para ejercer su práctica mística, o también puede ser un estado de silencio, o el estado de experiencia mística.

Estado alterado de conciencia
Un estado anormal de la mente producido por las drogas o la meditación.

Formación espiritual
La enseñanza y práctica de las *disciplinas espirituales*.

Inter-espiritualidad
El punto de vista que dice que todas las religiones del mundo al nivel místico son idénticas, y así que debe haber cooperación entre ellas.

Lectio Divina
Quiere decir "lectura sagrada". En el movimiento contemplativo de hoy, se acostumbra a tomar una sola palabra o una frase pequeña de las Escrituras y repetir las palabras vez tras vez.

Kundalini
Una energía poderosa que se consigue por la meditación, asociada con las Chacras. (Kundalini quiere decir "la serpiente".)

Mantra
Se repite una palabra o varias palabras en silencio o en voz alta para producir un estado alterado de la conciencia.

Meditación
La meditación es practicada por todas las religiones principales y muchas veces se describe como una disciplina esencial para el crecimiento espiritual. Sin embargo, como pasa con el misticismo, hay una gran diversidad en la práctica de la meditación. Mientras algunos ven la meditación como tener un tiempo para pensar en quietud sobre la vida o sobre Dios, otros usan las técnicas de meditación para experimentar un estado alterado de la conciencia, que les facilita experiencias esotéricas. También la meditación se promueve en la sociedad secular para beneficios personales de salud, relajamiento, y productividad aumentada.

Meditación bíblica
Un proceso normal de pensamiento, reflexionando sobre las cosas de Dios y preceptos bíblicos.

Metafísica
Lo que es más allá del reino físico, o que se refiere a lo sobrenatural.

Nueva Era
La Era de Acuario, supuestamente una Era Dorada, cuando el hombre llegue a darse cuenta de su poder y divinidad.

Nuevo Pensamiento
Este movimiento busca unir los conceptos típicamente ocultistas con términos Cristianos.

Ocultismo
Lo que es escondido; la práctica de la metafísica a través de la historia.

Oración centrada
Un término que también significa meditación contemplativa (es decir, entrando al fondo de su ser). Es una clase de meditación que se promueve en muchas iglesias de las principales denominaciones haciéndola pasar por la oración tradicional.

Oración contemplativa
Algo que suspende el pensamiento a través del uso de palabras o frases repetidas.

Oración de Jesús
Una versión popular de esta oración es *Señor Jesucristo, Hijo de Dios, ten misericordia de mí, pecador*, que a menudo se abrevia a solo decir *Jesús*.

Padres del desierto
Los monjes que, alrededor del tercer siglo, vivían en aislamiento, y que fueron los primeros en enseñar la práctica de la oración contemplativa.

Panteísmo
Dios es todo. El universo y toda la vida están unidos totalmente.

Esto es la realidad total de Dios. Así que el hombre, los animales, las plantas, y toda materia física se ven como iguales. Conclusión: como todo es uno, todo es deidad.

Panenteísmo
Dios está *dentro* de todo lo que hay. Bajo el panenteísmo, Dios es a la vez personal y también está dentro de toda la creación. Es una cosmovisión universal que cree que Dios está en todas las personas, y que algún día toda la creación de Dios será salva y una misma cosa con El.

Reiki
La energía que es canalizada a través de la persona que está conectada con el poder Reiki. Literalmente el término quiere decir "energía de Dios".

Sabiduría antigua
Las supuestas leyes del Universo que permiten al practicante experimentado ver su propia divinidad; término alternativo para la metafísica o el ocultismo.

El silencio
La ausencia de los pensamientos normales.

Visualización creativa
La formación de imágenes en la mente durante la meditación, de lo que el practicante quiere que suceda. En otras palabras, la persona crea su propia realidad.

Universalismo
La creencia que toda la humanidad tiene ahora, o llegará a tener, una conexión positiva y una relación con Dios.

Yo falso
El *yo falso* es la personalidad que otros observan. Uno desecha el yo

falso para ver su *verdadero* yo a través de la meditación por mantra. Los de la Nueva Era consideran que personas como Buda, Ghandi, y aun Jesucristo, son ejemplos de personas que han encontrado su verdadero yo.

Yo superior

El supuesto yo-Dios dentro, que los de la Nueva Era buscan a través de la meditación. También lo llaman el yo-Cristo o el yo superior.

NOTAS AL PIE DE LAS PÁGINAS

1 La denominación invisible

1. M. Scott Peck, *Further Along the Road Less Traveled* (Simon & Schuster Audioworks, 1992).

2. Jack Canfield, "Choosing to Be Happy" (*India Today Plus*, Third Quarter, 1997).

3. John Michael Talbot, *Come to the Quiet* (New York, NY: Tarcher, 2002), front matter, Introduction, p. 8.

4. Ken Blanchard, *What Would Buddha Do At Work?* (Berkeley, CA: Seastonre, an imprint of Ulysses Press, 2001), Foreword.

5. Brian McLaren, *A Generous Orthodoxy* (Grand Rapids, MI: Zondervan, 2004), p. 260.

6. Steve Turner interviewing Matthew Fox, "Natural Mystic?" (Nine O Clock Service, March 1995, http://members.tripod.com/nineoclockservice/mattiefx.htm).

7. David Spangler, *Emergence, the Rebirth of the Sacred* (New York, NY: Dell Publishing Co., New York, NY, 1984), p. 26.

8. Michael D. Antonio, *Heaven on Earth* (New York, NY: Crown Publishing, 1992), p. 13.

9. Robert C. Fuller, *Spiritual But Not Religious* (New York, NY: Oxford University Press Inc., 2001), p. 99.

10. William Lee Rand, "Keeping Reiki Free" (*Reiki News Magazine*, Spring 2005), p. 37.

11. Marion Weinstein, *Positive Magic: Occult Self-Help* (Custer, WA: Phoenix Publishing, 1978), p. 19.

12. Ibid., p. 25.

13. Mark B. Woodhouse, *Paradigm Wars, World Views for a New Age* (Frog Ltd. Publishing, 1996), p. 47.

Note: Los nombres de autores y títulos no han sido traducidos en esta sección, ya que los títulos para libros traducidos al español pueden variar mucho de su traducción literal al español. A causa de los cambios constantes del Internet, los websites anotados aquí pueden cambiarse.

14. Richard Kirby, *The Mission of Mysticism* (London, UK: SPCK, 1979), p. 6.

15. Ann Wise, *The High Performance Mind* (Los Angeles, CA: Tarcher/Putnam,1995), p. 57.

16. Barry Long, *Meditation, a Foundation Course* (Barry Long Books, 1995), p. 13.

17. Swami Rama, *Freedom From the Bondage of Karma* (Himalayan Institute, 1977), p. 66.

18. Mary Ellen Lafferty, "The Joys and Frustrations of Being a Healer" (*Life Times*, Issue Number 3), p. 59.

19. W.E. Butler, *Lords of Light* (Rochester, VT: Destiny Books, 1990), p. 74.

20. David L. Smith, *A Handbook of Contemporary Theology* (Victor Books, 1992), p. 273.

21. Brian Tracy, *Maximum Achievement* (New York, NY: Simon and Schuster, 1993), pp. 179, 17.

22. "Change of Heart," (*The Sunday Oregonian,* September 19, 1993), p. L1.

23. *AM Northwest Morning Talk Show,* KATU Channel 2, Portland, OR, Interview with Wayne Dyer, March 27, 1997.

24. Jeremy Tarcher, "Living with Vision" (*Science of Mind,* April 1, 1992), p. 44.

25. Shakti Gawain, *Creative Visualization* (Novato, CA: Nataraj Publishing, 2002), back cover.

26. Ibid., 1983, 9th Printing, p. 57.

27. Julia Cameron, *The Artist's Way* (New York, NY: William Morrow Co., 10th Anniversary Edition), front & back covers.

28. *What's New at Stiles* newsletter, 1985.

29. Terry Mattingly, "Marketplace of the Gods" (*Christian Research Journal,* May/June 1986), p. 6.

30. Ross Robertson, "Synchronicity Goes to Hollywood" (*What is Enlightenment?* magazine, November 2004/February 2005), p. 65.

31. W.E. Butler, *Lords of Light,* op. cit., p. 164.

32. Storma Swanson, *Attuning to Inner Guidance* (Beaverton, OR: Seabreeze Press, 1982).

33. Jacqueline Small, *Embodying Spirit* (New York, NY: Harper Collins Publishing, 1994), p. 97.

34. Geoffrey Parrinder, *World Religions from Ancient History to the Present* (*Facts on File Publications,* New York, N.Y., 1971), p. 155.

35. Peter Caddy at the "Whole Life Expo" in California in the 1980s,

a conference which Ray Yungen attended.

36. Rev. Leddy Hammock, *Questions, Answers, and Ultimate Answers* pamphlet (Unity-Clearwater Church, Clearwater, FL).

37. David Eastman, "Kundalini Demystified" (*Yoga Journal*, Issue 64, September/October 1985), p. 43.

38. "Baba Beleaguered" (*Yoga Journal,* Issue 63, July/August 1985), p. 30, reprinted from Co-Evolution Quarterly.

39. Ibid., p. 30.

2 El yoga del occidente

1. William Johnston, *Letters to Contemplatives* (Orbus Books, 1992), p.1.

2. Alice Bailey, *From Intellect to Intuition* (New York, NY: Lucis Publishing Co., 1987, 13th printing), p. 193.

3. William Johnston, *Lord, Teach Us to Pray* (New York, NY: Harper Collins Publishers, 1991), p. 54.

4. Ibid., p. 58.

5. Walter A. Elwel, *Evangelical Dictionary of Theology* (Grand Rapids, MI: Baker Book House, 1984), p. 818.

6. Ken Kaisch, *Finding God: A Handbook of Christian Meditation* (New York, NY: Paulist Press, 1994), p. 283.

7. William Johnson, *The Mystical Way* (New York, NY: Harper Collins, 1993), p. 224.

8. William Shannon, *Silence on Fire* (New York, NY: The Crossroad Publishing Company, 1991), p. 99.

9. Willigis Jager, *Contemplation: A Christian Path* (Ligouri, MO: Triumph Books, 1994), p. 93.

10. Richard Kirby, *The Mission of Mysticism,* op. cit., p. 7.

11. William Johnston, *Letters to Contemplatives,* op. cit., p. 13.

12. Willigis Jager, *Contemplation: A Christian Path* (Triumph Books, 1994), p. 31.

13. Ken Kaisch, *Finding God*, op. cit., cited from *The Cloud of Unknowing*, p. 223.

14. Kenneth L. Woodward, "Talking to God" (*Newsweek,* January 6, 1992), p. 44.

15. Jerry Alder, "In Search of the Spiritual" (*Newsweek*, August/September 2005, Special Report: "Spirituality in America"), p. 48.

16. Michael Leach (*America*, May 2, 1992), p. 384.

17. M. Basil Pennington, *Centered Living: The Way of Centering Prayer* (New York, NY: Doubleday Publishing, Image Book edition, September 1988), p. 10.

18. Sheed & Ward Catalog, Winter/Lent, 1978, p. 12.

19. William Shannon, *Seeds of Peace* (New York, NY: Crossroad Publishing, 1996), p. 25.

20. Anne A. Simpson, "Resting in God" (*Common Boundary* magazine, Sept./Oct. 1997, http://www.livingrosaries.org/interview.htm), p. 25.

21. *Catechism of the Catholic Church* (Urbi et Orbi Communications, 1994), p. 652.

22. Randy England, *The Unicorn in the Sanctuary* (Trinity Communications, 1990), p. 159.

23. Marcus Borg, *The Heart of Christianity* (San Francisco, CA: Harper, 2004), p. 7.

24. Kimberly Winston, "Get Thee to a Monastery" (*Publisher's Weekly*, April 10, 2000), p. 39.

25. Bruce Epperly, *Crystal & Cross* (Mystic, CT: Twenty-third Publishers, 1996), p. 14.

26. Spiritual Directors International, Conference Workshops: "Exile or Return? Accompanying the Journey into Contemplative Prayer" (http://www.sdiworld.org/conference_workshops.html, accessed 12/2005).

27. William Shannon, *Seeds of Peace,* op. cit., p. 66.

28. Daniel Goleman, *The Meditative Mind* (Los Angeles, CA: Tarcher/Putnam Inc., 1988), p.53.

29. Ken Kaisch, *Finding God*, op. cit., p.191.

30. Father William Teska, *Meditation in Christianity* (Himalayan Institute., 1973), p.65.

31. Tilden Edwards, *Living in the Presence* (San Francisco, CA: Harper & Row, 1987), Acknowledgement page.

32. Jacquelyn Small, *Awakening in Time* (New York, NY: Bantam Books, 1991), p. 261.

33. Ronald S. Miller, Editor of *New Age Journal*, *As Above So Below* (Los Angeles, CA: Tarcher/Putnam, 1992), p. 52.

34. Tav Sparks, *The Wide Open Door* (Center City, MN: Hazelden Educational Material, 1993), p. 89.

35. Tilden Edwards, *Spiritual Friend* (New York, NY: Paulist Press,1980), pp. 162-163.

36. Ibid., p. 18.

37. Charles Spurgeon, *Morning and Evening* (Hendrickson Publishers, 1991), p. 392.

38. Philip St. Romain, *Kundalini Energy and Christian Spirituality* (New York, NY: Crossroad Publishing Company, 1995), p. 24.

39. Ibid., pp. 20-21.

40. Ibid., pp. 22-23.
41. Ibid., pp. 28-29.
42. Ibid., p. 107.
43. Ibid., pp. 48-49.
44. Ibid., p. 39.
45. Ibid., pp. 75-76.
46. Deborah Hughes and Jane Robertson-Boudreaux, *Metaphysical Primer: A Guide to Understanding Metaphysics* (Estes Park, CO: Metagnosis Pub., 1991), p. 27.
47. St. Romain, *Kundalini Energy and Christian Spirituality*, op. cit., p. 107.
48. Willigis Jager, *Contemplation: A Christian Path*, op. cit., p. 72.
49. Michael J. Gelb, *The How to Think Like Leonardo da Vinci Workbook* (New York, NY: Dell Publishing, 1999), p. 142.
50. Wayne Teasdale, "Mysticism as the Crossing of Ultimate Boundaries: A Theological Reflection" (*The Golden String* newsletter, http://clarusbooks.com/Teasdale.html, accessed 10/2009).
51. Wayne Teasdale, *A Monk in the World* (Novato, CA: New World Library, 2002), p. 64.
52. Jan Alsever quoted in Statesman Journal, January 27th, 1996, Religion Section.
53. Katherine Kurs, "Are You Religious or Are You Spiritual?" (*Spirituality & Health Magazine,* Spring 2001), p. 28.

3 Los promotores y visionarios

1. Michael Tobias, *A Parliament of Souls in Search of a Global Spirituality* (KQED Inc., San Francisco, CA, 1995), p. 148.
2. Marilyn Ferguson, *The Aquarian Conspiracy* (Los Angeles, CA: J.P. Tarcher Inc.,1980), p. 419.
3. *Life magazine,* December 1992, p. 73.
4. *Wall Street Journal,* as quoted in *The Road Less Traveled Seminar,* brochure presented by Career Track, 1992, p. 7.
5. M. Scott Peck, *The Road Less Traveled* (New York, NY: Simon & Schuster, 1978), p. 283.
6. Ibid., p. 309.
7. *New Age Journal*, December 1985, pp. 28-30.
8. M. Scott Peck, *A World Waiting to be Born* (New York, NY: Bantam Books, 1993), p. 88.
9. Ibid., p. 21.
10. Ibid., p. 21.

11. Ibid., p. 83.
12. Ibid., back cover.
13. Matthew Fox, *The Coming of the Cosmic Christ* (San Francisco, CA: Harper & Row, 1988), pp. 154, 232.
14. Ibid., back cover.
15. Ibid.
16. M. Scott Peck, *Further Along the Road Less Traveled*, op. cit.
17. Ibid.
18. Ibid.
19. Ibid.
20. Ibid.
21. Ibid.
22. Ibid.
23. Michael D. Antonio, *Heaven on Earth* (New York, NY: Crown Publishing, 1992), p.342, 352.
24. Thomas Merton, *Conjectures of a Guilty Bystander* (Garden City, NY: Doubleday Publishers, 1989), pp. 157-158.
25. *Credence Cassettes* magazine, Winter/Lent, 1998, p. 24.
26. M. Basil Pennington, *Thomas Merton, My Brother* (Hyde Park, NY: New City Press, 1996), p. 115, citing from *The Hidden Ground of Love)*, pp. 63-64.
27. Nevill Drury, *The Dictionary of Mysticism and the Occult* (San Francisco, CA: Harper & Row, 1985), p. 85.
28. Rob Baker and Gray Henry, Editors, *Merton and Sufism* (Louisville, KY: Fons Vitae, 1999), p. 109.
29. Ibid., p. 110.
30. Ibid., p. 69.
31. Ibid., p. 41.
32. William Shannon, *Silent Lamp, The Thomas Merton Story* (New York, NY: Crossroad Publishing Company, 1992), p. 276.
33. Ibid., p. 281.
34. Ibid., p. 273.
35. Deba P. Patnaik, *The Message of Thomas Merton*, editor Brother Patrick Hart (Kalamazoo, MI: Cistercian Publishing, 1981), p. 87.
36. Michael Ford, *Wounded Prophet: A Portrait of Henri J.M. Nouwen* (New York, NY: Doubleday, 1999), p. 35.
37. Henri Nouwen, *Sabbatical Journey* (New York, NY: Crossroad Publishing, 1998), p. 51.
38. Eknath Easwaran, *Meditation* (Tomoles, CA: Nilgiri Press, 1991 edition), back cover.

39. Thomas Ryan, *Disciplines for Christian Living* (Mawah, NJ: Paulist Press, 1993), pp. 2-3.
40. Henri Nouwen, *The Way of the Heart* (San Francisco, CA: Harper, 1991), p. 81.
41. Henri Nouwen, *Bread for the Journey* (San Francisco, CA: Harper, 1997), Jan. 15 and Nov. 16 daily readings.
42. Henri Nouwen, *The Way of the Heart*, op. cit., p. 66.
43. Henri Nouwen, *Sabbatical Journey*, op. cit., p. 149.
44. Andrew Harvey, *The Direct Path* (New York, NY: Broadway Books, 2000), p. 34.
45. Henri Nouwen, *Sabbatical Journey*, op. cit. p. 149.
46. M. Basil Pennington, Thomas Keating, Thomas E. Clarke, *Finding Grace at the Center* (Petersham, MA: St. Bede's Pub., 1978), pp. 5-6.
47. Thomas Keating, *Intimacy with God* (New York, NY: Crossroad, 1994), p. 153.
48. Kenneth L. Woodward, "Talking to God," op. cit., p. 44.
49. Jerry Alder, "In Search of the Spiritual," op. cit., p. 48.
50. Tilden Edwards, "The Center for Spiritual Development" (Trinity Episcopal Cathedral, Fall 2004 - Spring 2005), p. 4.
51. Gerald May, *Simply Sane* (Ramsey, NJ: Paulist Press,1977), "In Appreciation" section.
52. Gerald May, *Addiction and Grace* (San Francisco, CA: Harper, Paperback edition), p. 102.
53. Ibid., p. 166.
54. Gerald May, *The Awakened Heart* (San Francisco, CA: Harper, 1991), p. 179.
55. Ibid., pp. 179-180.
56. Gerald May cited in Kim Boykin's *Zen for Christians* (San Francisco, CA: Joesy-Bass, 2003), Foreword.
57. Charles H. Simpkinson, "In the Spirit of the Early Christians" (*Common Boundary* magazine, Jan./Feb. 1992), p. 19.
58. Morton Kelsey cited in Charles H. Simpkinson, "In the Spirit of the Early Christians," op. cit.
59. Morton Kelsey, *New Age Spirituality* (Louisville, KY:Westminster John Knox Press, 1st edition,1992, edited by Duncan S. Ferguson), pp. 56-58.
60. Matthew Fox, *The Coming of the Cosmic Christ* (New York, NY: HarperCollins Publishers, 1980), p. 154.
61. Ibid., p. 65.
62. Robert Aitken & David Steindl Rast, *The Ground We Share* (Boston,

MA: Shambhala Publications, Inc., 1994), p. 45.

63. Frank X. Tuoti, *The Dawn of the Mystical Age* (New York, NY: Crossroad Publishing, 1997), p. 86.

64. Michael Ingham, *Mansions of the Spirit* (Toronto, ON: Anglican Book Centre, 1997), p. 61.

4 Los híbridos evangélicos

1. Richard Foster, *Celebration of Discipline* (San Francisco, CA: Harper & Row, 1978 edition), p. 13.

2. *Renovare Conference* brochure, Oct. 15-16, 1999, Lynden, WA.

3. *Renovare Conference* brochure, Sept. 13-14, 1996, Fuller Theological Seminary.

4. Richard Foster, *Prayer: Finding the Heart's True Home* (San Francisco, CA: Harper, 1992), p. 160.

5. M. Basil Pennington, *Centered Living, The Way of Centering Prayer* (New York, NY: Doubleday, 1986 and 1988 editions), p. 104.

6. Matthew Fox, *The Coming of the Cosmic Christ* (San Francisco, CA: Harper & Row, 1988), p. 123.

7. Timothy Freke, *The Spiritual Canticle, the Wisdom of the Christian Mystics* (Godsfield Press, 1998), p. 60.

8. Willigis Jager, *The Search for the Meaning of Life* (Ligouri, MO, Liguori/Triumph, 1995), p. 125.

9. Richard Foster, *Prayer: Finding the Heart's True Home*, op. cit. p. 122.

10. Richard Foster, *Celebration of Discipline*, 1978 Edition, op. cit. p. 15.

11. Richard Foster, *Prayer: Finding the Heart's True Home*, op. cit., p. 124.

12. Anthony de Mello, *Sadhana: A Way to God* (St. Louis, the Institute of Jesuit Resources, 1978), p. 28.

13. Richard Foster, *Renovare Conference*, Salem, OR, Nov. 1994.

14. Ibid.

15. David Steindl-Rast, "Recollection of Thomas Merton's Last Days in the West" (Monastic Studies, 7:10, 1969).

16. Raymond Bailey, *Thomas Merton on Mysticism* (Image Books, 1987), p. 191.

17. Richard Foster and Emilie Griffin, *Spiritual Classics* (San Francisco, CA: Harper, 2000), p. 17.

18. Richard Foster, *Meditative Prayer* (Downers Grove, IL: InterVarsity Christian Fellowship, 1983).

19. Richard Foster and James Bryan Smith, *Devotional Classics* (San Francisco, CA: Harper, 1990, 1991, 1993), p. 61.

20. Ibid.
21. Brother Patrick Hart-Editor, *The Message of Thomas Merton* (Kalamazoo, MI: Cistercian Publications, 1981), p. 63.
22. Rosemary Ellen Guiley, *The Miracle of Prayer* (Simon & Schuster, Pocket Books, 1995), p. 227.
23. Richard Foster, *Celebration of Discipline*, op., cit., Revised Edition 1988, p. 103.
24. Ibid., p. 7.
25. "Book of the Year Reader's Poll" (*Christianity Today*, April 5, 1993), p. 26.
26. Ibid., p. 27.
27. William Shannon, *The Silent Lamp* (New York, NY: Crossroad, 1991), p. 281.
28. Jan Johnson, *When the Soul Listens* (Colorado Springs, CO: NavPress, 1999), p. 16.
29. Ibid., p. 120.
30. Brennan Manning, *The Signature of Jesus,* (Sisters, OR: Multnomah, 1996, Revised Edition), p. 212.
31. Brennan Manning, *The Ragamuffin Gospel,* (Sisters, OR: Multnomah, 2000 Edition), p. 212.
32. Brennan Manning, *Reflections for Ragamuffins,* (San Francisco, CA: Harper, 1998), back cover.
33. Brennan Manning, *The Signature of Jesus*, op. cit., p. 211.
34. *Credence Cassettes,* Winter/Lent 1985 Catalog, p. 14.
35. Ibid.
36. Agnieszka Tennant, "Ragamuffin" (*Christianity Today*, June 2004), pp. 44-45.
37. Tilden Edwards, *Spiritual Friend* (New York, NY: Paulist Press, 1980), p. 18.
38. Interview with Brennan Manning by Paul Rinehart, "Living as God's Beloved" (*Discipleship Journal,* Issue 100, July/Aug. 1997), p. 78.
39. William Shannon, *Silence on Fire*, op. cit., p. 160.
40. Rodney R. Romney, *Journey to Inner Space* (New York, NY: Riverview Press., 1986), p. 132.
41. Ibid., p. 138.
42. Ken Carey, *The Starseed Transmissions* (A Uni-Sun Book, 1985 4th printing), p. 33.
43. Brennan Manning, *The Signature of Jesus*, op. cit., p. 212.
44. Ibid., p. 216.
45. Ibid., p. 218.

46. Ibid., p. 215.
47. Brother Patrick Hart-Editor, *The Message of Thomas Merton*, op. cit., p. 200.
48. Thomas Keating, *Kundalini Energy and Christian Spirituality* by Philip St. Romain (New York, NY: The Crossroad Publishing Company, 1991), Foreword.

5 El discernimiento

1. Jack Canfield, Mark Victor Hansen, *Dare to Win* (New York, NY: Berkeley Books, 1994), p. 195.
2. Arielle Ford, *Hot Chocolate for the Mystical Soul* (New York, NY: Penguin Putnam, 1998), pp. 244-247, 361.
3. Ibid., p. 36-39.
4. Ibid., p. 15.
5. Ibid., pp. xiii-xiv.
6. Ibid., back cover.
7. Jack Canfield, *The Success Principles* (New York, NY: HarperCollins, 2005), p. 316.
8. Ibid., p. 317.
9. Sara Ban Breathnach, *Simple Abundance: A Daybook of Comfort and Joy* (New York, NY: Warner Books, 1995, October 31).
10. "Healing Hands" (*New Woman Magazine,* March, 1986), p. 78.
11. William Rand, *Reiki: The Healing Touch* (Southfield, MI: Vision Pub.,1991), p. 48.
12. Diane Stein, *Essential Reiki* (Berkley, CA: Crossing Press, 1995), p. 107.
13. William Lee Rand, "Reiki, A New Direction" (*Reiki News*, Spring 1998, http://www.reiki.org/reikinews/reikinewdir.html,, p. 4.
14. *Reiki News*, Winter, 1998, p. 5.
15. Phylameana lila Desy, *The Everything Reiki Book* (Avon, MA: Adams Media, 2004), p. 144.
16. Ibid., p. 270.
17. Janeanne Narrin, *One Degree Beyond: A Reiki Journey into Energy Medicine* (Seattle, WA: Little White Buffalo, 1998), p.xviii.
18. Brian C. Taylor, *Setting the Gospel Free* (New York, NY: Continuum Publishing , 1996), p. 76.
19. *USA Weekend* Sunday Supplement, July 24-26, 1987, p. 12.
20. Interview with John Randolph Price (*Science of Mind* magazine, August 1989), p. 24.
21. Mindy Ribner cited by Rabbi Rifat Sonsino, *Six Jewish Spiritual*

Paths (Woodstock, VT: Jewish Light Publishing, 2000), p. 101.

22. Joan Borysenko, *Fire in the Soul* (New York, NY: Warner Books, 1993), p. 165.

23. Ann Wise, *The High Performance Mind* (Los Angeles, CA: J. Tarcher Pub., 1995), pp. 185-186.

24. Joel Stein, "Just Say Om" (*Time* magazine, August 4, 2003), p. 50.

25. Ibid., p. 51.

26. Mary Talbot, "OM is Where the Heart Is" (*Newsweek* magazine, Feb. 3, 1992), p. 71.

27. "Yoga's Wider Reach," (*USA Weekend* supplement, March 27-29, 1998), p. 12.

28. Linda Johnsen, "Hatha Traditions" (Yoga Internationals 1999 Guide to Yoga Teachers & Classes), p. 43.

29. Lisa Takeuchi Cullen Mahtomedi, "Stretching for Jesus" (*Time* magazine, September 5, 2005), p. 75.

30. "World of Yoga" (*Yoga Journal*, September/October 1994), p. 49.

31. Ibid.

32. Ibid.

33. Oprah Winfrey cited in Eric Butterworth's, *Discover The Power Within You* (San Francisco, CA: Harper Row), front cover.

34. Gary Zukav, *The Seat of the Soul* (New York, NY: Simon & Schuster, 1990, Fireside Edition), p. 239.

35. Oprah Winfrey, *Live Your Best Life* (Des Moines, IA: Oxmoor House, first edition, September, 2005), p. 105.

36. Wayne Muller, *Sabbath* (New York, NY: Bantam, 2000), p. 84.

37. Mr. Fred Rogers cited in *Sabbath* by Wayne Muller, op. cit., front matter.

38. David Spangler, "The New Age is Here" (*New Thought* magazine, Spring 1989), p. 6.

39. A personal email sent to Ray Yungen in 2005.

40. Joy Gardner-Gordon, *Pocket Guide to the Chakras* (Berkley, CA: Crossing Press, 1998), p. 31.

41. Glenn Derrick, "Reiki and Chi Kung" (*Reiki News,* Winter 1994, http://www.reiki.org//reikinews/reikin 19.html, p. 12.

42. Neil T. Anderson, Terry E. Zuehlke, Julianne S. Zuehlke, *Christ Centered Therapy: The Practical Integration of Theology and Psychology* (Grand Rapids, MI: Zondervan Publishing House, 2000), p. 61.

6 ¿Esta podría ser la era final?

1. Harold Belyoz, *Three Remarkable Women* (Flagstaff, AZ: Altai Pub.,

1986), p. 207.

2. Ibid., p. 210.

3. Ibid., p. 217.

4. Simons Roof, *About the Aquarian Age* (The Mountain School for Esoteric Studies, 1971), p. 7.

5. John Davis and Naomi Rice, *Messiah and the Second Coming* (Wyoming, MI: Coptic Press, 1982), p. 150.

6. James S. Gordon, *The Golden Guru: The Strange Journey of Bhagwan Shree Rajneesh* (Lexington, MA: The Stephen Green Press, 1987), p. 236.

7. Alice Bailey, *The Reappearance of the Christ* (New York, NY: Lucis Pub. Co., 4th Printing, 1962), p. 124.

8. "Sri Chinmoy Lifts Over 7,000 lbs. with One Arm" (*Life Times* magazine, Vol. 1, Number 3), p. 45.

9. Marjorie L. Rand, "Healing: A Gift That Awakens" (*The Whole Person* magazine, June 1988), p. 40.

10. Davis and Rice, *Messiah and the Second Coming*, op. cit., p. 49.

11. John White, "Jesus, Evolution and the Future of Humanity" (*Science of Mind* magazine, Oct. 1981), pp. 40-42.

12. Donald H. Yott, *Man and Metaphysics* (New York, NY: Samuel Weiser, 1980), p. 74.

13. Armand Biteaux, *The New Consciousness* (Willits, CA: Oliver Press, 1975), p. 128.

14. John Randolph Price, *The Planetary Commission* (Austin, TX: Quartus Books, 1984), pp. 143, 145.

15. John R. Yungblut, *Rediscovering the Christ* (Rockport, MA: Element Inc., 1991), p. 164.

16. Willigis Jager, *Contemplation: A Christian Path* (Liguori, MO: Triumph Books, 1994), pp. 93-94.

17. Melinda Ribner, *New Age Judaism* (Deerfield Beach, FL: Simcha Press, 2000), p. xv, "Author to Reader" section.

18. Ibid., pp. 196-197.

19. William Rand, "Reiki in the Holy Land" (*Reiki News*, Winter 2003), p. 20.

20. Rabbi David Cooper, *God is a Verb* (New York, NY: Riverhead Books, 1997), p. 58.

21. Alice Bailey, *Problems of Humanity* (New York, NY: Lucis Publishing, 1993), p. 152.

22. Alice Bailey, *The Externalization of the Hierarchy* (New York, NY: Lucis Publisihing, 1976), p. 510.

23. Alice Bailey, *Problems of Humanity* (New York, NY: Lucis Publish-

ing, 1993), p. 152.

24. Joel Beversluis, Project Editor, *A Source Book for Earth's Community of Religions* (Grand Rapids, MI: CoNexus Press, 1995, Revised Edition), p. 151.

25. Swami Vivekananda's "Addresses at the Parliament of Religions" (Chicago, September 27, 1893, http://www.interfaithstudies.org/interfaith/vivekparladdresses.html, accessed 12/2005).

26. M. Basil Pennington, *Centered Living* (New York, NY: Image Books, 1988), p. 192.

27. Tilden Edwards, *Spiritual Friend* (New York, NY: Paulist Press, 1980), p. 172.

28. "Catholics Urged To Appreciate Other Faiths" (*The Catholic Sentinel*, May 24, 2002), p. 3.

29. Richard Kirby, *The Mission of Mysticism*, op, cit., p. 85.

30. Reynolds R. Ekstrom, *New Concise Catholic Dictionary* (Mystic, CT: Twenty-third Publications/Bayard, 1995).

31. Janina Gomes "Rethinking Mission in India" (*America,* Nov. 12, 2001), p. 12.

32. Ibid., p. 13.

33. Ibid., p. 12.

34. Anchorman Bob Abernethy, "Exploring Religious America" (*Religion & Ethics NewsWeekly*, April 26, 2002, Episode #534).

35. John Gray, *How to Get What You Want and Want What You Have* (New York, NY: HarperCollins, 1999), pp. 97-98.

7 Espíritus engañadores

1. Interview with Richard Foster, *Lou Davies Radio Program* (Nov. 24, 1998, KPAM radio, Portland, Oregon).

2. Thomas Merton, *Contemplative Prayer* (New York, NY: Image Books, Doubleday Pub., 1989), pp. 115-116.

3. Henri Nouwen, *Bread for the Journey*, op. cit.

4. Dr. Paul Bubna, President Briefings, C&MA, "Purveyors of Grace or Ungrace," March 1978.

5. Richard Foster, *Celebration of Discipline* (San Francisco, CA: Harper, 1988), p. 19.

6. John R. Yungblut, *Rediscovering the Christ* (Rockport, MA: Element Books, 1991), p. 142.

7. Richard Foster, *Celebration of Discipline* (San Francisco, CA: Harper, 1988), p. 20.

8. Sue Monk Kidd, *When the Heart Waits* (San Francisco, CA: Harper,

1990), pp. 47-48.

9. Sue Monk Kidd, *God's Joyful Surprise* (San Francisco, CA: Harper, 1987), p. 55.

10. Ibid., p. 56.

11. Ibid., p. 198.

12. Ibid., pp. 233, 228.

13. Ibid., pp. 228-229.

14. Sue Monk Kidd, *The Dance of the Dissident Daughter* (San Francisco, CA: HarperCollins, 1996), pp. 162-163.

15. Ibid., p. 76.

16. The Ganges is a famous river in India, thought to have holy powers but is actually very polluted.

17. Ursula Burton and Janlee Dolley, *Christian Evolution* (Wellingborough, Northamptonshire, GB: Turnstone Press, 1984), p. 101.

18. M. Basil Pennington, *Thomas Merton, My Brother* (Hyde Park, NY: New City Press, 1996), pp. 199-200.

19. Lewis Sperry Chafer, *Grace, the Glorious Theme* (Grand Rapids, MI: Zondervan Publishing, 1977 Edition), pp. 313-314.

20. Richard Foster, *Streams of Living Water* (San Francisco, CA: Harper, 1998), p. 273.

21. Ibid., p. 274.

22. *Credence Communications Catalog*, Gift Ideas Edition.

23. Ibid.

24. Ibid.

25. Frank X. Tuoti, *The Dawn of the Mystical Age* (New York, NY: Crossroad Publishing, 1997), p. 127.

26. Brennan Manning, *Abba's Child* (Colorado Springs, CO: NavPress, 1994), p. 180.

27. Virginia Manss and Mary Frohlich, Editors, *The Lay Contemplative* (Cinncinnati, OH: St. Anthony Messenger Press, 2000), p. 180.

8 El "Pastor de Estados Unidos"

1. Adrian Rogers, *Purpose Driven Church* (Grand Rapids, MI: Zondervan, 1995), front matter.

2. Timothy C. Morgan citing Rick Warren, "Purpose Driven in Rwanda"(*Christianity Today*, October 2005).

3. Staff Article, "Rick Warren tour to mark 2-year point for *Purpose-Driven Life*"citing Rick Warren, (Baptist Press, September 14, 2004).

4. Rick Warren, Beliefnet Editor David Kuo Interviews Rick Warren, http://www.beliefnet.com/story/177/story_17737_1.html.

5. Rick Warren, *Purpose Driven Church*, op.cit., p. 126.
6. Ibid., p. 127.
7. Ibid.
8. Rick Warren, *Purpose Driven Life* (Grand Rapids, MI: Zondervan, 2002), p. 118.
9. Ibid., p. 85.
10. Ibid., p. 86.
11. Ibid., p. 87.
12. Ibid., p. 89.
13. Ursula King, *Christian Mystics* (New York, NY: Simon & Schuster, 1998), p. 138.
14. Brother Lawrence, *The Practice of the Presence of God*, (Grand Rapids, MI: Christian Classics Ethereal Library, online version at http://www.ccel.org/ccel/lawrence/practice.html).
15. Gerald May, *The Awakened Heart* (New York, NY:HarperCollins, First HarperCollins Paperback Edition, 1993) p. 87, citing from *The Practice of the Presence of God* by Brother Lawrence, translated by John Delaney, Image Books, 1977, p. 34.
16. Brother Lawrence, *The Practice of the Presence of God*, Christian Classics Ethereal Library, online version, op, cit.
17. Ibid.
18. Ibid.
19. Ibid.
20. Rick Warren, *The Purpose Driven Life*, op. cit., p. 88.
21. Ibid.
22. Warren Smith, *Deceived on Purpose* (Magalia, CA: Mountain Stream Press, 2004), pp. 81, 83.
23. A Shalem Senior Staff, "Contemplative Spirituality" (ShalemInstitute, http://www.shalem.org/publication/articles/contemplative spirituality.html/view?search term=brother %20lawrence).
24. Rick Warren, *Purpose Driven Life*, op. cit., p. 89.
25. Ibid.
26. Carolyn Reynolds, *Spiritual Fitness* (Camarillo, CA: DeVorss & Company, 2005), p. 105.
27. Rick Warren, *Purpose Driven Life*, op. cit., p. 89.
28. Richard Foster, *Prayer: Finding the Heart's True Home,* op. cit., p. 124.
29. Sonia Choquette, *Your Heart's Desire* (New York, NY: Three Rivers Press, 1997), p. 107.
30. Ken Kaisch, *Finding God: A Handbook of Christian Meditation*

(Mahwah, NJ: Paulist Press, 1994), pp. 63, 64.

31. Rick Warren, *Purpose Driven Life*, op. cit., p. 299.

32. Rick Warren, "Purpose Driven Life: Worship That Pleases God" (Purpose Driven website, http://www. purposedriven .com/en-US/AboutUs/PDintheNews/Archives/Worship_that_pleases _God.htm, accessed 12/2005).

33. Pastor Lance Witt, "Enjoying God's Presence in Solitude" (Pastors.com website, http://www.pastors.com/RWMT/?artid=2043 &id=59).

34. Ibid., citing Richard Foster.

35. Rick Warren's Ministry Toolbox, "Book Look" section (Issue #40, 2/20/2002, http://www.pastors.com/RWMT?ID=40).

36. Gary Thomas, *Sacred Pathways* (Grand Rapids, MI: Zondervan, 2000, First Zondervan Edition), p. 185.

37. Rick Warren, "Purpose Driven Life: Worship That Pleases God" op. cit.

38. Rick Warren's Ministry Toolbox, (September 3, 2003, http://replay.waybackmachine.org/20080226141952/http://www.pastors.com/RWMT/?ID=118, accessed 2011).

39. Rick Warren's Ministry Toolbox (February 18, 2004, http://www.pastors.com/RWMT/?ID=142, accessed 12/2005).

40. Tricia Rhodes, *The Soul at Rest* (Minneapolis, MN: Bethany House Publishers, 1996), p. 28.

41. Morton Kelsey cited in Charles H. Simpkinson, "In the Spirit of the Early Christians," op. cit.

42. Tricia Rhodes, *The Soul at Rest*, op. cit., p. 199.

43. Ibid., p. 55.

44. Rick Warren quoting Kay Warren on the Ministry Toolbox (Issue #54, 6/5/2002, http://www.pastors.com/RWMT/?ID=54).

45. Henri Nouwen, *In the Name of Jesus* (New York, NY: Crossroad Publishing, 2000), pp. 6, 31-32.

46. Robert Schuller cited in *Wounded Prophet* by Michael Ford (New York, NY: Doubleday, 1999), p. 35.

47. Tim Stafford, "A Regular Purpose-Driven Guy" (*Christianity Today*, November 18, 2002).

48. Rick Warren, *The Emerging Church* by Dan Kimball (Grand Rapids, MI: Zondervan, 2003), Foreword.

49. Dan Kimball, *The Emerging Church*, op. cit., p. 223.

50. Dan Kimball, "A-Maze-ing Prayer" (http://web.archive.org/web/20041019214503/www.vintagefaith.com/artilces/labyrinth.html).

51. Ibid.

52. Rick Warren, *The Emerging Church*, op. cit., p. 7.

53. Ibid., p. 147.

54. Ibid., 154.

55. Ibid., p. 210.

56. Spencer Burke, *Making Sense of the Church* (Grand Rapids, MI: Zondervan, 2003), pp. 136, 137.

57. Robert A. Schuller introducing Leonard Sweet at the 34th Institute of Church Leadership,"The Whole Shebang! . . . In Six Words" (Hour of Power Website, 2/02/03, http://hourofpower.com/booklets/booklet detail.cfm? Article ID=1760).

58. Rick Warren, *Soul Tsunami* by Leonard Sweet (Grand Rapids, MI:Zondervan, 1999), cover.

59. Ibid., Leonard Sweet, *Soul Tsunami*, op. cit., pp. 431, 432.

60. Ibid., p. 17.

61. Ibid., p. 408.

62. Ibid., p. 75.

63. Leonard Sweet, *Quantum Spirituality* (Dayton, OH: Whaleprints, 1991), Acknowledgments, viii-ix.

64. Ibid., xi.

65. Ibid., Preface, p. 7.

66. Ibid., p. 70.

67. Ibid., p. 13 in Preface.

68. Ibid., p. 76.

69. Taken from the a daily schedule for the 2004 National Pastor's Convention.

70. Speakers for the 2005 *Purpose Driven Youth Ministry Conference* (http://tinyurl.com/9rbea).

71. Mark Oestreicher, President of Youth Specialties, on his blog. (http://www.ysmarko.com/?p=232).

72. Ibid.

73. Ibid.

74. For more information about this, including copies of letters and emails sent from Rick Warren and/or Saddleback regarding George Mair, see http:/www.lighthousetrailsresearch .com/furtherinformation.htm.

75. George Mair, *A Life With Purpose* (Berkeley, CA: Penguin, 2005), pp. 98-99.

76. Ibid., p. 100.

77. Ibid.

78. Rick Warren, sermon at Saddleback, November 2003.

79. Ken Blanchard, *What Would Buddha Do At Work?* by Frank Metcalf (Berkeley, CA: Ulysses Press, 2001), Foreword, p. xii.

80. Jim Ballard, *Mind Like Water* (Hoboken, NJ: John Wiley & Sons, 2002), pp. 77-78.

81. Ken Blanchard, *Mind Like Water* by Jim Ballard, op. cit., Foreword, pp. vii-viii.

82. Vijay Eswaran, *In the Sphere of Silence* "Authors Message" on his website (RYTHM House, 2005, http://www. inthe sphereofsilence.com).

83. Ken Blanchard endorsement of *In the Sphere of Silence*, on the author's website, http://www.inthesphereofsilence.com.

84. Jon Gordon, *The 10-Minute Energy Solution* (New York, NY: G. P. Putnam's Sons, 2006), p. 207.

85. Ibid., Ken Blanchard's endorsement on back cover.

86. Ken Blanchard endorsement of the *Hoffman Quadrinity Process* on the Hoffman Institute website (http://www.hoffmaninstitute.org) and in the book, *The Hoffman Process* by Tim Laurence (New York, NY: Bantam Dell, 2003), front matter.

87. Tim Laurence, *The Hoffman Process* (New York, NY: Bantam Dell, 2003), pp. 206, 207, 209.

88. Lead Like Jesus website, http://www.leadlikejesus.net/templates/cusleadlikejesus/details.asp?id=21633&PID=88945.

89. Laurie Beth Jones "Mission" statement on her website, http://www. lauriebethjones.com/main/content/blogcategory/71/133.

90. Laurie Beth Jones, *Jesus CEO* (New York, NY: Hyperion, 1995), p. 7.

91. Ibid., p. 8.

92. Laurie Beth Jones, *Teach Your Team to Fish* (New York, NY: Three Rivers Press, 2002), p. 7.

93. Ibid., p. 142.

94. Laurie Beth Jones, *The Path* (New York, NY: Hyperion, 1996), p. 24.

95. Blanchard, *Lead Like Jesus* (Nashville, TN: W. Publishing Group of Thomas Nelson, December 2005), pp. 158, 159.

96. Dallas Willard, *The Spirit of the Disciplines* (New York, NY: HarperCollins, 1991, First HarperCollins Paperback Edition), p. 163.

97. Ibid., p. 164.

98. Ibid., back cover, endorsement by Sue Monk Kidd.

99. Sue Monk Kidd, *God's Joyful Surprise* (New York, NY: HarperCollins, First Harper & Row Paperback Edition, 1989), pp. 233, 228.

9 ¿El Cristiano del futuro?

1. Agnieszka Tennant, "Drawing Closer to God"(*Today's Christian Woman*, September/October 2004, Vol. 26, No. 5), p. 14. Published by *Christianity Today International*, Carol Stream, Illinois.

2. Shalem Institute, "What Does Contemplative Mean?" (Shalem Institute About Shalem page, http://archives.shalem.org/about.html).

3. Ann Kline, "A New Language of Prayer" (Shalem Institute newsletter, Vol. 29, No. 1, Winter 2005, http://www. shalem.org/publication/newsletter/archives/2005/2005_ winter/article_04).

4. Shalem Institute website, General Events, "Radical Prayer: A Simple Loving Presence Group" (http://www.shalem.org/programs/generalprograms/groupsevents_folder).

5. Ruth Haley Barton, "Beyond Words"(*Discipleship Journal*, Issue #113, September/October, 1999, http://www. navpress.com/EPubs/DisplayArticle/1/1.113.13.html , accessed 12/05), p. 35.

6. Ibid.

7. Ibid., pp. 37-38.

8. Dan Kimball, *The Emerging Church* (Grand Rapids, MI: Zondervan, 2003), p. 60.

9. Ibid., p. 223.

10. Tony Jones, *The Sacred Way* (Grand Rapids, MI: Zondervan, 2004), p. 15.

11. Ibid., pp. 71-72.

12. Andy Crouch, "The Emergent Mystique" (*Christianity Today*, October 22, 2004).

13. Alan Jones, *Reimagining Christianity* (Hoboken, NJ: John Wiley & Sons, 2005), p. 174.

14. Ibid., p. 89.

15. Ibid., Brian McLaren's endorsement on back cover.

16. Mike Perschon, "Desert Youth Worker: Disciplines, Mystics, and the Contemplative Life" (*Youthworker* magazine, November/December 2004, http://www.youthspecialties.com/articles/topics/spirituality/desert.php, accessed 12/2005).

17. Laurie Cabot, *Power of the Witch* (New York, NY: Bantam Doubleday Dell Publishing, 1989), p. 173.

18. Ibid., p. 183.

19. Ibid., p. 200.

20. Richard Kirby, *The Mission of Mysticism*, op. cit., p. 6.

21. Joseph Chu-Cong, *The Contemplative Experience* (New York, NY: Crossroad Publishing Company, 1999), p. 3.

22. Andy Crouch, "The Emergent Mystique," op. cit.

23. Mars Hill Bible Church service, March 19, 2006 (http://www.mhbcmi.org/listen).

24. Lauren Artress, *Walking a Sacred Path* (New York, NY: Riverhead Books, 1995), pp. 95-96.

25. Mark Yaconelli, "Ancient Future Youth Ministry" (*Group Magazine*, July/August 1999, http://www.ymsp.org/resources /ancient_future_article.html, accessed 2/2006), pp. 33-34.

26. The Youth Ministry & Spirituality Project (history page, http://www.ymsp.org/about/history.html).

27. Mark Yaconelli, "Ancient Future Youth Ministry," op. cit., p. 39.

28. Ibid., p. 39

29. Ibid.

30. The Youth Ministry & Spirituality Project, op. cit.

31. Michael Yaconelli, *Dangerous Wonder* (Colorado Springs, CO: NavPress, 2003, revised edition), p. 16.

32. Henri Nouwen, *In the Name of Jesus*, op. cit.

33. Henri Nouwen, *Sabbatical Journey*, op. cit., p.20.

34. Ibid., p. 20.

35. Ibid., p. 51.

36. Ibid., p. 20.

37. Reginald A. Ray, "Understanding Buddhism: Religion Without God" (*Shambhala Sun Magazine*, July 2001, http://www.shambhalasun.com/Archives/Columnists/Ray/july_01.htm), p. 25.

38. David Jeremiah, *Life Wide Open* (Brentwood, TN: Integrity Publishers, 2003), Introduction, p. xii.

39. Ibid.

40. Ibid.

41. Ibid., xiii.

42. Ibid.

43. Ibid., pp. 164, 165.

44. Calvin Miller, *Into the Depths of God* (Bloomington, MN: Bethany House Publishers, 2000), p. 107.

45. Ibid., p. 96.

46. Peter Senge cited in "Inviting the World to Transform" (A Research Report by the Center for Contemplative Mind in Society, http://www.contemplativemind.org/programs/cnet/inviting.pdf).

47. Sue Monk Kidd, *The Dance of the Dissident Daughter* (New York, NY: HarperCollins, 1996, First HarperCollins Paperback Edition, 2002), p. 161.

48. Ibid., p. 163.
49. Ibid.
50. David Jeremiah, *Life Wide Open*, op. cit., p.87, citing Sue Monk Kidd, *When the Heart Waits* (New York, NY: HarperCollins, 1990), p. 71.
51. David Jeremiah and Carole C. Carlson, *Invasions of Other Gods* (Dallas, TX: Word Publishing, 1995), p. 22.
52. Ibid., p. 23.
53. Ibid., p. 29, 39.
54. Charles Swindoll, *So You Want To Be Like Christ?* (Nashville, TN: W Publishing Group, a div. of Thomas Nelson, 2005), p. 12.
55. Ibid., p. 14.
56. Ibid., p. 21.
57. Ibid., p. 55.
58. Ibid.
59. Ibid., p. 61.
60. Ibid., p. 62.

Para pedir copias adicionales de
UN TIEMPO DE APOSTASÍA
Enviar $14.95 mas $3.75 (por un libro; 5.25 por 2-4 libros) a:
Lighthouse Trails Publishing
P.O. Box 908
Eureka, Montana 59917 EE.UU.

Para información sobre descuentos para pedidos en cantidad, ver nuestro website www.lighthousetrails.com.

Puede hacer su pedido por internet en esta dirección: www.lighthousetrails.com o llámenos a nuestro teléfono (EE. UU. LINEA DE PEDIDOS: 1-866-876-3910)

Para toda otra llamada: 1-406-889-3610.
Fax: 1-406-889-3633

UN TIEMPO DE APOSTASÍA, como los otros títulos publicados por Lighthouse Trails Publishing, puede pedirse en los centros mayores de distribución, librerías por internet, y librerías Cristianas.

Las librerías pueden pedir en Ingram y Spring Arbor.

Descuentos para pedidos en cantidad para la mayoría de nuestros libros. Pedidos internacionales pueden hacerse por internet o por medio de fax u hoja de pedido.

**Para más información:
Lighthouse Trails Research Project,
www.lighthousetrailsresearch.com
o visite el website del autor en:
www.atimeofdeparting.com.**

www.ingramcontent.com/pod-product-compliance
Lightning Source LLC
LaVergne TN
LVHW020926090426
835512LV00020B/3230